LA SOIE

OUVRAGES DU MÊME AUTEUR

Les corps gras. — Huiles végétales. — Huiles animales. — Beurres. — Graisses. — Suifs. — Cires. — Huiles minérales. — Graisses minérales. — Propriétés générales des corps gras. — Bibliothèque des Actualités industrielles. Paris, 1890.

Traité pratique de la fabrication des cuirs et du travail des peaux. — Tannage. — Corroyage. — Hongroyage. — Mégisserie. — Chamoiserie. — Parcheminerie. — Cuirs vernis. — Maroquins. — Fourrures. — Courroies. — Selles. — Equipement militaire. — Harnais. — Théorie du tannage. — Statistique des cuirs et des peaux. — In-8, 620 pages, 128 gravures. Paris, 1889.

Traité complet des matières colorantes artificielles retirées du Goudron de houille. — Goudron. — Distillation des goudrons. — Carbures d'hydrogène. — Benzine. — Toluène. — Xylènes.—Naphtaline.—Anthracène.—Acide phénique.—Aniline. — Toluidines. — Naphtylamines. — Matières colorantes dérivant du triphénylmethane. — Phtaléines. — Couleurs soufrées. — Indulines. — Couleurs nitrées. — Couleurs nitrosées. — Couleurs azoïques. — Couleurs tétrazoïques. — Alizarine et dérivés. — In-8 de 650 pages et 90 figures dans le texte. Paris, 1890.

Imprimerie. — Typographie. — Lithographie. — Autographie. — Chromolithographie. — Lithophotographie. — Zincographie. — etc. — (*En préparation*).

LA SOIE

ÉDUCATION DES VERS A SOIE — FILAGE DES COCONS
MOULINAGE — CONDITIONNEMENT
BLANCHIMENT, TEINTURE ET DORURE DE LA SOIE

PAR

A.-M. VILLON

Ingénieur-chimiste à Lyon

AVEC 67 FIGURES DANS LE TEXTE

PARIS

BERNARD TIGNOL, ÉDITEUR

Acquéreur des Publications Scientifiques, Industrielles et Agricoles
de la Maison Eugène Lacroix

45, QUAI DES GRANDS-AUGUSTINS, 45

1890

DÉDIÉ

A

LA CHAMBRE DE COMMERCE DE LYON

Pour les bienfaits qu'elle a rendus à l'industrie
de la Soie
et pour son continuel dévouement à toutes les questions
intéressant cette industrie.

PRÉFACE

L'industrie de la soie est une des plus belles, des plus délicates et des plus intéressantes. A elle se rattache les idées
d'art, d'élégance et de goût, qui sont, sur tous les points
du globe, l'honneur de l'ouvrier français.

La soie est non seulement la plus précieuse et la plus
riche de toutes les matières textiles, mais celle dont la
production offre le plus grand intérêt.

En effet, que trouver de plus curieux que le travail des
insectes qui la produisent. Le ver à soie ne vit que pour
élaborer le fil soyeux dans lequel il s'enveloppe pour nous
cacher le secret de son mystérieux travail et de ses mer-
veilleuses transformations.

> O ver à qui je dois mes nobles vêtements
> De tes travaux si courts que les fruits sont charmants !
> N'est-ce que pour moi seul que tu reçois la vie ?
> Ton ouvrage achevé, ta carrière est finie,
> Tu laisse de ton art des héritiers nombreux
> Qui ne verront jamais leur père malheureux.
>
> (L. RACINE).

Le but du présent livre est de décrire pas à pas les évolutions du ver et les différentes manipulations que subit

la matière soyeuse avant d'être livrée à la fabrication des étoffes.

Nous suivrons une marche méthodique. En commençant par une courte histoire de la soie, nous traiterons successivement de l'éducation des vers à soie domestiques et sauvages en France et à l'étranger ; de la physiologie, de l'étouffage et du filage des cocons ; de la filature des déchets ; du moulinage et du conditionnement des soies ; des propriétés, de la cuite, de l'assouplissage, du blanchiment, de la teinture et de la dorure de la soie. Enfin, nous donnerons quelques statistiques pour montrer l'importance de l'industrie séricole dont la production totale est évaluée à douze millions de kilogrammes de soie, représentant une valeur de plus d'un demi-milliard.

Nous pensons avoir fait un travail utile en réunissant dans cet ouvrage l'état actuel de nos connaissances sur l'incomparable matière textile et il ne pouvait être mieux confié qu'à un enfant de la CITÉ DE LA SOIE c'est-à-dire à un Lyonnais.

VILLON.

LA SOIE

CHAPITRE I

HISTOIRE DE LA SOIE

Ce fut une des femmes de l'empereur de Chine, Hoang-Ti, l'impératrice Loui-Tsee, qui inventa l'art d'élever les vers à soie et d'en filer le cocon, 2698 ans avant l'ère chrétienne. Les Chinois se montraient si jaloux du nouveau produit, qu'il était défendu, sous peine de mort, d'exporter de Chine des œufs de vers à soie ou de fournir des renseignements nécessaires à l'obtention de cette matière. Ils employaient le précieux textile à tous les usages ; ils avaient même un journal imprimé sur une feuille de soie. Malgré toutes les rigueurs et l'extrême surveillance, l'industrie de la soie ne tarda pas à gagner le midi de la Chine, l'Inde, la Perse, l'Arménie, puis la Grèce.

Les premières étoffes de soie qui parurent en Europe, furent apportées par les lieutenants d'Alexandre, à l'époque de la retraite des dix-mille. A Rome, elles firent leur apparition sous Jules-César. Sous l'empereur Aurélien, la soie se vendait le prix de l'or ; il en refusa une robe à sa femme pour cette raison : *Jupiter me préserve*, disait-il, *de donner tant d'or pour si peu de fil.* Tibère en défend l'usage aux hommes par un décret. Les dames romaines portaient des robes en soie transparente qui laissaient voir leurs formes. Ces robes de gaze se nommaient *Toga vitrea. Ventus textilis* (vent tissu), *Nebula lintea* (toile vaporeuse). L'empereur Héliogabale est le premier monarque qui s'habille en soie. Valentinien, Valens, Gratien, au contraire, défendent de porter des vêtements de soie.

A Rome, on connaissait trois sortes de soie : celles de Sérès, d'Assyrie et de l'île de Cos.

Sous Justinien, en 552, deux moines persans vont en Chine, se pénètrent des détails de la fabrication de la soie, rapportent dans des cannes en bambous des graines de ver à soie et des graines de mûrier blanc. Ils enseignent, à Constantinople, l'art de faire éclore les œufs, d'élever les vers et de filer les cocons. Les premiers essais d'éducation furent couronnés de succès, et bientôt les plantations de mûrier se répandirent dans tout l'empire d'Orient. Vers l'an 950 elle florissait à Thèbes, Corinthe et Argos.

Au XIIe siècle, la Grèce était le seul pays d'Europe qui eût des ateliers de tissage pour les tissus de soie.

Au musée de Lyon, il y a un morceau d'étoffe de soie qui a été trouvé à Saint-Germain-des-Prés, dans le tombeau d'un Chancelier de France, Pierre la Relue, mort au XIIe siècle, fabriqué à Constantinople par les Grecs. Le manteau de Charlemagne et l'oriflamme de Saint Denis, sous Louis-le-Gros, étaient en soie. On sait aussi que Charlemagne offrit à Offa, roi de Mercie, deux robes de soie tissées au Bosphore.

En 1130, Roger, roi de Sicile, revenant des croisades, fit la conquête du Péloponèse et emmena avec lui, d'Athènes et de Corinthe, des ouvriers en soie et les établit à Palerme et à Messine : il fit planter des mûriers à Reggio en Calabre. L'industrie de la soie se répandit bientôt dans tout le royaume de Naples. Le seul royaume de Jaën comptait 600 villes ou bourgs qui avaient des filatures.

Les Maures qui habitaient l'Espagne établirent des fabriques à Grenade, Alméric et Lisbonne. Ces contrées se spécialisèrent dans la fabrication des tissus de *grenadine*.

Ce n'est qu'au XIIIe siècle que les étoffes de soie apparaissent en France. En 1268, le Pape Grégoire X, français d'origine, quitte Rome par suite des guerres civiles et du conflit avec l'Allemagne, et transfère le Saint-Siège à Avignon, qu'il acheta en 1273 de Philippe-le-Hardi. Il fit venir des mûriers qu'il planta dans le comtat Venaissin, et des ouvriers en soie de Lucques, Sicile et Naples et fit monter des ateliers où l'on fabriquait le *taffetas*, les *florences*, les *doucettes* et les *cannebassettes*. On fit peu d'attention à la nouvelle industrie qui passa inaperçue pendant près de deux siècles. On cite cependant que, le 1er juillet 1345, le sénéchal de Baucaire envoya au roi 12 livres de soie teinte en douze couleurs différentes, achetée à Montpellier à 6 sous tournois (86 francs) la livre.

A la fin du XIIIe siècle, la guerre des Guelfes et des Gibelins chassa des ouvriers florentins et lucquois qui vinrent se réfugier à Lyon et établirent quelques métiers de tissage de la soie, qui devaient plus tard se développer et créer la plus grande cité du monde pour la soierie.

En 1314, Lucques faisait exclusivement le commerce des soies de l'Italie, mais une révolution dispersa les ouvriers à Florence, Boulogne, Venise, Milan et Lyon. En 1331, John Kemp, introduit en Angleterre les manufactures de soierie de Venise. Vers 1340 quelques métiers s'établissent à Tours.

En 1372, Borghérano, de Bologne, inventa la machine à donner la torsion au fil pour le moulinage.

Louis XI encourage beaucoup l'industrie de la soierie à Lyon. Par des lettres-patentes de 1466, il exempte de tout impôt pendant 12 ans tous les ouvriers venant à Lyon fabriquer des étoffes de soie. En 1470, il fait venir d'Italie des ouvriers en soie sous la conduite de François-le-Calabrais, et les installe dans son château de Plessis-les-Tours. En 1494, une ordonnance du 18 juillet interdit de porter des soieries étrangères.

De 1417 à 1478, Lyon possédait trois métiers à bras pour tisser la soie.

Charles VIII, à son retour de Naples, en 1495, amena une colonie d'ouvriers en soie qu'il plaça à Tours. Ce fut de cette ville que sortirent les premières étoffes brochées nommées *Gros-de-Tours, Gros-de-Naples.*

François 1er favorisa beaucoup le développement de l'industrie de la soie en France. En 1536, il fait venir à Lyon Alexandre Turquet et Paul Nariz de Cherasco en Piémont, qui importent l'art de fabriquer le *damas* et le *velours*. Il y avait à Lyon, à cette époque, des fabriques de rubans, car les ouvriers rubaniers furent érigés en communauté le 2 février 1542. Les ouvriers teinturiers en soie le furent en 1501. En 1548, à l'entrée solennelle de Henri II et de Catherine de Médicis, sa femme, à Lyon, on vit un cortège de 446 teinturiers vêtus en velours gris et noir avec des filets d'or.

Il était défendu aux sujets qui n'étaient pas nobles de porter des habits de drap d'or, d'argent ou de soie, à peine de les perdre et de payer une amende. Les draps d'or et d'argent furent réservés à la haute noblesse ; les habits de soie aux chevaliers possédant 2,000 livres de rente, soit 42,000 francs ; les habits de drap de Damas, de satin ras et de satin figuré aux écuyers (Ordonnance de Charles VIII de 1485).

En 1554, il y avait 12,000 métiers à Lyon. Henri II émet les statuts concernant la fabrication des étoffes de soie et par un édit de la même époque il ordonne de planter des mûriers. Henri II fut le premier des rois qui porta des bas de soie.

En 1557 est inventé le *métier à tire*.

Mais, pour progresser rapidement, la soierie avait besoin de mûriers et il y avait pénurie de cet arbre, et ce ne fut pas les ordonnances royales qui favorisèrent sa plantation. En 1564, sous Charles IX. un jardinier de Nîmes, nommé Trancart, éleva des pépinières de cet arbre et en peupla le Languedoc, les Cévennes et la Provence. Il fit aussi venir du mûrier blanc de la Lombardie. Il proposa même à Henri IV d'en planter vingt millions en peu de temps. Wender Legen, originaire du pays de Berge, introduit l'industrie de la soie en Allemagne. Un édit de 1599 prohibe l'importation des étoffes de soie. Henri IV passe par devant notaire, avec Nicolas Chevalier, bourgeois de Paris, demeurant rue du Crucifix. paroisse de Saint-Jacques-de-la-Boucherie, un traité par lequel ce dernier devait fournir en octobre et novembre 1601, dans les élections de Tours, Orléans, Lyon et Paris : 400,000 plants de mûriers blancs de deux à trois ans ; 500 livres de graines de cet arbre pour semer et cultiver le mûrier, élever et nourrir les vers-à-soie.

Olivier de Serres plante, en 1601, 20,000 pieds de mûriers au Jardin des Tuilleries et fait élever une magnanerie qui disparut à la mort d'Henri IV. Des lettres patentes de 1602 provoquent la plantation des mûriers. Le contrôleur général du commerce de la France, Barthelemi de Laffémas, publie *l'Instruction sur le plantage de mûriers pour messieurs du Clergé*. La même année, Letellier publie : *Brief discours contenant la manière d'élever les vers à soie*. Olivier de Serres, de son côté, dédie aux nobles et vertueux messieurs les prévots des marchands de Paris son opuscule sur la *Cueillette de la soie par la nourriture des vers qui la font*. Enfin, Trancart, publie en 1606 son *Discours abrégé tant sur les vertus et propriétés du mûrier*, dédié au très chrétien roi Henri IV.

En 1608, Claude Daugnon, Lyonnais, invente une étoffe de soie tramée laine ou fil mélangée d'or ou d'argent, qu'il nomme *Lampas* et imitant parfaitement le damas façonné ; il obtint un privilège exclusif en 1623. Il invente aussi le métier à *grande tire*.

Le règne de Henri IV a été un bienfait pour l'industrie de la soierie, et si les efforts que fit ce roi pour développer cette belle fabrication ne se firent pas sentir de suite, ils donnaient une grande impulsion qui devait prendre son essor sérieux sous le ministère de Colbert.

De 1610 à 1643, sous le règne de Louis XIII, la soierie ne fit aucun progrès. Nous ne pouvons citer que l'apparition des *Ferrandines*, inventées en 1630 par Ferrand de Lyon. Les ferrandines étaient des étoffes de soie et laine comme les doucettes et les cannebassettes d'Avignon.

En 1632, les ouvriers ferrandiniers sont élevés en communauté.

Nous arrivons aux temps du ministre Colbert, sous Louis XIV. Cet habile ministre, élevé à Lyon chez les riches banquiers Maiseran, veut rendre la fabrication de la soie tout à fait française. Il promit 24 sols par pied de mûrier à tout propriétaire qui voudrait en planter. On vit alors les habitants du midi de la France multiplier les plantations de mûriers et entreprendre l'élevage des vers sur une grande échelle de 1650 à 1680. Chaque propriétaire des Cévennes fit de la sériciculture.

En 1655, Octavio Mey, fabricant italien, invente le lustrage. Il établit deux usines, une à Paris, l'autre à Lyon, et fit fortune. Il fut admis le 7 novembre 1665 dans la corporation. A la même époque, Etienne et Noël Parent frères, de Lyon, inventent les draps de soie. Noël Parent rapporte d'un voyage à Bologne en Italie, l'art de fabriquer les crêpes qui ne réussit pas à cette époque.

En 1670, Colbert fit venir de Bologne un fileur et moulinier, nommé Pierre Benay, qui s'établit à Virieux, près de Condrieu, sur la demande du Conseil municipal de Lyon. Il le subventionna et l'érigea à la noblesse. Benay mourut en 1690 après avoir introduit à Lyon les derniers perfectionnements de l'art du moulinier.

La même année, un teinturier italien, César Laure, établit un moulinage à Neuville-sur-Saône, près Lyon. Il eut pour successeur Laguyola. Encore la même année, Charlier invente une étoffe blanche, chaîne en soie grège, à sept bouts, tramée en fil de 4 aunes 1/2 de largeur, et imitant le point de tapisserie des Gobelins.

Malheureusement, la révocation de l'Edit de Nantes, en 1687, causa un tort immense à la soierie, 80,000 habiles ouvriers s'expatrient et vont fonder des usines en Angleterre et en Allemagne, où on les accueille avec empressement. Le nombre de métiers tombe à 2,000 à Lyon.

A cette époque Galantier et Blanche, lyonnais, inventent le métier à boutons.

En 1692, la guerre ayant amené la cessation du travail, il fut permis aux ateliers lyonnais de fabriquer les petites étoffes dites : *filatrices. popelines. raz de Saint-Maur.*

D'après Laurent d'Herbigny, intendant de Lyon, voici la consommation de la soie à Lyon, en 1698 :

Il rentrait à Lyon 6,000 balles de 160 livres (poids de marc) ainsi réparties : 1,400 du Levant, principalement du Guilam en Perse ; 1,600 de Sicile ; 1,500 du reste de l'Italie ; 300 d'Espagne et 1,200 de France, du Languedoc, de Provence et du Dauphiné. 3,000 balles étaient travaillées à Lyon, le reste était expédié à Tours et autres villes. Les soies indigènes étaient exclues des beaux tissus, on les destinait pour les rubans, les passementeries, les tapisseries et les broderies de Saint-Etienne et de Saint-Chamond. La production de la soie indigène était évaluée à 3,600 balles de 160 livres. En 1699, il y avait à Lyon 4,000 métiers.

De 1712 à 1714, il y eut le fameux procès de Lyon avec la Compagnie des Indes qui, ayant accaparé les soies de l'Orient, en avait la monopole et voulait en rendre tributaire le marché français. Mais un rapport décida, après expertise, que les soies de France pouvaient avantageusement remplacer les soies de l'Inde. Le terme du procès donna une bonne impulsion à l'industrie séricicole indigène.

En 1725, Bouchon, ouvrier de Lyon, invente le métier pour petits façonnés : il remplace le lisage au remple par le lisage sur du papier.

En 1728, Falcon, un Anglais, imagine un métier pour tous les genres d'étoffes façonnées.

Le métier à cylindre est créé vers cette époque par Régnier de Nîmes.

En 1730, MM. Roch, Quinson père et fils, et Charbonnel, de Lyon, obtiennent au mois d'avril un privilège du gouvernement pour monter un établissement ou manufacture royale de velours à ramages raz, façonnés et figurés à l'instar de ceux de Venise. A la même époque, un fabricant de Lyon reçut un privilège de 10 ans pour une manufacture royale de velours broché en or, argent et nuances de couleurs. A sa mort Chaussat lui succède et obtient des lettres patentes le 7 octobre 1733.

Le Conseil d'Etat prohibe sévèrement, en 1735, la sortie des soies teintes.

En 1829, il y avait à Lyon 7,500 métiers occupant 48,500 ouvriers.

Un arrêté de Conseil d'Etat, en 1744, stipule qu'il fallait être catholique pour être fabricant ou ouvrier en soierie.

En 1745, Vaucanson rend automatique le métier à tisser et supprime les cartes isolées qu'il applique sur le pourtour d'un gros cylindre perforé de trous. Kay et Stell appliquent un arbre à cames au métier à tisser, ce qui permet de manœuvrer le métier en supprimant le marchage.

En 1746, la communauté de Lyon obtient de fabriquer des étoffes moirées or et argent à l'instar de celles d'Angleterre et de Hollande. En 1748, Louis XV publie la célèbre ordonnance concernant la fabrique lyonnaise.

A la même époque, Genève, né à Lyon, rapporte de Florence le procédé pour donner le lustre au satin. La communauté de Lyon, après délibération, défend à ses membres d'envoyer des échantillons à l'étranger.

Voici l'état de la soierie lyonnaise en 1752, d'après un rapport de Gournay, intendant de commerce :

Marchands faisant fabriquer	456
Maîtres ayant boutique (atelier)	3,638
Compagnons chez les maîtres	2,885
Apprentis chez les maîtres	2,072
Enfants de maîtres, dont 1800 environ au-dessus de l'âge de 17 ans, travaillant chez leur père compagnon, les autres étant à leur charge	8,163
Tireuses et dévideuses	6,636
Compagnons forains.	207
Sur 3638 maîtres, les 2/3 étant mariés, les femmes formant un surcroît de . . .	2,400
Les 436 marchands occupent en dessinateurs comme en teneurs de livres. . .	1,500
Dévideuses externes ou domiciliées chez les maîtres	2,500
Ourdisseuses, liseuses, metteuses en main, remetteuses, cannetières, tordeuses, faiseuses de lats, plieurs de soie. . . .	4,600
Teinturiers, mouliniers, tireurs de cocons, commissaires en soie, tireurs d'or, chineurs, apprêteurs, guimpiers, faiseurs de peignes, cordiers, charpentiers, raseurs de velours, et autres.	26,000
Total.	60,057

Robert Kay, en 1760, imagine le tissage à 3 navettes.

Il y avait 9404 métiers : 5,252 métiers de tir et 4,152 métiers de plein. En 1762, les Jésuites de Lyon sont expulsés et vont à Suze en Piémont emmenant des ouvriers avec eux et fondèrent une manufacture qui ne réussit pas.

En 1766, Ponson de Lyon invente le métier à tisser pour accrochages. Revel, né à Paris en 1684, invente l'art de la mise en carte et de la lecture en dessin qui y est tracé. Philippe Lassale succède et surpasse son maître ; en 1774, il fait exécuter sur le métier les animaux, oiseaux, fruits, paysages, portraits.

Comme dans la période de 1750 à 1771 on se plaignait beaucoup de la pénurie de mûriers, Rhomé, en 1763, commença une campagne vigoureuse pour la propagation et la plantation de cet arbre si utile. En 1771 il publie : *Mémoire sur la culture du mûrier blanc et la manière d'élever les vers à soie*, en 2 volumes. D'importantes plantations se font aux alentours de Lyon, principalement à Grigny, près de Brignais, et à Saint-Georges-de-Reneins.

En 1768, le P. Peyronnier, religieux minime à Lyon, invente une machine propre à tirer et à monter la soie par une seule opération. Il mourut et sa machine tomba dans l'oubli.

En 1776, Richard, fabricant de Lyon, invente le *taffetas de Chine*.

Rivet imagine le métier pour étoffes façonnées et le tricot. Mauges, Falcon, Jaillet, Dubois, Brun et Pipon le perfectionnent.

Jaillet invente la navette volante et Galantier la navette à bouton.

Dardois imagine une mécanique pour se passer de la tireuse de Lacqs dans l'emploi du remple.

En 1779, les frères Regger apportent d'Angleterre, le grand moirage pour les gros-de-tours. En 1780, les frères

Parrut, lyonnais, inventent le métier à fabriquer le damas, les satins et autres étoffes avec un seul ouvrier et sans tireuse. En 1782, Hugues Ringuet invente une étoffe imitant la broderie et la peinture.

Lyon possède en 1786 15,000 métiers et 18,000 en 1787, occupant 80,000 ouvriers. Cette même année les mûriers gèlent, 50,000 ouvriers sont sans ressources ; la charité leur apporte 900,000 francs pour subvenir à leurs besoins.

Suivant Roland de la Platrière, la récolte de la soie en France, en 1788, était de 1,250,000 livres et la soie travaillée de 2,500,000 livres.

La révolution, les guerres civiles, amoindrissent considérablement l'industrie de la soie, et d'une telle façon qu'en 1800 il n'y avait à Lyon que 2,500 métiers.

De 1785 à 1792, le docteur Edmond Cartwright, invente un métier à tisser automatique.

Nous arrivons à l'époque, qui restera une date mémorable pour l'industrie de la soierie. Nous voulons parler de l'invention de la mécanique Jacquard en 1805. Joseph-Marie-Jacquard naquit à Lyon le 7 juillet 1752 ; son père était tisserand. D'abord relieur, puis fondeur en caractères d'imprimerie, Jacquard hérita plus tard de l'atelier de *canut* de ses parents. C'est vers 1795 qu'il termina la machine à laquelle son nom restera glorieusement attaché. Il obtint une médaille de bronze à l'Exposition nationale de 1801, à Paris. Jacquart ne profita jamais du privilège de son invention, et, pour ce motif, Napoléon lui accorda une pension de 1500 francs avec le droit de réclamer une prime de cinquante francs pour chaque mécanique vendue par les constructeurs.

Le métier Jacquard fut introduit en Angleterre en 1810 par Stephen Wilson, fabricant de soieries à Londres. Le mécanicien Dracup est le premier qui construisit en Angleterre, en 1833, les mécaniques Jacquard.

En 1807, William Radcliffe de Stockport, imagine une machine à parer avec laquelle on pût préparer les chaînes à l'avance et supprimer l'encollage sur le métier.

A la même époque, Craufard, de Londres prend une patente pour un nouveau système de doublage ou câblage de plusieurs fils, analogue à celui de l'organsinage de la soie. Cette machine s'arrêtait automatiquement à chaque rupture de fil.

Voici, d'après Chaptal, la récolte de la soie dans différents départements, en 1809-1812 ;

Vaucluse,	1809.	1,740,000 kil.
Gard.	1810.	1,280,000 —
Ardèche,	1812.	1.233,000 —
Drôme,	1812. . . .	676,610 —
Bouches-du-Rh..	1808. . . .	586,000 —
Hérault,	1808.	517,000 —
Isère.	1812.	332,000 —
Var,	1810. . . .	1,102,040 —
Indre-et-Loire,	1808.	30,000 —
Loire.	1808.	31,000 —
Ain,	1812. . . .	5,650 —
Allier,	1808.	3,000 —

En 1817, le repiquage est inventé par Lequéret de Lyon.

En 1818. Beauvais frères fabriquent *la Crêpe de Chine*. Banse invente un nouveau crépage à gauffrage, dessins, fins dit *acrophane*.

En 1825, Revillat frères inventent le *taffetas diaphane*.

En 1828, Maisial. professeur théorique pour fabrique à Lyon. remplace les anciennes lisses par de légères broches en fer.

Margaro invente le moirage à la Réserve.

Voici le développement progressif des métiers dans la cité lyonnaise :

1812.	. . . . .	12,000 métiers.
1819.	. . . . .	20,000 —
1827.	. . . . .	27,000 —
1837.	. . . . .	40,000 —
1848.	. . . . .	50,000 —
1873.	. . . . .	120,000 —
1881.	. . . . .	120,000 — à bras.
		20,000 — mécaniques.

Dès 1849, l'élevage des vers à soie périclite. Un mal mystérieux décime ces précieux insectes. Tantôt les vers mouraient dès les premiers jours de leur naissance. D'autres fois ils grandissent, paraissent bien se porter, subissent une première mue, puis devenaient malades tout à coup et succombaient. Les éducateurs, en 1851, découragés au milieu des insuccès croissants, font venir des grains de l'étranger. L'année 1853 donne une récolte magnifique. On fait jusqu'à 26 millions de kilogrammes de cocons, qui représentent un revenu de 130 millions de francs. Les années suivantes, nouvelle calamité, toutes les graines de l'Europe paraissent infectées. La récolte des cocons tombe en 1865 à 4 millions de kilogrammes ; soit une perte de 100 millions de francs. M. Pasteur étudie et découvre les maladies qui déciment les vers : la *pébrine* et la *flacherie*. L'illustre savant donne aussi les moyens de combattre ces maladies, qu'il résume en ces termes « Prenez de la graine exempte de corpuscules, et mettez les vers qui naissent à l'abri des vers contaminés, vous aurez un élevage régulier et une récolte certaine ».

Partout aujourd'hui, on met en œuvre la méthode Pasteur. Elle procure à l'étranger comme à la France des bénéfices annuels qui se comptent par centaines de millions.

CHAPITRE II

ÉDUCATION DU VER A SOIE DOMESTIQUE

(*Bombyx mori*).

I. — Insectes fournissant de la soie.

Certains insectes s'enveloppent d'un cocon ou sac pour
se transformer en nymphes ou chrysalides. Ce cocon est
constitué par une matière soyeuse ou bave de l'animal.

Les insectes les plus connus fournissant des cocons sont
les Bombyciens, les Attacus et les Araignées.

Bombyciens. — Ces insectes forment une vaste tribu
parmi les Lepidoptères-Hétérocères. On en connaît un grand
nombre de genres causant des dommages ou rendant des
services à l'agriculture.

Le plus important de tous les genres est celui du *Bombyx
mori* (*Sericaria*) ou ver à soie ordinaire produisant annuellement 12,000.000 de kilogrammes de soie ordinaire et sur
lequel nous reviendrons avec les plus grands détails dans
les chapitres suivants.

Le genre *Liparis* fournit quelques espèces intéressantes
mais dont on n'a pas utilisé le tissu soyeux : *Porthesia auri-
flum*, le *Porthesia chrysorrhœa*, le *Liparis dispar*, le *Enetho-
campa processionea*.

Parmi le genre *Orgya*, on ne peut guère citer que l'*étoilée*

(*Orgya antiqua*), de médiocre taille. La femelle n'a que deux moignons d'ailes et demeure à l'état adulte sur le cocon d'où elle est sortie, pour y pondre ses œufs et mourir. L'étoilée se rencontre sur les arbres fruitiers, les rosiers, les genêts.

Dans les *Dasychira*, on rencontre la *Patte étendue* (*Dasychira pudibunda*) vivant sur le chêne, l'orme, le charme, le peuplier, le noyer et donne un cocon léger d'une jolie soie blanche.

Les *Bombyx* donnent plusieurs sous-genres intéressants. La *Livrée* (*Bombyx neustria*) est très commune sur les arbres fruitiers et forestiers. Elle donne un cocon mou, ovale, blanc, saupoudré d'une poussière jaune de soufre. Les autres variétés sont le *Bombyx lanestris*, le *Bombyx quercus* ou *Minime à bandes*, le *Bombyx rubi* appelé *Polyphage* ou l'*Anneau du Diable*, le *Bombyx trifolii*, etc. La *feuille morte* (*Lasiocampa quercifolia*) se rattache aux Bombyx.

Quelques *Dicranoures*, quelques *Psychés*, quelques *Zeuzères* et quelques *Cosrus* tissent des cocons mais qui n'ont aucune importance.

Attacus. — Les attacus sont des insectes lipidoptères-hétérocères de la famille des Bombycides ; ils produisent presque tous de la soie utilisable connue sous le nom de *soie sauvage* et employée depuis longtemps en Chine et au Japon. Nous en ferons une description spéciale à la fin de l'ouvrage ; pour le moment nous nous contenterons d'énumérer les principales variétés.

Le *grand paon de nuit* (*Attacus pavonia major*), vivant sur les ormes, donne un cocon volumineux, dur et ouvert par le petit bout sans que cependant le fil soit coupé. Le *petit paon de nuit* vit sur l'orme, le prunelier et la ronce, il donne un cocon comme le *grand paon de nuit*.

L'*atlas* ou *phalène porte-miroir* de la Chine (*Attacus atlas*) est le plus grand papillon de la Chine. L'*Attacus cecropia* de la Louisiane donne des cocons dont on peut tirer la soie. L'*Attacus luna* de l'Amérique du Nord, vivant sur le liquidambar, donne un cocon de la grosseur d'un œuf de pigeon dont on tire une belle soie blonde et fine. Le *polyphène* (*Attacus polyphemus*) donne une soie blanc légèrement jaunâtre et très brillante.

L'*Attacus mylitta* de l'Inde donne la soie *Tussah* sur laquelle nous reviendrons dans la suite.

L'*Attacus yamo-maï*, ou ver à soie du chêne du Japon, donne un cocon jaune-verdâtre d'une soie semblable à celle du ver à soie ordinaire. L'*Attacus Pernyi* vivant sur le chêne en Mandchourie, donne une soie très belle et très brillante. L'*Attacus cynthia* ou ver à soie de l'ailante donne un cocon ouvert à un bout. L'*Attacus ricini* est le ver à soie du ricin, il donne une soie analogue à l'*Attacus cynthia*.

Les *Attacus isabella, parvonia media, cecigène*, donnent des cocons pouvant être tirés.

La *Hachette d'Engrenelle* (*Agliatace*) donne des cocons pouvant être dévidés.

Araignées. — Tout le monde sait que les araignées sont susceptibles de produire des fils de soie extrêmement fins. Toutes les espèces tendent des fils plus ou moins gros. Quelques personnes ont eu l'idée d'utiliser cette soie, mais sans succès, comme nous l'expliquerons à la fin de l'ouvrage.

Enfin l'*Ephestia kuechniella* ou papillon des farines, vivant dans les farines, se tisse un cocon dans l'intérieur de celles-ci. La soie de cet insecte n'a reçu aucune application.

II. — Magnanerie.

La magnanerie est le local dans lequel on élève les vers à soie. Ce nom vient de ce que dans le midi de la France les vers se nomment *magnans*.

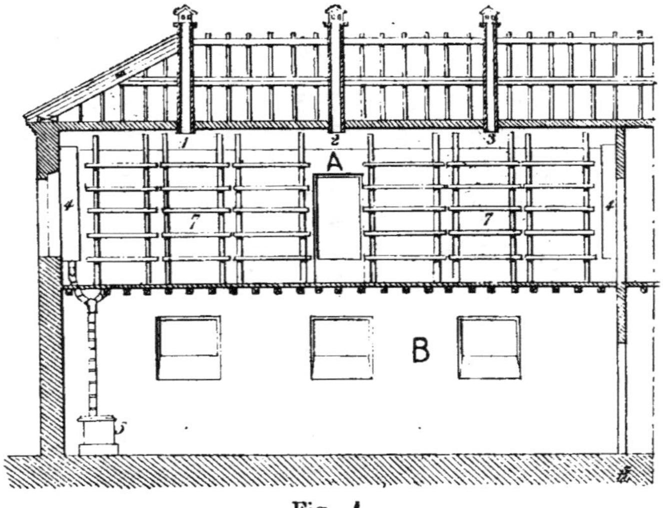

Fig. 1

Coupe longitudinale d'une Magnanerie.

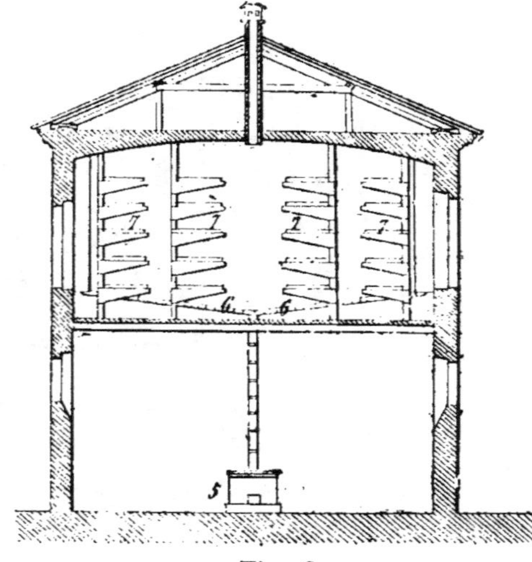

Fig. 2

Coupe transversale d'une Magnanerie.

Ce local doit présenter les trois conditions suivantes :
1° être sain ; 2° bien aéré ; 3° chauffé à une température
uniforme variable avec l'âge des vers.

Les figures 1 et 2 représentent les coupes longitudinales
et transversales d'une magnanerie bien organisée. La ventilation s'effectue naturellement au moyen des tuyaux d'é-
vent 1, 2, 3, à l'extrémité desquels se trouve un aspirateur
à hélice fonctionnant par la différence de température. Le
chauffage se fait au moyen du poële 5 dont les tuyaux 6,6,
très longs, chauffent modérement la chambre, et se rendent
dans la cheminée 4. De nombreuses fenêtres munies de
persiennes amènent de grandes quantités d'air nécessaire
pour la santé des vers. Des supports 7, 7, assez éloignés
les uns des autres et symétriquement placés, sont destinés
à supporter les claies des vers à soie. Nous représentons à
part, dans la figure 3, les dispositions de ces supports. On

Fig. 3

Supports pour supporter les claies.

peut voir, par ce mode d'installation, que l'air circule librement, dessus, dessous et à côté des claies.

L'assainissemént s'obtient en badigeonnant les murs avec de la chaux vive, avant de commencer l'éducation, toutes les années. Nous conseillons de mettre dans la chaux 1 pour 100 d'acide sulfophénique qui est un antiseptique énergique et sans odeur.

On recommande aussi d'arroser le plancher avec une dissolution de chlorure de chaux, mais nous trouvons ce procédé défectueux ; l'odeur qui se dégage de la décomposition de ce chlorure par l'acide carbonique de l'air, peut incommoder les vers. Nous recommandons vivement une dissolution d'acide sulfophénique à 1 pour 100 qui donne d'excellents résultats. On peut aussi employer le liquide suivant :

Eau	1000
Chlorure de zinc à 36° .	35
Acide borique. . . .	10
Glycérine	10

Les magnaneries doivent toujours être dans le plus grand état de propreté. On compte qu'il faut 1 mètre carré de surface par gramme de graines à élever et un volume de 2 mètres cubes 5 pour la même quantité. Une magnanerie élevant les vers de 300 grammes de graines devra mesurer 14 mètres de long, 8 mètres de large et 7 mètres de hauteur.

Mûrier.

Le mûrier est un genre de plante de la famille des Ulmacées. On en connaît trois principales variétés : 1° le mûrier blanc (*morus alba*) ; 2° le mûrier noir (*morus nigra*) ; 3° le mûrier rouge (*morus rubra*).

Le mûrier blanc est particulièrement cultivé en France pour l'élevage des vers à soie. Les meilleures qualités sont :

1° Le *mûrier hybride* à feuilles larges, tendres, abondantes, mais tardives.

2° Le *mûrier moretti* à feuilles larges, tendres, abondantes et précoces.

3° Le *mûrier multicaule* à feuilles grandes, tendres, aqueuses et précoces.

4° Le *mûrier rose* donnant de belles feuilles larges.

5° Le *mûrier lou* donnant des feuilles larges, épaisses.

Il ne rentre pas dans notre cadre d'étudier la culture du mûrier que l'on trouvera décrite dans tous les traités d'agriculture.

Les mûriers haute tige donnent 125 kilos de feuilles par an. Les mûriers nains en donnent 10,000 kilos par hectare.

On compte qu'il faut 18 kilos de feuilles pour produire 1 kilogr. de cocons.

La cueillette des feuilles doit se faire le matin après la rosée et à la main. Les feuilles sont mises dans des sacs en toile blanche maintenus ouverts par un cerceau et suspendus à une branche ou à l'échelle qui sert pour les cueillir. Il faut prendre soin de ne pas froisser les feuilles ni de récolter les feuilles mouillées. On ne doit pas cueillir les feuilles pendant la pluie.

Les feuilles sont ensuite transportées dans la magnanerie, sous un hangar spécial ou dans une cave, à l'abri du soleil et de la pluie.

Lorsque le mûrier fait défaut dans certains pays, on le remplace par certaines feuilles dont la valeur a été signalée par la pratique.

Aux États-Unis, dans plusieurs localités, on nourrit les vers à soie avec la feuille de *Maclura aurantiaca* ou *osage orange*, arbre rustique, épineux, cultivé dans l'Amérique du Nord et qu'on plante sous forme de haies. Ces feuilles donnent une soie excellente.

Dans la Birmanie anglaise, lorsque les feuilles de mûrier manquent, on les remplace par le *Mahlaing-beng* des Birmans ou *Broussonétia papyrifera*. Mais les feuilles du mûrier à papier ne donnent qu'une soie inférieure.

En Chine, on remplace les feuilles de mûrier par celles du *Cudrania tribola*.

Pour donner de la clarté à notre sujet, nous avons appelé :

Vers domestiques ceux qui vivent à l'intérieur, dans les magnaneries, comme le *Bombyx mori*.

Vers demi-domestiques ceux qui proviennent de vers éclos dans l'intérieur, portés au dehors sur les arbres nourriciers, et vivant à l'air libre plus ou moins surveillés.

Vers sauvages ceux qui sont tout à fait indépendants et abandonnés à eux-mêmes à l'air libre.

Nous avons réuni les vers sauvages et les vers demi-domestiques dans le même chapitre, parce qu'en général, ces vers vivent dans ces deux états. Ce n'est que par l'acclimatation qu'on est parvenu à les rendre demi-domestiques.

Les vers donnant une récolte par an sont appelés *monovaltins* ; ceux qui en donnent deux, *bivaltins* ; et ceux qui en donnent trois ou plus, *polyvaltins*.

III. — Elevage des vers à soie.

Graine. — Le germe du ver à soie est un œuf ou *graine*, jaunâtre au moment de la ponte et passant du rouge brun au gris jusqu'au printemps de l'année suivante. Sa forme est celle d'un grain de millet. Une once de 31 grammes en renferme 40,000. Les meilleurs œufs proviennent des chenilles Fossombruni, Dandolo, Triveltini, Siali, etc. Les graines sont conservées dans des boîtes en fer blanc à l'abri de l'humidité. La graine perd du poids en vieillissant ; au moment de l'éclosion elle a perdu 12 pour 100. Les graines saines sont toujours plus lourdes que l'eau.

Incubation. — L'éclosion de la graine a lieu à la température de 20 à 26° ; elle doit coïncider avec la naissance des feuilles du mûrier. En France la période d'incubation est du 15 au 30 avril. Dans les magnaneries, on emploie la couveuse, ou chambre à éclosion, qui n'est autre qu'une étuve maintenue à 18 ou 20°. On doit abandonner la mauvaise habitude de certaines personnes qui, se changeant en étuve, portent les graines sur eux (les femmes dans leur corset) pendant le jour et sous l'oreiller pendant la nuit. Les exhalaisons du corps, le manque d'air, contribuent à l'éclosion de vers maladifs et peu vigoureux. Voici comment l'on doit opérer :

Dès que les bourgeons commencent à se développer, on sort les graines de l'appartement froid où elles ont passé l'hiver et on les place dans une chambre plus chaude, exposée au midi. On les y laisse jusqu'à ce que les mûriers aient des feuilles de un centimètres et demi à leur sommet ; on les met alors dans la couveuse.

Les *couveuses* sont construites avec la plus grande simplicité. Tantôt c'est une *couveuse tambour* composée d'un cylindre en tôle de 75 centimètres de hauteur sur 40 centimètres de diamètre, portant, au deux tiers de sa hauteur, une séparation constituée par un morceau de canevas. À leur partie inférieure se trouve une veilleuse placée sous un trépied, en fil de fer de 30 centimètres de hauteur, portant un réservoir en fer blanc de 15 centimètres de diamètre et de 5 centimètres de hauteur contenant de l'eau. On obtient ainsi dans l'intérieur du cylindre une température tiède et humide très favorable pour l'éclosion de la graine. Tantôt c'est une couveuse en osier, espèce de corbeille sans fond, munie d'un couvercle, dans laquelle brûle une veilleuse. Une séparation située aux deux tiers de la hauteur supporte les graines.

Dans les grandes magnaneries, on se sert d'une étuve perfectionnée, à chauffage extérieur pour éviter tout gaz délétère dans l'atmosphère où se trouvent les graines. Parmi le grand nombre de systèmes employés, le meilleur, à notre avis, que nous ayons vu fonctionner, est le suivant qui a été copié sur les dispositions imaginées par M. Raulin dans sa thèse sur les mucédinées.

L'étuve (figure 4) destinée à maintenir les végétations dans les conditions convenables de température, d'aération et d'humidité, se compose de trois parties : la caisse, contenant les boîtes de graines ; l'appareil de chauffage ; et un appareil destiné à répandre l'humidité dans l'atmosphère.

La caisse est une sorte d'armoire F, s'ouvrant antérieurement par une porte, et ayant 2 mètres de hauteur ou 70 centimètres de largeur et 40 centimètres de profondeur ; des tablettes distantes de 20 centimètres sont disposées pour recevoir les boîtes de graines *mm* ; un courant d'air ascendant s'établit naturellement à l'aide d'ouvertures pratiquées dans le bas et dans le haut de l'étuve. Ce courant d'air ne doit être ni trop fort ni trop faible ; on le règle en fermant plus ou moins les ouvertures supérieures.

L'appareil de chauffage BKFG est un système à circulation d'eau chaude : une chaudière B, placée dans une salle voisine de celle où est l'étuve, communique avec des tuyaux de plomb KGF, convenablement distribués dans l'étuve. Cet appareil est complètement rempli d'eau que la chaleur du foyer met en circulation. Ce foyer *b* consiste en un bec de gaz de Bunsen, constamment allumé et placé sous la chaudière ; les produits de la combustion, après avoir circulé dans un serpentin E intérieur à la chaudière, s'échappent au dehors. Ce genre de chauffage est préférable au chauffage direct parce qu'il ne peut pas introduire dans l'étuve des substances volatiles capables de modifier la végétation.

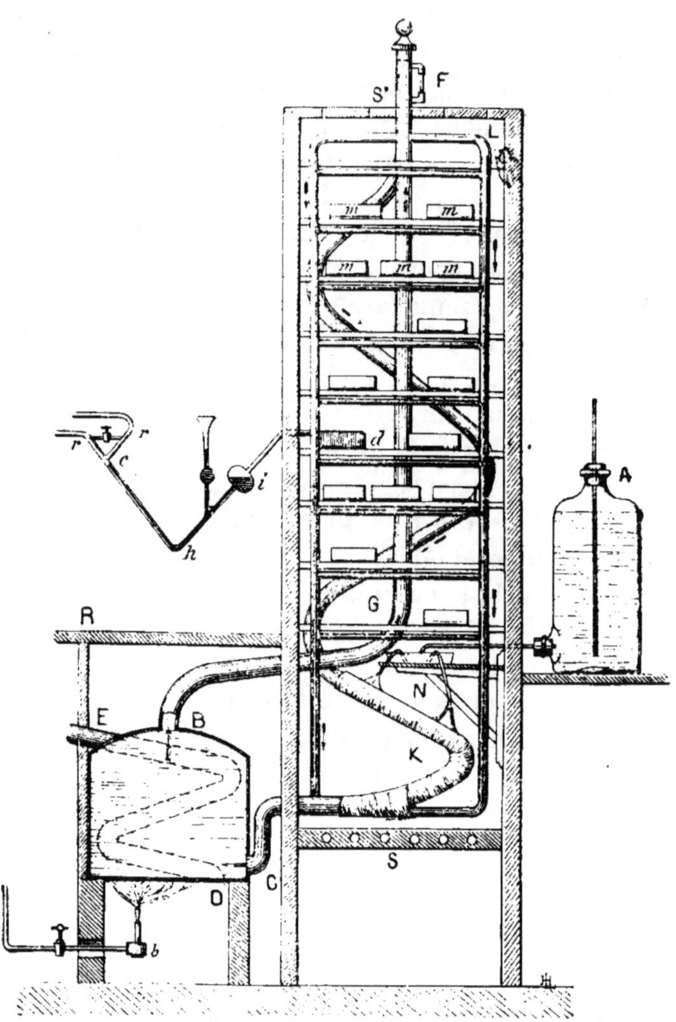

Fig. 4

Etuve couveuse perfectionnée.

Pour avoir une température constante dans l'étuve, à l'appareil de chauffage est adapté un thermo-régulateur. Il consiste essentiellement en un gros thermomètre à alcool dont le réservoir *d* est dans l'étuve, communique avec la branche inférieure d'un tube *ihr* en Y : les deux branches latérales de ce tube sont soudées avec le tuyau d'arrivée du gaz à chauffage, qui est forcé de traverser ces deux branches avant de se rendre au bec de Bunsen ; du mercure faisant suite à l'alcool du thermomètre remplit la tige *ihcr*, jusqu'au point de croisement *c* des trois branches du tube en Y. Pour peu que la température de l'étuve s'élève, le liquide du thermomètre se dilate ; le passage du gaz d'une branche à l'autre du tube en Y diminue, et la flamme du gaz à chauffage diminue également. Un abaissement de température de l'étuve produit un effet inverse. Cette température ne peut donc varier qu'entre des limites très resserrées. On comprend également qu'en augmentant ou en diminuant la quantité du mercure dans le tube *ihcr*, au moyen de l'entonnoir, on abaisse ou on élève la température de l'étuve.

L'air ambiant chauffé dans l'étuve devient nécessairement très sec. Pour lui rendre le degré d'humidité nécessaire à l'incubation, on a disposé à côté de l'étuve un vase de Mariotté A qui contient de l'eau ordinaire. Cette eau passe à l'aide d'un tube *bb* dans un petit vase *s*, où elle se maintient à un niveau constant. Des mèches de coton *k* aspirent cette eau par capillarité, et la distribuent sur du coton qui recouvre une partie K des tuyaux de plomb de l'étuve. Le courant d'air qui effleure continuellement ce coton humide et chaud se charge de vapeur d'eau en quantité suffisante pour amener l'hygromètre de Saussure vers 70 degrés.

On porte la température de l'étuve à 16 degrés et on y place la graine mise en couche mince dans de petites boîtes rondes nommées *massepains*. On recouvre les graines d'un morceau de tulle du diamètre des boîtes et dont les mailles ont 2 millimètres. Ceci étant disposé, on ferme l'étuve et on augmente insensiblement la température de la manière suivante :

1er jour.	17°,3
2e —	17°,5
3e —	18°,75
4e —	20°
5e —	21°,25
6e —	22°,5
7e —	23°,75
8e —	25°
9e —	26°,25
10e —	27°,5

Le cinquième jour les œufs blanchissent et se parsèment de points noirs. Le septième jour commence la naissance des *avants-coureurs*. Pendant les trois derniers jours l'éclosion est très abondante, surtout entre 4 et 10 heures du matin. On voit les petits insectes noirs, poilus, marcher en tous sens à la recherche de la nourriture. Toutes les heures ont fait des *levées*, c'est-à-dire on met des bourgeons de mûrier, ou de la feuille coupée menue, sur les tulles des boîtes : les vers montent pour manger et on les transporte ainsi sur des claies. On les partage en trois catégories : ceux qui naissent le septième, le huitième et le neuvième et dixième jour. Les vers, au moment de l'éclosion, ont 2 millimètres de longueur : 1.600 vers pèsent 1 gramme.

Au moment de l'éclosion, la couleur des œufs change et passe du gris cendré au bleu et enfin au violet. L'existence du ver à soie est divisée en *cinq âges*. On appelle âge le temps qui s'écoule d'un sommeil à l'autre ou d'une mue à l'autre.

Premier âge. — Nous avons dit que les vers aussitôt éclos étaient transportés sur des claies que l'on place sur les étagères de la magnanerie. Les claies sont des tables en roseau formées par 4 bâtons de mûrier de 3 centimètres de diamètre et de 0.7 mètres de long sur lesquels on fixe des joncs avec des liens en sparterie. Elles ont 0^m,70 de large et 2 mètres 50 de longueur. Pour l'éducation de 25 grammes de graines, il faut 25 de ces claies. Une bonne précaution c'est de les faire en jonc gratté : elles sont alors plus faciles à nettoyer. On emploie aussi des claies en fil de fer, formées d'un cadre de 0^m,15 de large, 2^m,50 de long et 5 centimètres d'épaisseur avec deux traverses en bois de même épaisseur, sur lequel on cloue un grillage.

Pour 31 grammes de graines, il faut pendant le premier âge, 1 mètre carré 30 d'espace, soit environ la superficie d'une claie. Sur ces claies on étend une feuille de papier blanc et on y espace régulièrement les vers. Pour égaliser l'éducation on met les claies portant les vers éclos les premiers sur les tablettes du bas de la magnanerie : celles sur lesquelles sont les vers éclos moyennement sur les tablettes du milieu, et enfin, les vers retardataires sur les tablettes les plus hautes, où la température est un peu élevée, ce qui les active davantage.

Aux premières levées (claies basses) on donne trois repas par jour : à 5 heures, à midi et à 8 heures du soir. Aux secondes levées (claies du milieu) on donne quatre repas : à 5 heures du matin, à 10 heures, à 3 heures de l'après-midi et à 8 heures du soir. Aux troisièmes et dernières levées, situées sur les claies du haut. on donne cinq repas par jour : à 5 heures du matin, à 9 heures, à 1 heure de l'après-midi, à 5 heures et à 9 heures du soir.

Après cinq jours commence la première mue. Le ver à cette époque prend la peau lisse et raide ; l'épiderme a moins de poils et paraît par conséquent plus blanc. La tête noire paraît grosse parce qu'elle est repliée sur elle-même et un peu relevée. Au moyen de quelques fils de soie, il fixe sa peau sur les feuilles et subit sa transformation ou première mue. Le ver ne mange plus et devient immobile pendant un jour. Dès qu'on aperçoit quelques vers immobiles on diminue la nourriture et on la supprime complètement pendant **24** heures lorsque la plus grande partie sont fixes.

Pendant cette première période, les vers provenant d'une once de graine consomment au total 5 kil. 500 de feuille hachée et mondée, c'est-à-dire débarrassée des fleurs de mûrier et autres impuretés.

La température doit être de 19° centigrades et l'hygromètre doit marquer 75 à 80 degrés.

Deuxième âge. — Lorsque le ver quitte sa peau, c'est-à-dire qu'il se réveille, on s'occupe de le déliter. Cette opération consiste à transporter les vers sur une claie propre. A cet effet on étend sur les vers du papier percé de trous de 1 centimètre de diamètre et on répand dessus de la feuille de mûrier fraîche, les vers y montent aussitôt et après une demi-heure on enlève délicatement les papiers troués, on les place sur le *tiroir à déliter* et on les transporte sur les claies préparées pour les recevoir en les faisant glisser du tiroir sur celles-ci. Le tiroir à déliter a la forme d'un couloir ordinaire, il a 0 m. 45 de long, 0 m. 30 de large et possède 3 bords de 5 centimètres de hauteur. Les vers qui n'ont pu monter sur le papier sont jetés ou mis à part dans une catégorie de vers paresseux. Les claies contenant la litière du premier âge sont transportées au dehors, en les remuant le moins possible, et on jette les détritus au fumier. Au deuxième âge les vers étant plus gros on les espace davantage, de sorte que les vers provenant d'une once de graine occupent 3 mètres carrés, soit environ deux claies. On donne 3 repas par jour : à 5 heures du matin, à midi et à 8 heures du soir. Les claies qui, dans le premier âge, étaient à la partie supérieure, sont mises à la partie inférieure des étagères et *vice versâ*.

Le ver au second âge a la peau blanche, luisante et tendue, la tête ramassée, le museau petit, noir, allongé. Les vers d'une once de graine mangent pendant la période du second âge, qui est de 5 jours, 15 kil. 500 de feuilles.

La température doit être de 20°.

Troisième âge. — Le ver a le corps gris foncé et le museau large et marron. Lorsqu'il va s'endormir pour opérer sa seconde mue on constate le même phénomène que pour la première. On diminue la nourriture puis on la supprime 24 heures, au bout desquelles on délite comme nous l'avons expliqué. Les vers étant plus gros doivent être plus espacés et occuper une superficie de 5 mètres carrés par once de graines, soit environ quatre claies. On donne trois repas par jour : à 4 heures du matin, à midi et à neuf heures du soir ; on se dispense de monder et de couper les feuilles. La durée du troisième âge est de 6 jours pendant lesquels les vers d'une once de graines absorbent 75 kilos de feuilles. La température du local doit être de 22° et l'hygromètre ne doit pas marquer plus de 80°.

On doit surveiller attentivement les vers pendant cette période qui leur est très funeste ; les maladies se déclarant spontanément. On doit surtout éviter un excès d'humidité en faisant des feux de flammes avec des genêts secs, après chaque repas. La température de la magnanerie ne doit en aucun cas s'abaisser. On arrose le plancher avec une solution de chlorure de chaux ou avec les antiseptiques que nous avons indiqués plus haut. Pendant cet âge on délite deux fois : après le premier repas et le quatrième jour.

Quatrième âge. — Le quatrième âge n'a rien de particulier et ressemble en tout point au troisième. Les vers doivent occuper un espace de 12 mètres carrés, soit 8 claies ; ils mangent 150 kilos de feuilles. La température du local doit être de 23 degrés. Il dure 8 jours. On délite le premier et le sixième jour. On doit forcer la dose d'antiseptique.

Cinquième âge. — Le ver a la couleur du café au lait et son museau est marron. Son sommeil dure deux jours. Il mange avec un grand appétit (grande fraize) ; on lui donne 4 repas par jour. Pendant le cinquième âge qui dure 10 jours, les vers d'une once de graine mangent 850 kilos de feuilles. Comme ils sont gros, il faut les espacer de plus en plus : ils occupent une surface de 25 mètres carrés, soit 20 claies environ. Pendant cette période qui est très critique pour la santé des vers on délite 4 fois pour les tenir dans un grand état de propreté.

Au septième jour du cinquième âge le ver atteint son développement le plus complet. Son poids est de 5 grammes, soit environ 9.500 plus grand qu'au jour de la naissance ; sa longueur est de 9 centimètres, soit 40 fois celle qu'il avait au moment de l'éclosion.

Le corps du ver à soie (figure 5) se compose de 12 anneaux articulés membraneux et parallèles, d'une couleur blanchâtre, avec des taches noires selon les espèces. Il a 14 pattes : 6 de substances écailleuses et pointues, placées deux par deux, sous les trois premiers anneaux,

Fig. 5. — Ver à soie.

et ne sont douées que d'un mouvement de va et vient ; 8 membraneuses, flexibles, plates, munies de crochets permettant aux vers de se fixer et placées, deux à deux, sous les anneaux du milieu. Il respire et transpire par 18 ouvertures ou stigmates apparaissant sur le corps de l'animal comme des points noirs ; les premières sur l'anneau qui vient immédiatement après le museau, les secondes sur le quatrième anneau, et de là régulièrement placées sur chaque anneau jusqu'à l'avant-dernier qui est surmonté d'une corne. Sa tête ou museau est armée de mandibules ; la lèvre inférieure porte la filière par où sort la soie. Ces trous, au nombre de deux, sont extrêmement petits, puisque les deux fils de soie qui en sortent réunis donnent le fil de soie ordinaire. Le développement total du ver à soie demande un mois. Une once de graine demande 1.000 kilos de feuille de mûrier et produit 85 kilos de déjections.

Réservoirs soyeux des vers à soie. — L'organe sécréteur de la soie se trouve dessous l'appareil digestif et repose directement sur les ganglions nerveux. Il se compose de deux réservoirs parallèles et repliés comme le montre la figure 6. La matière soyeuse s'élabore à la naissance de

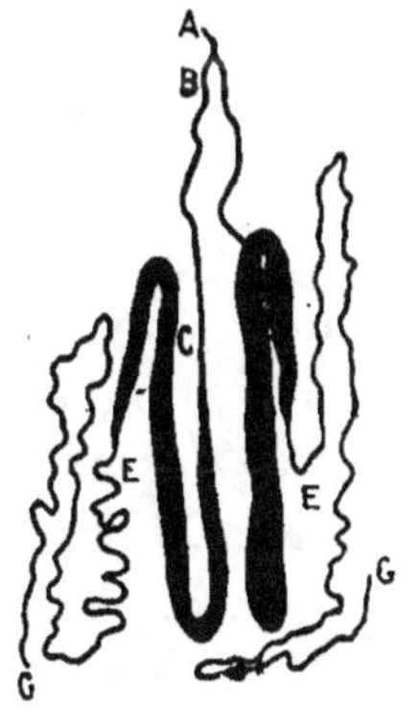

Fig. 6

Réservoirs soyeux des vers
à soie
(2/3 de grandeur naturelle).

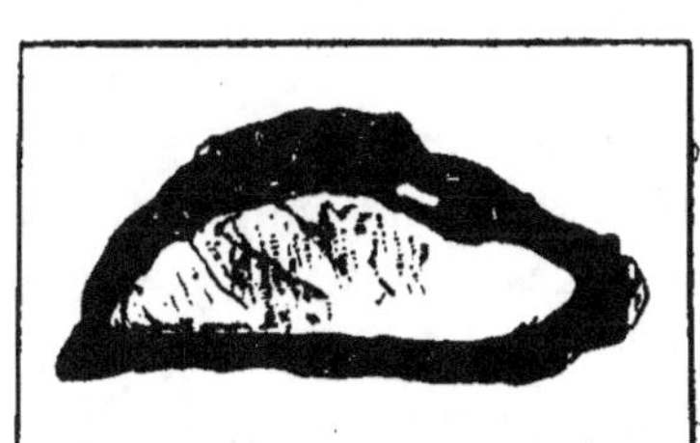

Fig. 7

Corps transversal du réservoir
soyeux
(Grossie 10 fois)

l'appareil sécréteur, en G, et s'accumule dans le réservoir EC, composé d'un noyau de soie transparente comme le cristal et d'un blanc pur, entouré d'un fourreau de *grès* incolore ou coloré suivant la race des vers blancs ou jaunes. Le grès est lui-même contenu dans une tunique rétractible formant le réservoir. La figure 7 est une coupe transversale du réservoir soyeux, grossie 10 fois et on y distingue très bien la soie et le grès. Le réservoir se termine par un tube capillaire C, conduisant le brin simple à l'embranchement B de la trompe soyeuse où il se réunit au tube collatéral du second réservoir. Après cette jonction le conduit devient unique en A.

La proportion de grès est environ de 25 pour 100 du poids de la matière soyeuse ; c'est le rapport de la surface du grès à la surface de la soie que l'on observe dans la coupe naturelle. figure 7.

La fibroïne se forme dans la partie sinueuse du canal, ou partie glanduleuse G ; elle est poussée ensuite dans le réservoir EC, et c'est seulement lorsqu'elle l'emplit complètement que le grès est secrété tout autour de la fibroïne avec la matière colorante, par les glandes du réservoir. Leur formation n'est pas simultanée en tous les points du réservoir : la matière colorante et le grès se forment successivement d'arrière en avant.

Éducation hâtée. — Le ver à soie mange journellement son poids de feuille. La quantité de nourriture qu'il absorbe dépend de la température ; ainsi, à 35 degrés, il mange toujours sans se rassasier, tout en n'étant pas indisposé et se développant presque à vue d'œil. L'accroissement du ver est en raison directe de la quantité de feuilles qu'il digère ; ce qui fait que, toutes choses égales d'ailleurs, plus un ver mange et plus vite il parvient à compléter le nombre de toutes les évolutions structurales qu'il est obligé de terminer avant d'être à même de tisser son cocon.

La croissance lente ou rapide de la larve, dit le Dr G. Luppi dans sa brochure sur *l'Éducation hâtée des vers à soie,* implique l'éloignement ou le rapprochement entre elles, des mues, ou en d'autres termes, allonge ou raccourcit la durée de sa vie. Moins le ver a chaud et moins il se nourrit, plus longtemps il se développe et vit plus longtemps. Tout le contraire, — ainsi que nous l'avons déjà dit, — a lieu si le ver est maintenu dans une haute température. Il mange beaucoup plus, il se développe plus rapidement, mais la durée de son existence à l'état de larve s'abrège d'autant. La fraîcheur et la diète lui permettent de vivre pendant quarante-cinq jours et plus, tandis qu'avec de la chaleur et de la bonne chère, il peut monter au bois en moins de vingt jours.

Il va sans dire qu'on ne pourrait pas impunément pousser la marche de l'éducation par une forte élévation de température sans nuire à la qualité et au rendement des produits obtenus, mais il y a un terme moyen, lequel permet d'obtenir une éducation abrégée tout en ne nuisant ni aux vers, ni aux cocons, ni à la graine. A titre d'exemple nous donnons les règles suivies dans les magnaneries de M. le chevallier docteur F. de Lanza, à Spalato en Dalmatie, où l'on produit annuellement 4000 onces de graines par l'éducation hâtée :

1° On maintient la température des magnaneries à 26 degrés, constamment nuit et jour pendant toute la durée de l'éducation jusqu'à l'achèvement complet du cocon.

2° Jusqu'à la troisième mue, on ne donne aux vers qu'un léger repas toutes les deux heures, ou douze repas dans les vingt-quatre heures, avec feuille finement hachée dès le début, mais toujours de moins en moins par la suite, d'un âge à l'autre.

3° Après le réveil de la troisième mue, les vers sont mis à un repas toutes les trois heures avec feuille hachée plus grossièrement.

4° On s'y prend de même après la quatrième mue. Pendant les derniers jours on administre la feuille entière, selon les besoins.

5° On donne des fumigations au moyen de la sciure de bois bien sèche qu'on répand sur un brasier ardent, et parfois on emploie le chlorure de chaux.

6° L'incubation de la graine commence dès qu'elle se montre disposée à éclore, à la température ordinaire. Alors on la place à la chaleur de 19 degrés en augmentant d'un degré tous les jours. Arrivée à la température de 22°,5 à 25 degrés, ordinairement l'éclosion a lieu et s'accomplit entièrement en deux jours.

Système Bonoris. — En Perse, on élève les vers à soie sur des branches de mûrier que l'on enterre dans des cabanes en bois construites à cet effet. Au Frioul, en Italie, on élève aussi les vers à soie sur des rameaux de mûrier placés sur deux plans inclinés en forme de toit. Les premiers âges se passent sur les claies et les derniers sur les rameaux. Bonoris et Cavallo ont perfectionné le système du Frioul, nous allons donner la description de leurs ingénieuses installations.

1° Dans le système Bonoris on fractionne les couches pour les enlever aisément sans déranger les vers. Qu'on se

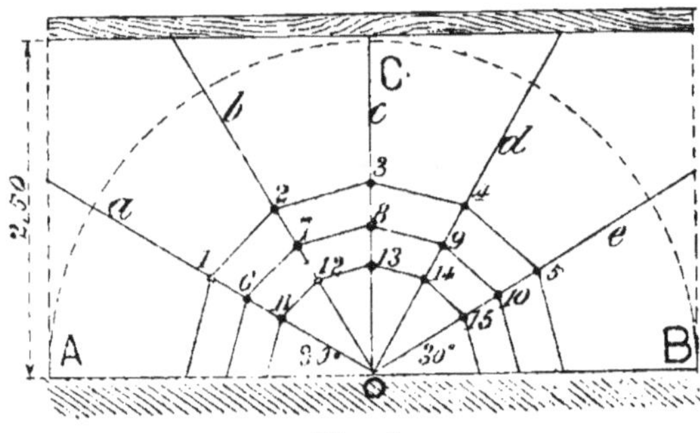

Fig. 8

figure deux demi-cercles verticaux et parallèles ABC, figure 8, ayant pour diamètres la largeur d'une salle

spacieuse, et divisés chacun en 6 parties égales par 5
droites, *a b c d e* rayonnant autour du centre. En prenant
sur ces droites, à égale distance du centre, des longueurs
01, 02, 03, 04, 05, puis des longueurs 06, 07, 08... 015,
et en réunissant les points correspondants comme le montre
la figure, on forme deux séries de 6 prismes suspendus
au-dessus du plan limité par les diamètres. On pourra enlever les prismes de la première série, en les retirant un à
un, sans déranger la seconde, puis à leur tour, les prismes
de celle-ci sans déranger le troisième. C'est de cette figure
théorique que M. Bonoris a tiré une application très heu-
reuse à l'élevage des vers à soie. Les prismes ont été rem-
placés par des couches de rameaux feuillés d'une épaisseur de 10 centimètres et de 1 m. 50 de longueur. Pour les
tenir en suspension, il emploie des chaînettes dont les anneaux sont distants l'un de l'autre de l'épaisseur des prismes et qui prennent la place des rayons des cercles et des
bâtonnets de 1 m. 60 dont les bouts sont engagés dans les
anneaux des chaînettes, et qui remplacent les droites hori-
zontales. Les chaînettes suffisamment prolongées s'accrochent au plafond ; elles convergent vers le centre sans
l'atteindre. Voici maintenant quelques détails pratiques
sur ce système. Nous supposerons une salle de 6 mètres
de large et de 2 m. 20 de hauteur. Sous chaque chaînée,
on construit un arc elliptique ABC (figure 9) de 80 centimètres de hauteur et 1 m. 05 de base, avec trois portions
de cerceaux. Ces arcades sont espacées de 1 m. 50 et sont
réunies au moyen de traverses E E E ; on y attache les
chaînes R R R par leur premier anneau. Le demi-prisme
ainsi obtenu est recouvert de papier ou de toile pour éviter
la chute des petits vers. Les vers y sont apportés après
leur deuxième sommeil sur les claies ordinaires ; le délitement ayant été fait lors de leur premier repas au moyen
de rameaux feuillus. Ces rameaux se placent contre les

parois du barreau, les pieds en bas, la tête en haut, montant du côté droit comme du côté gauche, de façon à venir

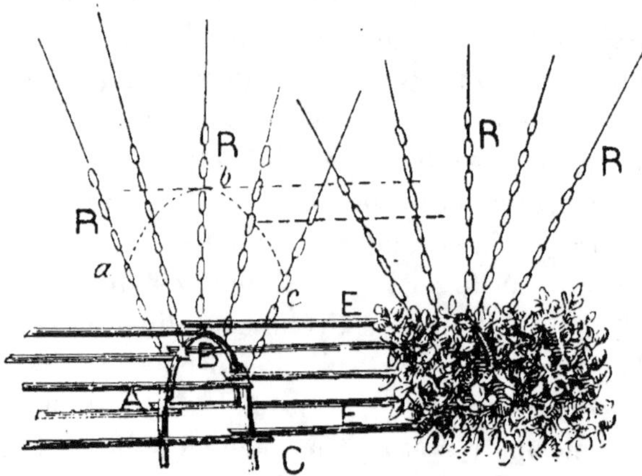

Fig. 9. — Système Bonaris.

mêler leurs cimes. Sur un *élément* on place les vers de **19** grammes de graines. On nomme élément l'espace compris entre deux chaînes.

Pour donner un repas aux vers, on place des rameaux sur les premiers et dans le même sens, les vers y montent aussitôt. On accumule ainsi les rameaux les uns sur les autres jusqu'à la hauteur du second anneau *a b c*. Alors on forme avec les bâtonnets un second appui sur lequel la distribution continue. Les vers montent sur le mûrier frais du second anneau, sur lequel on empile les rameaux de mûrier comme nous l'avons vu faire pour le premier. Avant que la couche n'atteigne le troisième anneau, on opère la soustraction de la première qui est dépouillée de feuilles et chargée d'excréments, en démolissant cette première arcade. Le magnanier se glissant sous la voûte décloue les petits archets A B C, coupe les attaches des traverses, puis, écartant les chaînes, dégage les bâtonnets. La couche interne tombe : on se hâte de l'enlever. Chaque fois que la galerie monte de 20 centimètres, son maximum d'épaisseur, les dimensions du couloir à l'intérieur augmentent de 10 centimètres par le délitement. Cette méthode a l'avantage de donner aux vers une certaine liberté, d'éviter la manipulation des vers pour le délitement, de leur donner toujours un espace de plus en plus grand au fur et à mesure qu'ils grossissent de leur donner également de plus en plus d'air, puisque la galerie intérieure augmente et enfin de leur donner de la feuille toujours fraîche.

2º Le système Cavallo est un appareil d'élevage reposant sur le sol, ce qui permet de l'employer dans n'importe quel lieu. Le délitement et l'alimentation se font comme dans le système Bonaris. Voici quelques détails sur son installation que nous représentons dans les figures 10 et 11. On établit plusieurs files parallèles (trois ou quatre généralement) de cinq pals *abcde*. Ces pals sont des lattes, que nous représentons à part figure 10, de 2 m. 20 de hauteur, 0 m. 04 de côté, sur lesquelles on a cloué, à partir de 0 m. 40 de la base, 12 pointes espacées entre elles de 0 m. 12 et dirigées obliquement vers le haut. On écarte les pals de 0 m. 35 et les files de 0 m. 75 et on les fixe entre eux au moyen de traverses au niveau du sol et au plafond. Des bâtons A de 1 m. 60 de longueur, s'appuyant par leurs bouts sur des pointes correspondantes, forment une sorte de travée horizontale sur laquelle on étend les rameaux de mûrier ; on établit généralement trois étages comme le montre le dessin. Ces aires étagées sont placées à 0,50 des murs pour faciliter la circulation de l'air, et, lorsque la pièce est assez large, on en place deux parallèlement distantes de 0 m. 80.

On apporte les vers sur ces étagères après leur seconde mue. Les trois étages sont établis sur les clous 1, 5 et 9, de façon à les espacer de 0 m. 40, on recouvre le premier de papier fort et on y répartit les vers de façon que ceux

de chaque gramme de graines occupent un espace de
1 m. 20.

Les rameaux des mûriers sont placés en travers des bâtons, à une distance de 4 à 5 centimètres les uns des au-

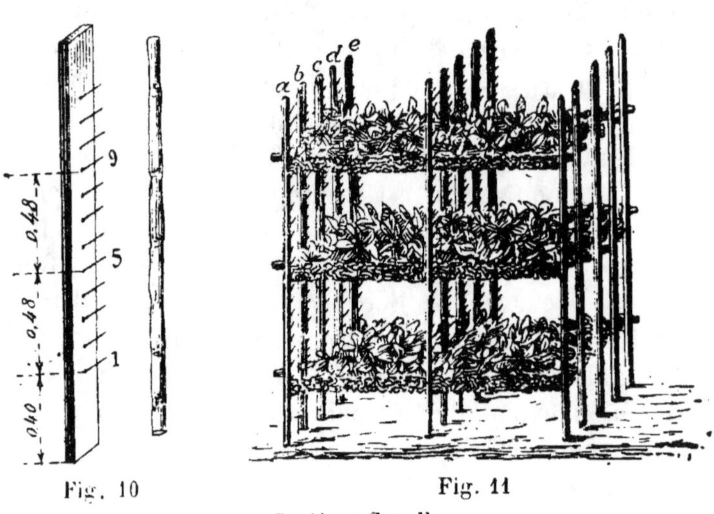

Fig. 10 Fig. 11

Système Cavallo.

tres. Le premier repas consommé, on sert le second dans
un sens opposé c'est-à-dire de telle sorte que les broutil-
les récentes se croisent avec les anciennes. On donne ainsi
quatre repas par jour. Lorsque la couche de mûrier atteint
la hauteur du second étage, on place les rameaux sur le
nouveau plan ; après 2 ou 3 repas tous les vers sont montés sur le second plan. On délite le premier étage en enlevant les barres de fond, toute leur charge tombe et on en
débarrasse la chambrée. Les second et troisième étages
n'ont pas de papier, de sorte que la libre circulation d'air
existe.

Il nous reste à indiquer que dans le système d'élevage
avec la feuille en branche, on doit faire un approvisionne-
ment de rameaux de l'année précédente de 0 m. 50 de lon-

gueur. Pour les obtenir, le mûrier doit être taillé en tête
de saule, en laissant à la base de chaque rameau un œil,
ou deux, ou trois, suivant sa force.

IV. — Formation du cocon.

Boisement. — Le sixième jour du cinquième âge, les
vers courent sur les claies en remuant leur tête en tous
sens ; ils ont une couleur rousse et sont transparents. On dit alors que les vers sont *mûrs*, c'est-à-dire prêts à monter. On procède alors au boisement des claies qui se fait en trois temps :

1° On met des sarments de vigne sur le devant des claies pour que les vers précoces commencent à former leur cocon entre les interstices que laissent ces branches tortueuses ;

2° Le lendemain, on met derrière les claies, du côté opposé où on a placé des sarments, des branches de genêt de 0 m. 50 de hauteur, comme le représente la figure 12 ;

3° Le lendemain, c'est-à-dire le huitième jour

Fig. 12
Bruyère pour la montée des vers.

du cinquième âge, on fait les *cabanes*. Sur une claie on en fait 5 ou 6 de 20 centimètres d'épaisseur, en plantant verticalement des tiges de genêts, en travers et en forçant le branchage supérieur à se replier en dedans en s'appuyant sur la claie qui se trouve au-dessus (figure 13). Cette disposition est adoptée pour éviter la chute des vers sur le plancher, et, comme ils aiment à monter très haut dans les branchages, pour ne pas qu'ils s'accumulent trop sur un point et éviter qu'ils ne se gênent mutuellement. A la place de genêts on emploie aussi les branches de chêne, de kermès, de saule, de bruyère, de colza, etc., suivant les lieux.

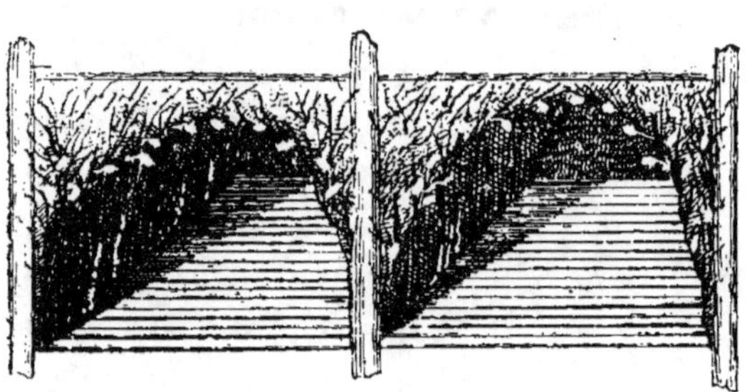

Fig. 13. -- Cabanes.

Les vers mûrs grimpent sur ces tiges, et, après de longs détours, ils choisissent un emplacement et entreprennent la formation de leur cocon, en distribuant leur soie d'abord en zig-zag et ne commencent leur cocon qu'après avoir formé un canevas qu'on appelle *bourrette*.

Dans une chambrée bien conduite, les vers doivent tous être montés en 24 heures.

Le lendemain de la construction des cabanes, on délite les vers qui n'ont pas voulu monter. on les place sur d'autres claies, on leur donne deux repas et on entoure leur claie de bruyère où une grande partie montent. Vingt-quatre heures après on délite les vers retardataires, on leur donne deux repas copieux, on les oblige à monter. Les vers restant sont jetés, ce sont des vers malades impropres à filer.

Trois jours après la formation des cabanes on enlève la litière. Les vers mettent quatre jours pour tisser leur cocon et aussitôt après se transforment en chrysalides (figures 14 et 15). A l'état de chrysalides ou *nymphes*, les vers restent

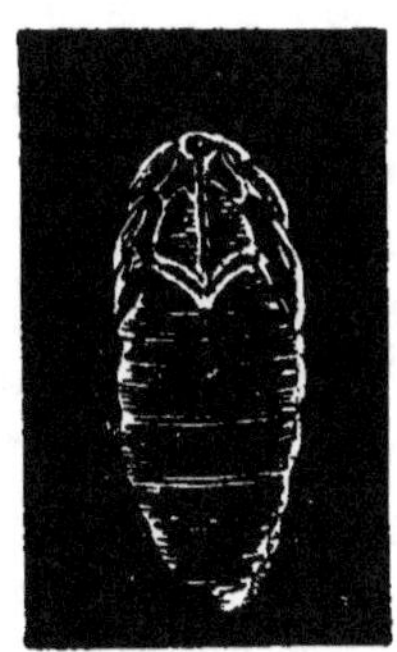

Fig. 14

Chrysalide en-dessus.

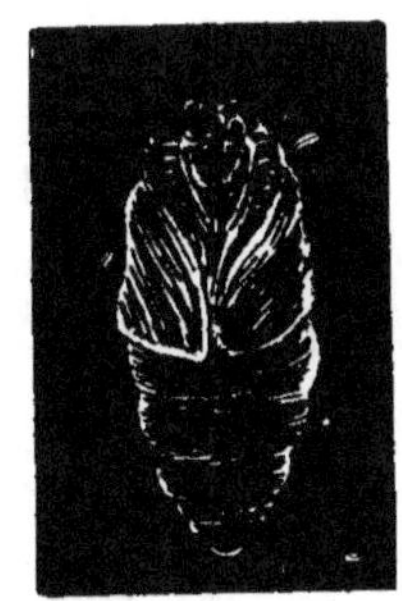

Fig. 15

Chrysalide en-dessous.

en repos complet, ils cessent de croître, les parties sont resserrées les unes contre les autres et ont plus de consistance.

Décoconnage. — Le décoconnage consiste à retirer les cocons des branches ; il comprend deux opérations bien distinctes : le *déramage* et le *débavage*.

Pour déramer on commence par retirer les cocons des claies inférieures, en ayant grand soin de ne pas agiter les branchages pour ne pas faire tomber les vers flats ou jaunes qui sont restés accrochés, sans avoir filé, sur les cocons situés dessous. Le liquide provenant de leur décomposition les lâcherait. C'est pour la même raison que l'on commence le déramage par les claies inférieures. On met les cocons dans une corbeille ; si les cocons sont destinés à produire de la graine, il ne faut pas les jeter de loin. Les cocons sont ensuite étendus sur des claies propres sous une épaisseur de 10 à 15 centimètres, pour les sécher partiellement.

Le débavage a pour but d'enlever la bourrette qui se trouve autour du cocon et qui ne fait pas partie intégrante du fil régulier du cocon. L'opération se fait à la main, en saisissant les cocons entre deux doigts de la main gauche, en pinçant et tirant la bourrette avec le pouce et l'index de la main droite, et en faisant tourner le cocon sur lui-même. Les cocons délivrés sont jetés dans un drap étendu sur le sol et dont les bords sont relevés. On noue le drap lorsqu'il renferme une quantité déterminée de cocons, on coud les ouvertures, et on a une *trousse* que l'on expédie à la filature.

Une once de graine donne 35 kilos de cocons, soit 18 à 19,000 cocons, soit 3 kilos de soie filée. Théoriquement on devrait obtenir 45,000 cocons, soit 50 kilos de cocons, mais, toutes les pertes déduites, on est très content lorsqu'on en récolte la moitié.

Coconnage cellulaire. — Nous avons vu que le ver tend d'une brindille à l'autre le réseau arrondi qui doit servir de cadre à son travail, et comme en certains moments les baves de cet appareil devront supporter le poids total de son corps, il les renforce fréquemment sur toute la longueur par la soudure de baves nouvelles. Quelquefois aussi il va chercher ses points d'appui sur des brindilles éloignées. On comprend que sa provision de soie s'épuise en un travail inutile, puisque la bourrette ne peut être filée ; on constate, en effet, que les cocons sont plus ou moins lourds, suivant la quantité de soie dépensée au travail préparatoire. C'est pour obvier à cet inconvénient, et pour obtenir des cocons lourds, que Delprino avait imaginé les cellules coconnières qui ont été ensuite modifiées par Sartori de Trevise. Ces cellules ont 5 centimètres en tous sens ; on les construit par groupes de 100 ou 150, avec des bandes de papier fort entaillées à moitié puis croisées ensuite. On les fabrique aussi en terre cuite. On met dans

chaque cellule un ver et on le recouvre avec de la gaze
pour éviter qu'il ne sorte et pour donner libre accès
à l'air qui est toujours nécessaire au ver. Pour tirer les
vers mûrs sur les claies on se sert d'un procédé ingénieux,
on étend sur elles des rameaux de saule, seuls les vers
mûrs y grimpent et on les porte dans les cellules. On fait
des levées deux fois par jour.

On empile les caisses cellulaires les unes sur les autres,
en les séparant par des traverses de 5 centimètres, laissant circuler l'air librement entre elles. Au bout de 10 jours
on cueille les cocons.

Ce système présente un grand nombre d'avantages. D'a-
bord on réduit considérablement l'espace occupé par les
bruyères et la surveillance des vers. Les vers ne craignent
nullement de tomber ou de se gêner mutuellement. On
supprime les cocons doubles et les cocons tachés. Toute la
bave de l'insecte étant employée pour construire le cocon,
et non employée à former de la bourrette, les cocons ont
plus de poids. On a calculé, dans beaucoup de magnaneries, que ce système rapporte un bénéfice de 10 pour 100
de plus que le système ordinaire.

V. — Maladie des vers à soie.

Les vers tenus trop épais sont petits ou goujats ou
courts; leurs cocons s'en ressentent et renferment moins
de soie.

Les *luisettes* sont les vers qui ont dépensé toute leur énergie et sont incapables de filer. Les vers *jaunes* ou gras
sont gonflés, ils ont les mouvements lents et cheminent
lentement sur la bruyère sans se fixer nulle part et répandent beaucoup de baves sans utilité; ils meurent facilement.

La *muscardine* est due à un champignon, le *Botrytis-Bassiana*, qui se développe sous l'influence de la chaleur et de l'humidité. Ce champignon donne des fructifications blanches qui tachent les doigts lorsqu'on touche les vers. Lorsque les vers sont bien contaminés, ils meurent rapidement, deviennent mous, puis, peu à peu, durs. Si la maladie n'a pas envahi tous leurs organes, ils peuvent filer leur cocon comme les vers sains, mais leur chrysalide se transforme en un corps poudreux. Les cocons ainsi obtenus sont dits *cocons plâtrés* et se vendent plus chers que les autres, parce qu'ils pèsent moins. La muscardine n'est pas héréditaire (Voyez figure 16).

Fig. 16
Chrysalide
muscardinée.

Nous arrivons à deux maladies redoutables, la *pébrine* et la *flacherie*, qui causent d'énormes ravages, parce qu'elles sont contagieuses et héréditaires. La *pébrine*, appelée pétéchie, gattine, maladie des corpuscules, maladie du poivre, pèbre, etc., est due à un parasite corpusculeux vivant à l'intérieur du ver où il a été introduit par hérédité ou par contagion. Les vers atteints de la maladie présentent les symptômes suivants, figure 17. Ils sont inégaux, n'ont pas d'appétit, peu de vigueur; leur corps présente des taches noires; leurs fausses pattes sont noires et ne s'accrochent pas facilement:

Fig. 17. — Vers pébrinés.

on dit vulgairement qu'ils ont les *pattes brûlées*. Les chrysalides pébrinées ont l'albumen gonflé et les anneaux

tendus. Les papillons ont le corps et une partie des ailes
colorées en gris de plomb ; celles-ci sont ridées et plis-
sées. Les mâles sont moins sujets à la maladie que les
femelles.

Les taches ne sont pas toujours un indice de la pébrine,
car les vers blessés les présentent ; mais les taches de pébrine ont cela de particulier, qu'elles sont entourées d'une
auréole et qu'elles se
montrent principale-
ment vers la tête. Ces
taches apparaissent
après les mues.

Les corpuscules sont
brillants, ovales, à
contours nettement
marqués (figure 18) ;
ils ont de 2 à 3 mil-
lièmes de millimètre.
Les jeunes corpuscu-
les sont pyriformes
ou à contours peu ac-
cusés ; ils deviennent
rapidement vieux et
brillants.

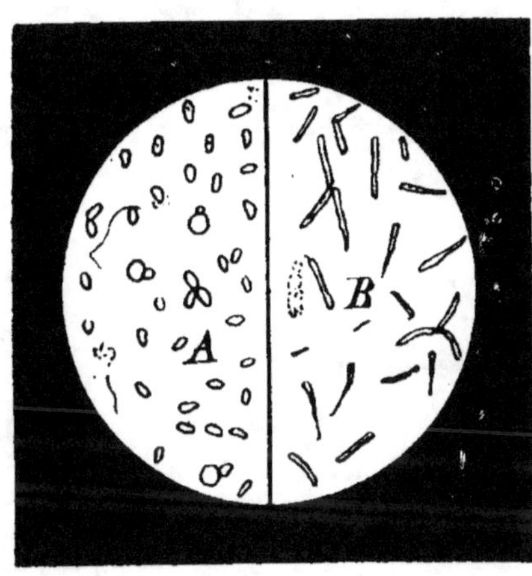

Fig. 18

A. Corpuscules de la pébrine.
B. Vibrions de la flacherie.

La propagation de la maladie est très rapide ; en 10 à
12 jours, les vers sont remplis de corpuscules et meurent
misérablement.

La maladie n'a aucun remède, puisqu'elle est contagieuse
et héréditaire. Nous verrons au grainage les méthodes
employées pour se procurer des graines saines. La *flacherie*
est aussi une maladie contagieuse et héréditaire, qu'on
nomme maladie des flats, des rouges, des passis et des ar-
pians. Les vers qui en sont atteints ont le corps teinté en
rose, la peau ridée ; ils ne mangent pas, leurs déjections

sont humides et on les trouve étendus sur les bords des claies (figure 19). Cette maladie est due à des vibrions agiles (figure 18) avec ou sans noyaux brillants à l'intérieur et aussi à des ferments en chapelets. Ces vibrions peuvent rester longtemps exposés au froid, à la sécheresse

Fig. 19. — Vers flats.

et à la diète sans détruire leur propriété **zymotique**; il suffit qu'ils rencontrent de l'humidité et de la chaleur pour qu'ils reprennent leur mouvement et leur agilité. C'est ce qui fait que la maladie se conserve très bien d'une éducation à l'autre. Lorsque les vers sont envahis par les vibrions, ils meurent avant de filer, sur les claies, pendus aux bruyères : lorsque la maladie est causée par le ferment en chapelet, les vers filent leur cocon, mais leur femelle pond des œufs contaminés qui ne donneront naissance qu'à des vers flats qui mourront avant de filer.

Ici aussi la maladie est sans remède, si ce n'est de mettre à l'éducation que des graines saines, préparées comme nous l'expliquerons ci-après.

Les causes de ces maladies, lorsqu'elles ne sont pas dues à l'hérédité, sont les mauvaises qualités de la feuille; la perte surtout d'égalité qu'elle a sur l'arbre par le retard qu'on met à la donner après l'avoir ramassée : les mauvais procédés d'aération ou son défaut presque complet dans lequel le ver aspire au lieu d'oxygène une forte quantité de vapeur d'eau et d'acide carbonique ; l'irrégularité des repas malencontreusement combinée avec l'irrégularité du chauffage.

Voici les écarts les plus connus de l'éducation :

1° Pour les graines : mauvaises provenances ; vices introduits dans les bonnes par les leurres du commerce et les inconvénients du colportage ; entassement de ces graines ; mélange des races ; mauvais choix des vers destinés au grainage ; mauvais choix des cocons ; trop de chaleur dans l'éclosion ; mauvais délitement.

2° Pour les magnaneries : étroitesse du local ; défaut d'ouvertures et de hauteurs ; présence d'une voûte ou d'un plancher empêchant toute aération ; toiture planchéiée ; trop grande lumière ; trop de chaleur ; le froid et l'humidité combinés ; courants violents ; transitions brusques du chaud au froid.

3° Pour les tables : trop nombreuses ; trop rapprochées ; trop larges ; dressées toutes à la fois.

4° Pour les vers : placés aux plus basses tables dès le début au lieu d'être placés aux plus hautes ; tenus trop épais ; mal endormis ; mal réveillés ; non suffisamment délités.

5° Pour les litières : humides, moisies, fermentées.

6° Pour les feuilles : trop sèches ; ramassées depuis 5, 10, 20 heures ; coupées trop menues ;

VI. — Grainage.

C'est l'opération qui consiste à faire éclore les papillons des vers à soie et à les faire pondre. Le grainage se pratique de deux façons : le grainage ordinaire et le grainage cellulaire.

Grainage ordinaire. — On choisit les cocons les plus durs, les plus réguliers et d'une nuance uniforme et claire : on les débave en enlevant soigneusement le fil extérieur, de façon qu'aucune résistance se présente à la sortie de l'insecte. On les enfile en chapelets de 75 centimètres de longueur, sur un gros fil, en pinçant l'extrémité seulement pour éviter de blesser la chrysalide. On suspend ces chapelets à une distance de 20 centimètres les uns des autres dans une chambre sèche, aérée, un peu obscure et chauffée à 18 ou 20 degrés. On doit avoir soin de mettre autant de cocons mâles que de cocons femelles. Les cocons mâles se reconnaissent en ce qu'ils sont plus petits, pointus et étranglés vers le milieu.

La sortie de l'insecte a lieu le 17e ou 18e jour après la montée des vers, soit sept jours après leur transformation en chrysalide. Dans l'espace de sept jours, ils sont tous sortis. L'éclosion a lieu le matin entre 4 et 9 heures ; elle est plus abondante à 6 heures. La chrysalide transformée en insecte parfait, en papillon, après avoir amolli une ex-

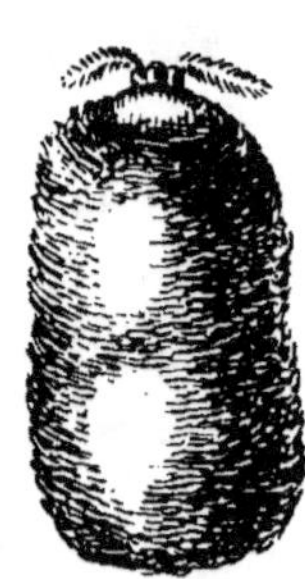

Fig. 20

trémité du cocon en l'humectant d'un certain liquide stomacal, en écarte les fils pour se frayer un passage pour s'envoler (figure 20). Au fur et à mesure que les papillons sortent du cocon, on sépare les mâles et les femelles que l'on place sur deux claies inclinées recouvertes de papier blanc. Les mâles sont de plus petite taille et ont le corps plus pointu que les femelles comme le représentent les figures 21 et 22. On laisse les papillons se *ressuyer*, c'est-à-dire se raffermir pendant 5 à 6 heures ; puis on porte sur une troisième claie un nombre égal de mâles et de femelles, ils

s'accouplent immédiatement et on distance les couples de
10 centimètres les uns des autres. Après 10 heures d'accouplement, on sépare les mâles que l'on jette et on place
les femelles contre un mur sur lequel on a tendu une toile

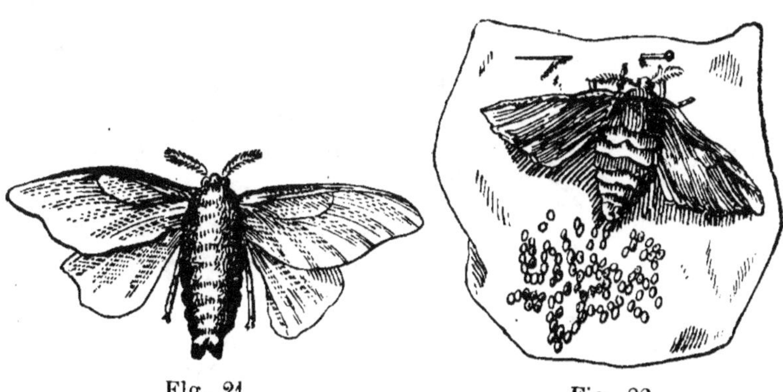

<table>
<tr><td>Fig. 21</td><td>Fig. 22</td></tr>
<tr><td>Papillon mâle.</td><td>Papillon femelle.</td></tr>
</table>

de coton ou de laine, sans apprêt, et dont on a relevé la
partie inférieure pour recueillir les œufs qui tombent. Les
femelles mettent 48 heures pour pondre leurs œufs, après
quoi on les jette. Les œufs ou graines sont gris ; on roule
la toile, sans la serrer, pour laisser une libre circulation
de l'air jusqu'au printemps.

Une femelle vigoureuse pond 400 œufs. 90 femelles donnent une once de graines. 1 kilogramme de cocons donne
2 onces 1/2 de graines.

Grainage cellulaire. — Pour éviter de mélanger les graines provenant de femelles atteintes de maladies contagieuses, avec les bonnes graines on a recours au grainage
cellulaire qui est partout adopté. On procède à l'éclosion
et à l'accouplement des papillons, comme nous l'avons expliqué pour le grainage ordinaire. Les mâles sont jetés et
les femelles sont mises sur un morceau de *tarlatane* (fig. 23)
de 6 centimètres de large sur 15 centimètres de longueur

que l'on passe sur une ficelle tendue horizontalement dans une des chambres de la magnanerie. On en prépare ainsi 100 par once de graines à obtenir, soit 300 par kilogramme de cocons. Après la ponte, on replie un coin de la tarlatane, on y place la femelle et on la fixe par une épingle, comme le représente la gravure. D'autrefois, on replie la tarlatane sur elle-même pour former un petit sac, dont on coud les bords et où on place la femelle qui y pond ses œufs et meurt. Nous avons vu employer des morceaux de tarlatane ayant la forme d'un triangle équilatéral de 8 centimètres de côté : on y place la femelle, on joint les trois angles que l'on attache avec un fil que l'on termine en boucle et par laquelle on le suspend à une barre garnie de clous.

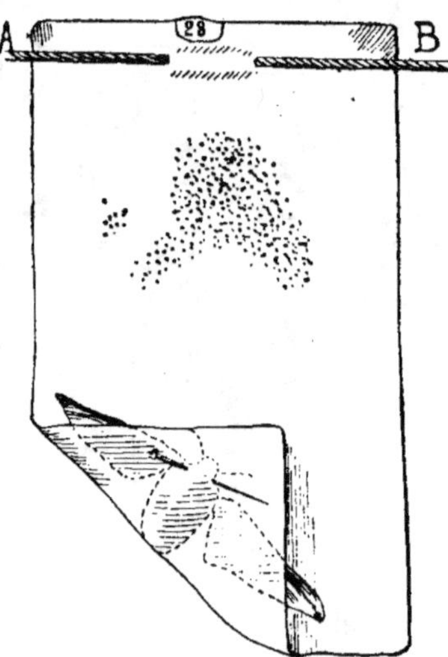

Fig. 23. — Grainage cellulaire.

La ponte terminée, on écrase l'insecte dans un mortier en porcelaine avec son poids d'eau ; au moyen d'un tube effilé on porte une goutte de liquide sous l'objectif du microscope et l'on examine si le papillon est corpusculeux ou envahi de vibrions. Si oui, les graines provenant de l'insecte sont détruites ; dans le cas contraire, elles sont recueillies et placées dans des boîtes pour leur conservation. Ce sont des femmes qui sont employées pour le grainage cellulaire et l'examen microscopique ; on loue leur dextérité et leur patience. Ce système donne d'excellentes graines, et depuis son application rigoureuse, les maladies contagieuses ont complètement abandonné le terrain des magnaneries, à la grande joie de nos sériciculteurs qui ne regrettent pas leurs peines.

Nous ajouterons que chaque sériciculteur devrait faire sa graine lui-même et non pas acheter celle de provenance inconnue comme il le fait généralement, ou du moins sans la faire examiner par un micrographe compétent. Il lui suffirait dans ce cas de prélever 1 pour 100 de cocon pour perpétuer sa récolte en opérant pour le grainage comme nous venons de l'indiquer.

Les graines devront être conservées dans des boîtes en fer blanc percées de nombreux trous, pour la libre circulation de l'air, et placées dans un endroit froid et sec.

VII. — Education des vers à soie en Chine.

Mûriers. — Les différentes espèces de mûriers de la Chine où l'on élève les vers sont : le *niu-sang* ou mûrier nain ; le *yen-sang* ou mûrier sauvage ; le *tseu-sang* ou mûrier à graines ; le *khi-sang* ou mûrier des poules ; le *kin-sang* ou mûrier doré ; le *nan-sang* ou mûrier mâle ; le *hoa-sang* ou mûrier à fleurs ; le *thioo-sang* ou mûrier blanc et le *thsé-teng-sang* ou mûrier à branches roses. Le meilleur de tous est le mûrier blanc. On cultive aussi le *tché*, espèce de mûrier sauvage.

On sème la graine de mûrier dans le cinquième mois (en juin) à raison de trois *ching* (40 litres) d'un mélange de graines de millet et de mûres mêlées par arpent (51 ares). Les mûriers d'un arpent donnent assez de feuilles pour nourrir les vers à soie de trois claies. L'année suivante, en février, on les transplante à une distance de quatre à cinq pieds les uns des autres ; lorsqu'ils sont gros comme le bras, on les transplante en mars en laissant entre eux une distance d'environ 10 pas. On taille les mûriers au deuxième mois (en janvier).

Pour multiplier le mûrier par marcotte, on coupe les feuilles d'une branche et on la plante en terre à l'époque appelée *Han-chi* (5 avril), cette opération s'appelle *Kia-sang*. Ensuite on recouvre la tête avec une coquille pour éviter que la pluie ne l'endommage. La seconde année ces boutures sont fortes et vigoureuses.

Vers à soie. — D'après le *Tsa-hou-hing-chou* on distingue 13 sortes de vers à soie :

1° Les vers à soie qui ont trois sommeils et ne naissent qu'une fois ;

2° Les vers à soie qui ont quatre sommeils et qui naissent deux fois, c'est-à-dire dont on emploie la graine pour faire une seconde éducation dans la même année ; on les appelle *Tchin-tsan* ;

3° Les vers à soie à tête blanche ;

4° Les vers à soie appelés *Hie-chi-tsan* ;

5° Les vers à soie du pays de *Thsou* (province de *Hou-Kouang*) ;

6° Les vers à soie noirs ; parmi ceux-ci les uns naissent une fois, les autres deux fois ;

7° Les vers à soie cendrés ;

8° Les vers nés d'une mère d'automne ;

9° Les vers à soie du milieu de l'automne ou *Youen-tsan* ;

10° Les vers à soie appelés *Lao-thsieou-eul-tsan* ;

11° Les vers de la fin de l'automne, appelés *Lao-hiaï-eul-tsan* ;

12° Les vers à soie appelés *Kin-eul-tsan* ;

13° Les vers à soie qui travaillent au même cocon.

Nous ajouterons les suivants :

14° Les vers à soie appelés *Tche-tsan,* se nourrissant des feuilles de l'arbre *tché* ;

15° Les vers à soie appelés *Sté-tchou-tsan,* vers à soie venant d'une quatrième ponte. Ils forment leurs cocons en octobre.

Habitation des vers à soie. — Les vers à soie aiment le repos et craignent le bruit; ils aiment la chaleur et craignent l'humidité; ils aiment l'air pur et redoutent les odeurs. C'est pourquoi leur demeure est située dans un endroit tranquille et retiré et à l'abri des fumiers et des immondices. Leur maison est construite en planches avec des fenêtres aux quatre faces sur lesquelles on a collé du papier blanc. Au milieu de la maison se trouve une fosse ou étuve, de 4 pieds carrés et de 2 pieds de haut, recouverte de brique et de ciment dans laquelle on fait le feu pour chauffer l'air. Dans cette fosse on met des couches alternatives de bouse de vache sèche et réduite en poudre et de morceaux de bois d'acacia ou de mûrier, ou d'orme de 5 pouces de diamètre. Lorsque la fosse est pleine on termine par une couche de boûse sèche. 7 à 8 jours avant la naissance des vers on met sur la bouse des charbons allumés, cette dernière prend feu, et dégage pendant 5 à 7 jours une fumée noire et jaune. Le jour avant la naissance, on dissipe la fumée en entr'ouvrant la porte, puis on la referme soigneusement. Dès ce moment toute la masse est embrasée jusqu'au fond de la fosse et ne produit aucune fumée et se conserve un ou deux mois sans s'éteindre en produisant une douce chaleur.

Dans la maison se trouvent des piliers garnis de traverses pour recevoir les claies. Au-dessus des étagères se trouvent de petites lucarnes pour augmenter la lumière et la ventilation. Au niveau du sol sont placés de distance en distance des conduits d'air communiquant avec le dehors, et disposés de manière qu'on puisse les fermer et les ouvrir aisément; ils servent pour la ventilation. A chaque fenêtre sont placés quatre stores pouvant se rouler et aux portes on place des paillassons.

A l'époque nommée *Thsing-ming* (5 avril), les femmes chargées de l'éducation préparent cette demeure et bouchent les fissures par lesquelles l'air pourrait pénétrer.

Eclosion. — Comme au Japon, les Chinois donnent des bains d'eau froide à la graine. Le douzième jour de la dernière lune de l'année (fin décembre) on trempe les feuilles, sur lesquelles sont déposés les œufs des vers, dans de l'eau salée et on les retire le vingt-quatrième. Cette opération s'appelle *sien-tsan* (bain des vers à soie). On lave ensuite les feuilles dans une eau vive et on les suspend au frais pour les faire sécher. Pour conserver la graine jusqu'au printemps on l'étend sur des planches de bambou, en évitant l'action du soleil et du vent, puis on les recouvre d'une étoffe de soie.

Vers l'époque appelée *thsing-ming* (5 avril) on pèse la graine et on inscrit le poids sur le dos de la feuille. Les œufs commencent à changer de couleur et deviennent çendrés. On enveloppe la graine dans du papier de coton et on la dépose dans la cuisine ; le soir on la couvre avec les vêtements chauds qu'on a portés pendant le jour ; le matin on l'enveloppe dans la couverture du lit. D'autres roulent les feuilles et les placent dans une chambre chauffée.

Quand les vers sont éclos, on répand sur une claie de la paille hachée, on y place une feuille de papier et on étale dessus une couche uniforme de feuille fraîche hachée en filets minces. On prend les feuilles où sont les vers et on les applique sur les feuilles de mûrier, les vers descendent d'eux-mêmes. On pèse la feuille vide et par différence on obtient le poids des graines dont les vers ont éclos, on est alors fixé sur la quantité de nourriture à leur administrer.

Les Chinois, avec raison, évitent d'entasser les vers.

Les vers éclosent 3 jours après le *thsing-ming* (8 avril).

Nourriture. — Les Chinois prennent grand soin des vers pendant leur éducation. Ils poussent leurs précautions tellement loin que beaucoup nous paraissent enfantines avec juste raison. Nous ne parlons pas, bien entendu, des cérémonies religieuses qui accompagnent l'élevage des vers, car cela sort de notre cadre. Pour donner une idée de ces précautions nous donnons ci-après, d'après le *Nong-Sang-Thong-Kioué*. les choses nuisibles aux vers à soie :

1º Les vers n'aiment pas à manger des feuilles humides ;

2º Ils n'aiment pas à manger des feuilles chaudes ;

3º Les vers en naissant n'aiment pas l'odeur du poisson qu'on fait frire dans la poële ;

4º Ils n'aiment pas à être dans le voisinage des gens qui pilent du riz dans des mortiers ;

5º Ils n'aiment pas à entendre frapper sur des corps sonores ;

6º Une femme qui est accouchée depuis moins d'un mois ne doit pas être la *mère des vers à soie*, c'est-à-dire être chargée d'élever les vers à soie ;

7º Ils n'aiment pas qu'un homme qui sent l'odeur du vin leur donne de la nourriture, les transporte d'un lieu à l'autre. ou les répande sur les claies ;

8º Depuis leur naissance jusqu'à leur vieillesse, les vers à soie redoutent la fumée et les exhalaisons odorantes ;

9º Ils n'aiment pas que l'on brûle autour d'eux de la peau. des poils ou des cheveux ;

10º Ils n'aiment pas l'odeur du poisson, du musc, ou l'odeur qu'exhalent certains animaux herbivores (comme le bouc, etc.) ;

11º Ils n'aiment pas que, pendant le jour, on ouvre une croisée exposée au vent ;

12º Ils n'aiment point à recevoir les rayons du soleil couchant ;

13º Ils n'aiment point que. lorsque la température de leur habitation est chaude, on y introduise un froid vif ou un vent violent ; .

14º Lorsque leur habitation est fraîche, ils n'aiment pas qu'on y répande tout à coup une chaleur excessive ;

15° Ils n'aiment pas que les personnes sales et malpropres entrent dans leur demeure ;

16° Il faut avoir soin d'éloigner du logement des vers à soie les miasmes et les ordures.

Pour combattre les mauvaises odeurs, il faut faire brûler dans la maison des feuilles de mûrier fanées.

Les feuilles de mûrier sont coupées avec le *sang-kia*, instrument tranchant formé de deux lames en forme de V. On se sert aussi d'un couteau à deux manches appelé *thsie-tao*. Les feuilles sont mises dans des *sang-long*, paniers en filets, pour les transporter.

Lorsqu'ils ont un vingtième de pouce, les vers mangent 5 fois par jour et la nuit ; quand ils atteignent 1/10 de pouce ils mangent 6 fois par jour et la nuit. Le sommeil des vers est exprimé en Chine par le mot *yao* qui veut dire jeunesse ; on dit la première jeunesse, seconde jeunesse, etc. Le troisième sommeil ou grand sommeil se nomme *ta-mien*. Après ce troisième sommeil, les vers mangent huit fois le jour et la nuit. Dans la dernière période ils mangent 10 fois le jour et la nuit.

Les Chinois prennent grand soin de la nourriture qu'ils donnent aux vers. Ils donnent de la feuille hachée pendant les deux ou trois premiers âges. Ils coupent la feuille menue et la répandent légèrement à l'aide d'un tamis. Dans l'espace d'une heure (deux de nos heures) ils donnent 4 repas, soit 48 repas dans l'espace d'un jour et d'une nuit. Les personnes qui donnent à manger aux vers doivent tâcher de ne point dormir. Au moment où on leur donne la nourriture on lève les stores et on les baisse ensuite. Au quatrième âge on répand sur les feuilles de mûrier de la farine de riz mondé, ou de la farine de *lo-teou* (dolichos).

D'après le *Nong-sse-pi-yong* on donne 48 repas par jour le premier jour, 36 repas le second jour ; 30 le troisième ; 20 le quatrième et les suivants.

La mère des vers à soie (la personne qui les élève) porte un vêtement non doublé et règle la température de l'atelier où sont les vers suivant la sensation de froid ou de chaud qu'elle éprouve.

Pour l'élevage des vers on a besoin de trois claies superposées : la claie du milieu est destinée à recevoir les vers à soie ; la claie supérieure et la claie inférieure doivent rester vides. La première préserve les vers contre la poussière, la seconde contre l'humidité de la terre.

Chaque jour on transporte les vers une fois sur d'autres claies à partir du troisième jour. Pour cela sur une claie vide on met de la paille de riz et des feuilles du mûrier, et on l'applique sur l'autre ; les vers montent naturellement. On se sert aussi du *Tsan-po* ou claie formée d'un filet que l'on emploie comme en France. Le transport se fait rapidement par plusieurs personnes.

Les vers à soie de trois onces de graines, qui occupent une claie au moment de leur naissance, pourront en couvrir trente claies à la dernière période de leur vie. Un dixième d'once de vers nouvellement éclos peut fournir une claie de vers à soie mûrs, les claies ayant ordinairement 10 pieds de long et deux pieds de large.

Une quantité de vers à soie occupant, à leur naissance, un espace large comme une pièce de monnaie, occupera 3 claies après le premier sommeil. 6 claies après le second sommeil, 25 claies après le troisième et 30 claies au dernier âge.

Pour les petits élevages de vers, comme ceux qui se font dans les pauvres familles chinoises, on se sert de petites corbeilles rondes à rebords.

Coconnières. — Lorsque les vers sont parvenus à l'époque de leur vieillesse, c'est-à-dire à leur maturité, ce qu'on reconnaît à ce que les deux glandes qui sont au bas de la gorge sont claires et transparentes, on les place dans la coconnière. Les coconnières sont de quatre sortes :

1° Établies dans la maison des vers ;

2° Les coconnières rondes ou *Touan-tso* ;

3° Les coconnières oblongues, ou *Ma-theou-tso* ;

4° Le *Chan-po* ;

Les coconnières que l'on établit dans la maison des vers se forment sur des claies. On étend un lit de petites branches sèches sur les claies et on y répand doucement les vers. On recouvre ensuite ces derniers d'un lit de branches sèches. Une étagère peut supporter 10 grandes claies.

On établit les coconnières rondes sur un terrain élevé, et chacune d'elles peut contenir les vers de six claies. Pour construire une coconnière ronde, on commence par le centre ; on divise en cinq parties la circonférence du milieu qui doit être en planches de sapin, on y implante cinq perches que l'on attache ensemble à leur sommet, ensuite on les entoure de nattes de jonc ; c'est là ce qu'on appelle la cour. On dresse tout autour, contre les nattes, des branches sèches où doivent monter les vers. On place les vers dans la coconnière en les espaçant pour qu'ils ne se gênent pas, et on entoure celle-ci de nattes de jonc dans sa partie inférieure, puis on la couvre, par en haut, de paillassons roulés en cônes, de manière à imiter la pointe d'un pavillon.

Les coconnières oblongues sont rectangulaires, voici comment on les établit. On choisit dans la cour un espace vide, on construit en charpente légère qu'on recouvre de nattes et de paillassons, un long hangar. Dans ce hangar on plante des pieux au deux bouts que l'on couvre de chaque côté avec des lattes minces ; c'est ainsi que l'on établit le fond des coconnières que l'on dispose sur deux rangées. On construit avec des bambous minces, dont on fait des flèches, des châssis dont la membrure est percée de grands trous, dans ces trous on passe des roseaux puis on croise par dessus en long et en large des branches de bambous dépouillées de leurs feuilles. On recouvre ensuite le dessus des coconnières avec une claie de roseaux tressés. On place enfin dans chaque coconnière des rayons en planches superposées, on les couvre de branches sur lesquelles on répand les vers. Quand cette opération est terminée on entoure les coconnières avec des nattes doubles.

Les coconnières rondes s'emploient dans le midi et les coconnières oblongues dans le nord de la Chine.

Enfin, la dernière espèce de coconnière, est celle appelée *chan-po* ce qui veut dire claie couverte de monticules. Ce sont les plus parfaites, on en fait usage dans les provinces de Kia et de Hou. Le *chan-po* est disposé pour sécher la bave du ver au fur et à mesure qu'il la secrète, ce qu'on exprime par *tchhou-chouï-kan*.

Pour former ces coconnières, on tresse des claies avec des lames de bambou fendu et on les place sur un châssis suspendu de chaque côté à des piliers de bois à une hauteur de 6 pieds. Au-dessous de ce chassis on dispose des réchauds remplis de charbon de bois à la distance de 5 pieds. Sur ces claies on place de petits monticules à claire-voie en forme de cônes, et faits avec des pailles de riz ou de blé coupées de la même longueur et tordues à la main. Enfin sur la claie on sème un lit de pailles courtes et on y place les vers. On leur donne peu de chaleur pour commencer ; ils filent immédiatement sans se promener et perdre de la soie. Quand le cocon est commencé, on ajoute à chaque réchaud une demi-livre de braise allumée. Ce procédé de coconnage diffère totalement des procédés européens. Trois jours après la montée les cocons sont terminés, on descend les claies et on ramasse les cocons. On leur enlève la *sse-kouang*, c'est-à-dire la bourre avec laquelle on fabrique l'étoffe nommée *hou-tcheou*. On étale ensuite les cocons sur des claies placées sur des étagères où ils restent jusqu'au moment du dévidage. Si on ne peut pas les dévider de suite, on les conserve dans des *kien-ong*, jarres dans lesquelles on place des cocons avec des lits de sel et que l'on ferme hermétiquement avec de la glaise. Cette méthode est très usitée dans le midi. D'après le *Nong-chou* voici comment on opère :

Après avoir exposé les cocons au soleil pour les sécher, on étend sur le fond de la jarre une natte de bambou, on le couvre avec des feuilles de l'arbre *thonh (bigonia tomentosa)*, on met une couche de 10 livres de cocons sur lesquels on répand 2 onces de sel, on met des feuilles de thong, et ainsi de suite.

On étouffe les cocons dans l'appareil appelé *kien-long*. Sur une chaudière remplie d'eau bouillante on met un couvercle en tissu de paille molle, puis deux corbeilles où on a étendu trois à quatre pouces de cocons. Lorsque la main appliquée sur la seconde corbeille ne peut endurer la chaleur, on retire la corbeille de dessous, et on en met une autre sur la première. On fait ensuite sécher les cocons sur des claies.

D'après le *Hoang-sing-tseng*, les cocons allongés, brillants et blancs donnent une soie très fine. Les cocons gros, obscurs et d'un bleu de couleur de peau d'oignon ne fournissent qu'une soie grossière. Les cocons humides à l'intérieur par l'humeur des vers sont appelés *in-kien* (obscurs). Les gros cocons se nomment *tsou-kong*.

Pour le grainage qui se fait au Japon, on emploie des feuilles de papier appelées *tsan-lien*.

VIII. — Education des vers à soie au Japon.

Mûriers. — Les meilleurs mûriers pour l'éducation des vers à soie sont ceux dont les feuilles sont grandes, rondes, très abondantes et brillantes à la surface : on les nomme *ma-gwa* (vrais mûriers). Les mûriers à feuilles dentelées ou *Keï sò* (mûrier épineux) produisent beaucoup de fruits, mais sont inférieurs au *ma-gwa*.

Pour planter les mûriers, il faut d'abord se procurer de la bonne graine. On choisit de bons mûriers, au cinquième mois (juin), lorsque les fruits sont mûrs, et l'on en cueille les semences au milieu ; on les lave, on les mêle avec des cendres et on les sème dans de la terre sèche et bien labourée. Au bout de 25 jours les plants sortent de terre, on les arrache et on ne conserve que les graines qui n'ont pas encore levé, celles-ci donnant des plants plus vigoureux et moins susceptibles de maladie. On répand souvent du fumier sur elles. L'engrais que l'on emploie géné ralement se compose de feuilles tombées des arbres en automne et mises pendant 10 jours dans une écurie de chevaux : on en fait ensuite des tas comme de notre fumier et on les mêle avec du fumier de cheval. On emploie aussi l'engrais de poisson appelé *hasi-ku*, ou un mélange de dolichos et de cendres, ou encore de l'engrais humain.

Vers le dixième mois (novembre), les mûriers ont 2 *syaks* (0^m,30). Au printemps de l'année suivante, on étète les plantes à 15 ou 20 centimètres du sol et on les transplante dans une bonne terre, en ne conservant que ceux dont les racines sont blanches. On cherche à ne conserver à l'arbre qu'une seule tige en l'élaguant souvent. Les mûriers sont plantés de préférence sur les bords des *Kisi* (ravins) et des *midzou-bané* (ruisseaux) dans les terres sablonneuses et humides appelées *ryô-tsi* (terres supérieures).

On multiplie aussi le mûrier par marcottage dans les provinces du Nippon situées à l'est de l'empire japonais : Mousasi, Sogami, Awa, Simôsa, Kadzousa, Kô-dzouké, Hitatsi, et O-syou. A cet effet, on choisit des *ma-gwa* très vigoureux et à la première décade du deuxième mois (6 mars), on coupe les arbres à 20 centimètres du sol ; il s'en dégage des *Kwa-naï* (bourgeons de mûrier). Au printemps suivant on élague les tiges émanant des bourgeons de façon à ne laisser à chacune d'elles qu'une seule tige, et on gratte avec l'ongle les rameaux dans la partie qui doit être mise en terre. On les enterre profondément et on les recouvre de terre que l'on tasse. Vers la deuxième décade du neuvième mois (17 octobre) de la même année, les racines se forment. La seconde année à la dernière décade du second mois (fin mars), on creuse la terre à la racine des jeunes buissons de mûrier et avec une *Kama* (serpette) on coupe net tige par tige pour faire autant d'arbrisseaux. Ces tiges sont plantés dans les champs à la distance d'un *ken* ($1^m,90$) les unes des autres, au commencement du troisième mois (commencement d'avril). Les trous de plantation ont une profondeur d'un *syah* et cinq à six *soun* ($0^m,45$), on y met du fumier, et on plante les tiges un jour de pluie que l'on soutient au moyen de pieux. Après 20 jours on les coupe à la hauteur de 4 *syak* ($1^m,21$) en leur laissant leur branchage et on les fume. A la fin du cinquième mois (1er juillet), on étend sur les champs de la paille d'orge et 15 à 20 jours après on l'enfouit dans la terre. Au neuvième mois (1er octobre) on fume les mûriers et au milieu du dixième mois (16 novembre) on garnit chaque tige de paille pour garantir les arbustes du froid. Chaque année à l'époque du froid, on fume du *Kan-goï* (fumier des froids) et au deuxième mois (mars). On élague au troisième mois (8 avril).

Les feuilles de ces jeunes mûriers sont données pendant les 15 premiers jours après l'éclosion des vers, plus tard on leur donne des feuilles de mûriers de 3 à 5 ans.

Au Japon, on compte que pour nourrir une feuille de graines de vers à soie il faut planter 500 tiges.

Les feuilles de mûrier se vendent un à huit *tem-pô* (de cent. 1/2 à 1 franc) la brassée.

Education des vers à soie. — Les régions de l'Empire Japonais où l'on élève des vers à soie sont : Le Hari-ma, le Mima-saka dans les provinces de Tsiou-gokoù (provinces centrales) ; le Tam-ba, le Tan-go, le Ta-zima dans les provinces du San-in-dô ; près de Myako dans l'Oo-mi ; le Mousasi, le Kô-dzoùké, le Simo-dzoùké, le Ka-ï, le Sima-no, le De-va, le Moutsoù dans les provinces du To-gokoù (provinces orientales).

Les diverses espèces de vers à soie japonais sont :

Le *Hakoù-Mayoù* ou ver à soie produisant des cocons blancs, s'endormant et se réveillant quatre fois et formant leurs cocons après 37 ou 38 jours. Les *Kin-ko*, vers produisant des cocons jaunes ne sont pas élevés. Les *Haroù-go* sont des vers à soie bivoltins de la première ponte et les *Natsoù-go* les vers bivoltins de la seconde ponte. Nous citerons aussi le *Yama-mayoù* ou ver à soie sauvage.

Les localités renommées pour la production de la graine de vers à soie sont : la province d'O-syou fournissant les plus renommées ; les départements de Sen-daï, Da-té, Nihou-matsoù, Foukoù-sima, Oui-da, Matsoù-siro, Matsoùmoto, Li-da, Nouma-ta, Maé-basi : les provinces de Sinano, et de Kô-dzoùki. Les Japonais récoltent la graine de vers à soie sur des cartons formés par plusieurs feuilles de papier fabriqué avec le *Broussonetia papyrifera* revêtus du *Zokoù boun* (marque de fabrique), ayant 33 centimètres de longueur sur 20 centimètres de largeur. Le prix du carton de graine d'O-syou est de quatre à cinq *itsi-bou* (8 à 10 francs). La graine ordinaire se vend deux à trois itsi-bou le carton (4 à 6 francs). Il y a trois sortes de graines : les noires, les grises avec des points noirâtres et celles qui sont couleur chair. La meilleure graine est rangée régulièrement sur les cartons et y adhère assez fortement ; chaque graine doit avoir une petite dépression au centre. La graine nommée *dora-tané* provenant de cocons doubles est inférieure. La graine produite ou achetée en été doit être conservée jusqu'au printemps suivant. On la met dans les sacs en papier que l'on place dans un endroit frais sans toucher à la muraille. On doit éviter toute mauvaise odeur et l'action directe du soleil sur la graine. Dans quelques localités on leur fait subir le bain froid, en les plongeant dans l'eau froide le 31e jour de la période de gelée (4 février) ou la nuit suivante (fête de *Sebboun*), on le retire à midi et on les suspend au soleil pour le sécher.

Comme les souris font de grands ravages aux graines dont elles sont friandes, on est dans l'habitude de suspendre les sacs qui les renferment au plafond ou sous l'avant-toit de la maison depuis l'entrée du soleil dans le 15ᵉ degré du Capricorne jusqu'à son entrée dans le 15ᵉ degré du Verseau (juillet, août, jusqu'à la gelée). Voici quelques moyens employés pour le même objet :

1° On enduit les repaires des graines avec du jus de *Kou-Yak* (*Drocontium polyphollium*), plante de la famille des aroïdées dont le sucre est acre et drastique.

2° On y met des porte-chandelles ou fulgore porte-chandelle (*fulgora candelaria*), hemiptère phosphorescent, ou un lampyre (*lampiris japonica*) espèce de ver luisant. La lumière de ces insectes éloigne les souris.

3° On y sème les feuilles épineuses du *Mouro-Noki* sauvage, ou génévrier à feuilles raides (*juniperus rigida*).

Nous donnons ci-après le nom des instruments employés pour l'élevage des vers à soie :

Le *toosi*, crible pour la feuille du mûrier. On en a de quatre grosseurs.

Le *kwa-tori-hasigo*, échelle pour la récolte de la feuille de mûrier.

L'*osi-kiri*, hachoir pour les feuilles de mûrier.

Le *mi*, van.

Le *ha-bafouki*, plumeau pour faire tomber des cartons les graines qui viennent d'éclore.

Le *té-bafouki*, époussetoir.

Les *hasi*, bâtonnets pour manipuler les vers.

L'*outsi-va*, éventail pour éventer les vers.

Le *tô-mi*, ventilateur.

Le *kwa tori-kago* et l'*azika*, paniers pour recueillir la feuille de mûrier.

Le *kaïko-kogo*, plateau pour les vers à soie.

Le *mousiro*, natte en jonc tressé.

Le *komo*, natte en paille.

Le *waro-da*, plateau de paille.

Les *tana-dake*, supports en bambous.

Le *tana-no taté-gi*, crémaillères.

Les *kaïko-tana*, supports de plateaux de vers à soie.

Le *kan-dan-keï*, thermomètre.

Le *kamino-no-foukouro*, sacs en papier pour conserver la graine.

L'éducation des vers commence à l'équinoxe du printemps, le jour où l'on célèbre la fête *Figan* et l'éclosion se fait la 88° nuit du printemps (10 mai). On doit laisser naître les vers à soie d'eux-mêmes et ne pas activer les retardataires. Deux fois par jour, à midi et à 6 heures, on fait tomber les vers éclos dans un plateau sur lequel on étend une feuille de papier mince et où on a semé des bourgeons de mûrier nommés *faroubes*. Les vers à soie provenant d'un carton doivent être étendus sur une surface de trois syak carrés (0 m² 909). On leur donne aussi des fleurs de mûriers tamisées à raison de 5 gò (8 décilitres) par carton de grains.

A partir de ce moment il faut apporter toutes les précautions et des soins minutieux à l'élevage des vers. Les femmes seules s'occupent de l'éducation des vers à soie parce qu'elles sont délicates et très propres.

« La propreté excessive des femmes employées par les Japonais, dit M. de Rosny, à l'éducation des vers à soie, est également une cause incontestable de leurs succès. Ces femmes ont la plus grande attention de renouveler souvent leurs vêtements, ou du moins de les laver fréquemment afin qu'il ne puisse s'en exhaler aucune odeur. Les ustensiles employés dans leurs magnaneries sont sans cesse nettoyés à grands eau, et séchés avec soin. Jamais on ne touche à ces ustensiles sans s'être lavé les mains, et les vers ne sont changés de place qu'avec de petits bâtonnets également propres et dont le maniement, un peu embarrassant lorsqu'on y est peu habitué, devient de la plus grande simplicité après un peu d'exercice. Les précautions des femmes japonaises sont si grandes qu'elles s'abstiennent de tout contact avec les vers à soie à certaines époques périodiques. Enfin elles évitent de séjourner plusieurs à la fois dans les compartiments de leurs habitations affectés aux élevages ; et, pendant qu'elles y sont retenues par le travail, elles se gardent de faire le moindre bruit et souvent même de parler à haute voix.

« A côté de ces précautions, excessives peut-être, mais justifiées par les résultats obtenus, on n'en connaît pas de plus importantes au Japon que celles qui consistent à clairsemer sans cesse les vers, et à opérer de continuelles sélections, tant pour réunir ceux qui sont à peu près de la même grosseur que pour reléguer dans des casiers distincts ceux qui paraissent souffrants ou atteints de maladie. »

A l'époque de l'éducation des vers, les femmes évitent de coucher dans la même chambre que leur mari, et à certains jours du mois elles se bornent au travail du mûrier. On évite avec grand soin tout contact avec des matières ayant mauvaise odeur ; on surveille spécialement la propreté de la feuille de mûrier et on enlève souvent les litières.

Pendant les cinq premiers jours de la naissance du ver, on lui donne des feuilles de la grosseur d'un *itsi-bou* (1/2 centimètre).

Les différentes mues se nomment : la première, *sisino-ï-yasoùmi* (le repos du lion) ; la seconde, *taka-no ï-oki* (réveil du faucon) ; la troisième, *founa-no ï-oki* (réveil du bateau) ; la quatrième, *niwa-no ï-oki* (réveil de la cour). Pendant ces périodes on donne la feuille de plus en plus grosse.

« Ces soins, ces précautions de tous les instants que les Japonais ne sauraient oublier durant leurs élevages, dit M. de Rosny, sont cependant impuissants à lutter contre les dangers de toute nature que courent les vers à soie dans les magnaneries où ils sont trop accumulés. La pléthore est dangereuse pour les insectes aussi bien que pour les autres êtres. Les sériciculteurs indigènes soutiennent qu'il n'est pas sans inconvénient de tenir rapprochés des cartons de graines en trop grande quantité. A plus forte raison est-il détestable de réunir dans un petit espace un nombre considérable de vers éclos et en voie de croissance.

« L'air fréquemment renouvelé est indispensable à la santé des vers. On doit donc éviter, dans les magnaneries, tout ce qui peut, non seulement le vicier, mais encore nuire à sa libre circulation. Le mode de construction des casiers où sont placés les plateaux de vers est, au Japon, essentiellement basé sur ce principe. Au lieu de casiers difficiles à changer de place et fabriqués en lourde menuiserie, les Japonais font usage de simples bambous, qui, adaptés à des crémaillères, suffisent pour soutenir les plateaux de graines, qu'on peut y placer plus ou moins haut, suivant les conditions du local et de l'atmosphère. On forme de la sorte des étagères autrement légères et d'un transport des plus faciles. Tous les ustensiles de la magnanerie sont d'un maniement aussi commode et rapide.

« Le chauffage des magnaneries n'a lieu au Japon que lorsque la température exceptionnellement froide rend cette précaution absolument nécessaire. Lorsque le temps se maintient à la pluie et qu'il en résulte une grande humidité dans l'intérieur du bâtiment on fait encore un peu de feu. Mais, dans l'une et l'autre circonstance, le chauffage ne saurait être comparé à celui de nos poêles ou de nos calorifères. Il consiste seulement à entretenir allumés quelques charbons de bois dans des brasiers de bronze, en évitant qu'il ne s'en échappe de la fumée ou une odeur de quelque nature qu'elle soit. »

Lorsque les vers sont malades on leur fait subir les traitements suivants :

1° On jette des feuilles de pêcher dans le brasier.

2° On répand sur les feuilles de mûrier avant de les donner aux vers du jus de *ko-kusa-gui* (*évonynoïdes baccisparvis*).

3° On pulvérise sur les feuilles de mûrier du *saké* (bière de riz).

Pour éloigner certains insectes qui vivent sur le ver à soie, le *do-mousi* (ver ailé) et le *kouro-mousi* (ver noir), on suspend un panier d'écailles sur lesquelles ils s'amassent, il n'y a plus qu'à les détruire dehors.

Lorsque les vers sont *hikiri*, c'est-à-dire prêts à former les cocons, on relève de cinq centimètres les bords de la natte sur lesquelles ils sont, on introduit au milieu deux tiges de bambous que l'on attache en les croisant et on les recourbe de trois côtés en forme de triangle. On y met les vers et le sixième jour après on enlève les cocons. Cette méthode est employée à O-syou. Aux environs de Kyôto, on suspend des cordes deux à deux parallèlement, aux poutres de la magnanerie ; ces cordes portent des tiges de bambous sur lesquelles on place les planches de vers à soie recouvertes de paille dans lesquelles ils font leurs cocons.

Dans le Tamba, le Tango, le Tazima etc., on met des *maki* (petits fagots) au milieu des planches et on place dessus les vers à soie qui y font leurs cocons.

Les cocons sont terminés en six jours : on les enlève, on les expose au vent et au soleil et on les expose à la chaleur d'un *hoiro* (fourneau pour tuer la chrysalide).

Les cocons que l'on réserve pour le grainage sont disposés dans un lieu tempéré. Quinze jours après, entre sept et neuf heures du matin, les papillons sortent. On choisit les sujets sains, on les accouple pendant trois heures, on jette les mâles qui meurent au bout de quatre jours et on pique les femelles, par l'aile, sur les cartons où on en rassemble une centaine. Après la ponte on jette les femelles. Un carton bien garni porte environ 50,000 œufs disposés avec régularité sur toute la surface.

On étouffe les cocons dans l'eau bouillante. Ceux qui sont réservés pour le grainage sont les plus beaux, on les prend au hasard, on les place sur une feuille de papier et le papillon sort 12 à 15 jours après. Les couples s'unissent sur la feuille de papier où restent collés les œufs.

18 à 20 kilos de cocons frais donnent 1 kilogramme de soie.

Dans l'arrondissement de Long-Xuyen, il y a deux variétés de vers à soie que l'on nomme : *tàm-xièm* et *tam-nùa*.

CHAPITRE III

I. — Education du ver à soie du chêne.

(*Attacus Yama-maï*).

Le ver à soie du chêne est originaire de la Chine où il vit
à l'état sauvage sur les montagnes. Sa soie, que l'on nomme
soie des montagnes, est très estimée au Japon. Les premiers
œufs de ce ver furent adressés en 1861, à M. Duchesne-
Bellecourt, par M. Louis Bourret de Privas, négociant en
soie, à Yokohama. Mais ce n'est qu'en 1862, que M. Pompe
van Meerdewoart en adressa à la Société d'acclimatation
et où on put se rendre compte de la valeur de l'insecte. M.
Guérin-Meneville, entomologiste, en donna à cette époque
une étude complète. C'est le ver qui, par ses mœurs et ses
produits, se rapproche le plus du ver à soie du mûrier.
Nous allons en donner une description complète.

Œuf. — L'œuf de l'*attacus Yama-maï* est rond, un peu
aplati sur les deux faces ; il mesure trois à quatre millimètres au grand diamètre. Il est brun foncé. Cette couleur
tient à un enduit gommeux qui enveloppe la coque pour
permettre à la graine de se fixer sur les objets où la femelle la dépose ; en outre, cet enduit étant très hygroscopique il sert, pendant l'incubation, à fournir l'humidité

nécessaire pour l'éclosion. L'enduit enlevé. l'œuf paraît blanc. La coque est parcheminée, opaque, friable et ponctuée. Chose extrêmement remarquable, la chenille est toute formée dans l'œuf un mois après la ponte, de sorte qu'aucun changement de couleur sensible ne fait pressentir le moment de l'éclosion. Malgré la présence de la larve dans la graine, elle ne craint pas le froid ni la température tiède pendant l'hiver. On doit cependant la conserver sous une faible épaisseur. Il est bon de la laisser sur les châssis de ponte jusqu'à fin janvier, à cette époque on la met dans des boîtes en carton trouées, que l'on place dans un lieu froid afin de ne pas les exposer à plus de 8 ou 10 degrés avant le printemps.

Eclosion. — L'éclosion a lieu du 5 au 15 avril, à la température de 15 à 16° entre 6 et 9 heures du matin. Si la saison est tardive on doit la retarder le plus possible jusqu'à ce que les chênes commencent à avoir de jeunes rameaux feuillus. Pour faciliter l'éclosion, on désagrège les graines collées entre elles, on humecte les œufs et on les froisse légèrement avec la main. On suspend les boîtes avec quatre fils aux branches d'un chêne si la température est favorable ou dans une chambre à 20° au cas contraire, en ayant soin de les humecter deux fois par jour.

Au moment de l'éclosion le ver ronge la coque de l'œuf au point appelé *micropyle* et sort. Il mesure alors 8 millimètres de longueur. Il est jaunâtre, ses poils se relèvent, et devient assez agile. Sa tête à un diamètre un peu plus grand que le reste de son corps qui va en diminuant progressivement jusqu'à l'extrémité postérieure. La tête a une couleur brun roux. Il est formé de douze anneaux parcourus longitudinalement par sept lignes noires.

Ce ver mange les feuilles de toutes les espèces de chênes. Nous donnons ici les noms des principales. En Europe : chêne rouvre (*Quercus sessiflora*) ; chêne pédonculé (*Q. pe-*

dunculata) ; chêne yeuse (*Q. ilex*) ; chêne tanzin (*Q. touzza*) ; chêne zeen (*Q. mirbeki*) ; chêne cerris (*Q. cerris*) ; chêne fontanes (*Q. fontanesii*) ; chêne ballote (*Q. ballata*) : chêne liège (*Q. suber*) ; chêne rouge (*Q. rubra*) ; chêne blanc (*Q. alba*) ; chêne velani (*Q. œgilops*) : chêne quercitron (*Q. tinctoria*) ; chêne écarlate (*Q. coccinea*) ; chêne à gros fruit (*Q. macrocapa*) ; chêne kermès (*Q. coccifera*) ; chêne de Banister (*Q. banisteri*) ; chêne saule (*Q. phellas*). Aux États-Unis : le chêne marronnier (*Q. castanea*). En Chine, le *Quercus obovata, Q. golica, Q. catanafolia*. Le chêne du Japon (*Q. dentala*). Le chêne des Antilles (*Q. longissima*).

Premier âge. — Aussitôt que quelques vers sont éclos, on les recueille avec de jeunes rameaux de chêne de 0^{m}50 de longueur dont la tige est plongée dans une terrine d'eau. Les rameaux doivent être coupés au moment de donner le repas aux vers, on plonge leur tige dans de l'eau récemment puisée et dans laquelle on met quelques morceaux de charbon de bois pour empêcher son altération, et, au moyen d'une bande de papier on ferme l'ouverture de la cruche par laquelle passe la tige. Cette précaution est indispensable. les vers étant attirés par l'humidité descendraient le long de la tige des rameaux et se noieraient. On change les rameaux tous les jours, le soir vers 6 heures, parce que c'est dans la nuit que les vers mangent le plus et on change l'eau également. Voici comment se fait cette sorte de délitement ; on approche la nouvelle branche de l'ancienne et après 2 heures de contact on enlève la branche défeuillée, on enlève les vers qui restent dessus en coupant les feuilles qui les supportent et les faisant tomber sur le nouveau rameau, et ainsi de suite. Il faut que les vers aient toujours de la nourriture en quantité suffisante sans quoi ils vagabondent et descendent à terre où ils se blessent, c'est pourquoi nous conseillons de donner les repas le soir.

L'attacus yamo-maï étant une espèce sauvage, veut le grand air, la lumière et la fraîcheur. On doit l'élever sous un hangar ouvert de tous les côtés pour le libre accès de l'air. Des paillassons permettront, dans les temps de pluie et d'orage, de mettre à l'abri les vers pendant leur enfance, car plus tard ils ne craignent pas les intempéries.

Quel que soit le mode d'éducation employé, le premier âge qui dure 10 jours se passera toujours sur de jeunes rameaux de chêne placés dans des cruches. Après ce temps le ver s'endort pendant 50 heures et change de peau.

A partir de ce moment, l'éducation peut se faire par trois systèmes différents :

1° *Sur les chênes en taillis.* — Pour leur assurer une nourriture suffisante pendant toute leur vie, on mettra les chenilles à raison de 25 par mètre carré, soit 250,000 dans un hectare. Il n'y a plus besoin de s'en occuper jusqu'à la récolte, si ce n'est de surveiller à ce que les araignées, les guêpes, les hannetons et les oiseaux ne viennent attaquer les vers. Pour détruire les araignées, avant de mettre les vers sur les arbres, on fait brûler du soufre dessous, et on enduit le tronc avec du goudron. Pour les oiseaux, le mieux est de tendre un filet. Il sera très bon de faire circuler des ruisseaux aux pieds des chênes pour maintenir l'humidité. Pendant les grandes sécheresses on lancera de l'eau en pluie sur les feuilles.

2° *Sur les branches de chêne baignant dans l'eau.* — Lorsqu'on a peu de vers on peut continuer le procédé d'éducation au moyen de cruches comme nous venons de le voir. Mais pour une éducation industrielle, on emploie des baquets sur lesquels on met des planches trouées destinées à supporter les rameaux de chêne dont la tige trempe dans l'eau des baquets. Au fur et à mesure que les vers avancent en âge, on augmente le nombre des baquets, et on agrandit la table en tous sens. Les branches et l'eau des baquets doivent être renouvelées tous les jours, le soir. Le délitement se fait en appuyant les nouveaux rameaux sur les anciens, les vers à la recherche de nourriture fraîche, passent immédiatement sur les nouveaux et 2 heures après on enlève les anciens en faisant tomber les vers qui peuvent y rester adhérents. De temps en temps il faut arroser les vers au moyen d'une pluie fine.

Nous proposons les perfectionnements suivants à cette méthode : Construire sous un hangar ouvert une auge circulaire de diamètre proportionnel à l'importance de l'éducation et de 30 centimètres de profondeur. Cette fosse plate sera recouverte de ciment. Dessus se trouve un plancher en bois reposant sur les bords de la fosse et sur des étais placés au fond de celle-ci. Ce plancher est percé circulairement de trous distancés de 20 en 20 centimètres et concentriquement de 10 en 10 centimètres, formant ainsi autant de séries de trous circulaires qu'il y a de repas à donner dans l'élevage. Le milieu du plancher est percé d'une ouverture de 50 centimètres de diamètre par laquelle sort un jet d'eau venant d'un ajutage placé au fond de la fosse ; ce jet sert à saturer l'air d'humidité et l'eau qui en retombe renouvelle constamment celle de la fosse où trempent les branches de chêne. Sur la première série de trous, on met des branches de chêne de 1 mètre de longueur et on y place les vers après la première mue sans faire marcher le jet d'eau. Après 24 heures on donne un repas en plantant les branches sur la série de trou suivante, toujours circulairement, on délite comme à l'ordinaire, on jette les branches anciennes et on continue ainsi jusqu'à la fin. Le jet d'eau ne doit marcher qu'après la seconde mue. On remarquera qu'à tous les repas, l'espace réservé aux vers grandit peu à peu, et progressivement avec les vers, de sorte qu'à la fin de l'éducation l'espace est triple. De cette façon les vers ne se gênent pas.

3° Enfin, on peut élever les vers à soie du chêne avec des branches de chêne ne trempant pas dans l'eau, en employant le système Bonoris et Cavallo précédemment décrit, mais sans oublier que les appareils devront être placés sous un hangar ouvert de toutes parts et d'arroser les vers de temps en temps vers le quatrième âge.

Second âge. — Après le sommeil de la première mue, les vers restent 12 heures au repos, sans manger, pour laisser raffermir leurs tissus. Ils mesurent 0^{m}014, ils sont vert clair avec une ligne longitudinale jaunâtre. Le second âge dure 12 jours : 9 jours d'alimentation et 3 jours de sommeil. Les repas se conduisent de même qu'au premier âge.

Troisième âge. — Le ver a 0^{m}035, il est d'un beau vert avec une bande étroite jaune très pâle. Il se nourrit pendant 10 à 11 jours et s'endort 72 heures.

Quatrième âge. — Le ver a 4 centimètres et demi de longueur et a le triple en volume. Il est vert transparent. Sa peau est poreuse et gonflée. A cet âge il a besoin de beaucoup d'air et d'humidité, aussi l'arrose-t-on deux fois par jour à midi et à 7 heures du soir. Cet âge dure 17 jours dont 4 pour le sommeil.

Cinquième âge. — Après la mue du quatrième âge, on laisse le ver 24 heures sans manger

Fig. 24. — Ver à soie du chêne
Attacus Yama-maï

pour raffermir ses chairs. Il mange sans discontinuer pendant 2 à 3 jours et se gonfle considérablement. Cet âge dure 18 jours. On n'arrose pas les vers pendant les derniers jours. Le ver est arrivé à son complet développement et prêt à filer. Il mesure 9 centimètres de long, est d'un beau vert tendre avec plusieurs rangées de tubercules, les uns jaunes, les autres bleus. La figure 24 le représente à son entier développement.

Formation du cocon. — La chenille est prête à filer le **16ᵉ** jour du cinquième âge, elle devient transparente et **vagabonde** et cherche un endroit pour filer son cocon. La place trouvée, elle se vide en rendant une grosse goutte de liquide transparent sur une large feuille qu'elle plie en long ou en réunit deux ou trois pour se garantir du jour. Elle les tapisse d'un réseau de bave grossière et les **attache à** une branche avec un cordon court aplati, formé de quelques brins et **file** son cocon dans la position verticale.

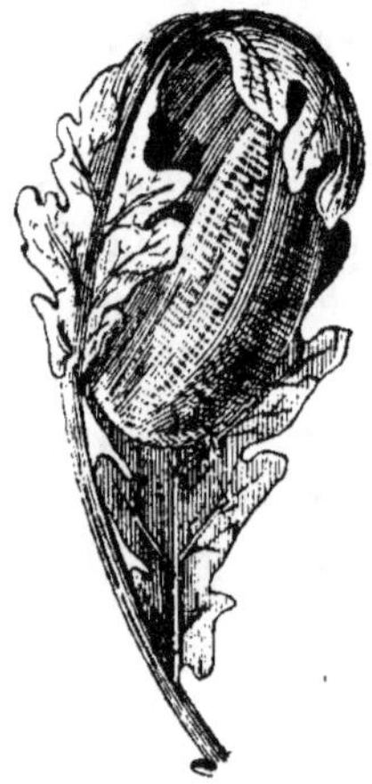

Les cocons, figure 25, ont la forme oblongue, sont d'une belle couleur **jaune** doré. Ils ont 0ᵐ045 à 0ᵐ053 de longueur sur 0ᵐ023 à 0ᵐ027 de diamètre. Le cocon est terminé en quatre jours et on les récolte 20 jours après le commencement du filage. Pour les cueillir, on coupe avec les ciseaux les brins qui les retiennent aux branches, **en enlevant** les feuilles si on les emploie **pour** filer et au contraire en y laissant les **feuilles** si on les réserve pour le **grainage.**

Fig. 25. — Cocon du ver à soie du chêne.

Les plus gros cocons sont les femelles, ils pèsent **7 à 8** grammes, ceux du mûrier pesant 3 grammes, 12 kilos de cocons donnent 1 kilo de soie. Le fil a 800 mètres de long, il est vert jaunâtre extérieurement et blanc à l'intérieur en devenant de plus en plus fin, 100 cocons donnent 80 gr. de soie. La finesse de la bave est de 38 millièmes de millimètre. Le fil de soie du *yama-mai* est recouvert de grès comme celui du mûrier. Le ver se transforme en chrysalide en 5 ou 6 jours, blanche et molle d'abord elle devient peu à peu ferme, roussâtre, puis noire après 3 jours.

Grainage. — Comme les mâles naissent les premiers, on choisit à part les cocons lourds qui sont les cocons femelles. On les enfile à un fil de coton pour former des chapelets de 10 ; pour cette opération on les pince du côté le plus étroit (tête de la chrysalide), au quart de la longueur du cocon, de façon à ce qu'ils aient la partie la plus étroite en haut. On place les cocons lourds dans une chambre un peu plus chaude que les autres de façon que la naissance des mâles et des femelles se fasse simultanément. La naissance a lieu le quarantième jour après le commencement du cocon, le soir. L'accouplement et la ponte se font comme pour le Bombyx du mûrier.

Nous devons signaler pour le grainage, la chambre de M. Personnat. C'est une cage ayant la forme d'une pétrière. ayant 3 mètres de longueur, 50 centimètres de hauteur, 30 centimètres de largeur à la base et 55 centimètres à la partie supérieure. Les côtés sont donc inclinés pour faciliter l'appui des papillons. Elle est en gaze de coton, et, parallèlement à ses côtés, on a suspendu verticalement des morceaux de même étoffe sur lesquels les femelles viendront déposer leurs œufs ; on multiplie ainsi les surfaces pour ne pas que les insectes se gênent entre eux. Une éponge humide est suspendue dans la cage pour entretenir une certaine humidité. Cette cage est suspendue sous un hangar ouvert, on y place 1,000 cocons, soit en chapelets, soit isolés, sur le fond, et après éclosion l'accouplement et la ponte se font d'une manière régulière. On jette les insectes et on laisse les graines dans la cage jusqu'à fin janvier où on les enferme dans des boîtes trouées.

Le papillon du *yama-maï* est grand, fig. 26, d'un beau jaune d'ocre, avec une ligne blanche transversale et un œil transparent entouré supérieurement de rose lilas sur chaque aile ; le bord extérieur de l'aile supérieure est aussi teinté de lilas.

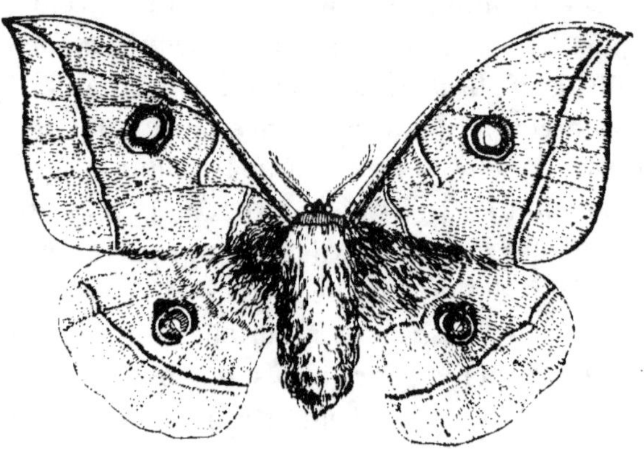

Fig. 26. — Papillon de l'*Attacus Yama-maï.*

Education au Japon. — L'Attacus Yama-maï se nomme *yama-mayou*, qui signifie *soie des montagnes.* Cette soie sauvage est très estimée au Japon où on la paye quelquefois un prix supérieur à la soie ordinaire.

Elevages. — Les élevages de Yama-mayou se font dans les provinces suivantes : Dwa, Higo, Yetsizen, Satsouma, Tsikougo, Bouzen, Nagato, Aki, Bingo, Bitsiou, Harima, Mimasaka, Iga, Mino, Owari, Sirano, Ketsouki, Simatsouki, Mousasi, etc....

On y consacre les cinq variétés de chênes suivantes :

1º Le *Siro-kasi* ou chêne blanc, chêne farineux (*Quercus sirokasi*) ;

2º Le *Kasi-wa* ou favaso, Hawaso (*Quercus serrata*) ;

3º Le *Kousou-gi* ou Fatsi-maki (*Quercus dentata*) ;

4º Le *Nava-no-ki* ou Ko-nara (*Quercus serrata*) ;

5º Le *Mitsu-nava.*

L'éducation des vers du chêne se fait au Japon de trois manières différentes :

1° Sur les branches en baquets (*oke-kai-date*) ;

2° Sur les branches en terre (*doma-kai-date*) ;

3° Sur les arbres en plein vent (*nogaï-date*).

On commence toujours l'éducation sur les branches en baquets et on termine sur les branches en terre ou sur les arbres en plein vent. Dans les premiers âges on évite l'action directe du vent.

Les œufs se nomment *Yama-mayn-tan* ; ceux de nuance claire et grise sont reconnus les meilleurs ; ceux qui sont gris foncé sont de qualité moyenne. On considère, par erreur, les œufs blancs comme *nuls*. Nous avons dit que les œufs blancs sont ceux qui sont privés de l'enduit hygroscopique brunâtre qui renouvre les œufs ordinaires. Ils sont plus difficiles à éclore que les autres, il est vrai ; mais en les humectant bien, on y arrive cependant. Les œufs doivent être ronds et lourds. Un *siyoo* (1 litre 80) d'œufs doit peser 385 grammes et doit en renfermer 101,000. On doit y trouver un ver bleu clair après 30 jours.

Education en baquets. — Le 22 avril on nettoie le local d'élevage qui est un vaste hangar pourvu de paillassons qu'on peut facilement enlever ou remettre. On place au milieu une estrade de 2 mètres de largeur dessous laquelle on met des baquets (*oke*) munis d'un couvercle ayant des trous au milieu et d'un tuyau bouché à la partie inférieure pour la vidange. On range ces baquets à une distance de 33 centimètres de leur centre. Sur l'estrade on étend des *musiro* (paillassons) de 90 centimètres de largeur, 1ᵐ,60 de longueur et 13 centimètres d'épaisseur, et des *itodates*, autres paillassons de 90 centimètres de largeur et de 2ᵐ,50 de longueur. On y dépose les œufs qu'on surveille chaque matin. Dès que les chenilles viennent d'éclore, on met de l'eau dans le premier baquet, on fait deux ouvertures dans chaque paillasson, dont une en regard du trou du couvercle du baquet et on y met une ou plusieurs branches de chêne, et on y attache la petite boîte en bois laqué renfermant un cinquième de *goo* d'œufs (3 centi-litres 1/2) et percée de trous, en ayant soin que quelques rameaux touchent la boîte. Lorsque 500 vers ont monté sur le rameau. c'est-à-dire la moitié du contenu de la boîte. on la porte sur un autre rameau. On peuple ainsi une série de rameaux. Trois jours après, on arrache la branche du baquet, on la dépose sur un paillasson avec les vers et on y applique dessus une branche fraîche qu'on laisse en contact de 9 heures à 3 heures de l'après-midi. Les vers occupent la nouvelle branche que l'on plante à travers le paillasson dans un baquet; les vers qui restent sur l'ancienne en sont retirés en coupant les feuilles qui les soutiennent et en les faisant tomber sur le branchage frais. Tel est le mode de délitement.

Pendant le premier âge les vers se nomment *kingo*; ce sont de petites chenilles chevelues. Trois personnes sur-veillent 15 baquets. On renouvelle l'eau des baquets tous les deux jours. Au fur et à mesure que l'insecte avance en âge, on éclaircit de plus en plus leur nombre sur les ra-meaux, en multipliant le nombre de baquets qui doit être dix fois plus fort à la fin de la campagne qu'au commen-cement. Tandis qu'au premier âge on compte 500 che-nilles par baquets, au cinquième, on n'en compte plus que 50. Soixante jours après l'éclosion, le ver est prêt à filer. Pour préserver les vers contre les oiseaux, on étend au-dessus des branches un filet maintenu par des piquets. Les hangars où se fait l'éducation des vers doivent être cons-tamment ouverts de tous côtés, on ne doit les fermer avec les nattes que dans les moments d'orage. Tout autour de ce hangar, et à une certaine distance, on plante des arbres comme l'oho-kali ou ko-kaki (*Dyospiros ibenum*); l'enoki ou yenoki (*Celtis willdenowiana*) et le sakuva (*Prunus pseu-docesarus*) qui entretiennent la fraîcheur et évitent les coups de vent violents. Pendant les temps de sécheresse, on arrose les vers avec un tuyau de bambou percé de petits trous.

Education sur le sol. — Après la troisième mue, on forme des fosses de 30 centimètres de largeur, de 35 centimètres de profondeur et de 4 mètres de longueur : on les remplit de balles de riz, on y verse de l'eau et on étend par dessus un paillasson. On enfonce à travers le paillasson des branches de chêne que l'on renouvelle tous les jours ainsi que l'eau des fosses.

Education en plein vent. — Les Japonais mettent par arbre de 6 mètres de hauteur et de 4 mètres d'envergure, 50 chenilles et une personne pour les veiller. Ils ont à lutter contre les oiseaux, les fourmis, etc... Pour éloigner les oiseaux, les gardiens font partir de temps en temps des coups de fusil : dans quelques éducations bien soignées, on emploie un filet. Contre les fourmis, ils mouillent le tronc des arbres vers la racine avec une décoction de *toko-ratan* (espèce de varech dont on fait une gelée nommée *kanten*).

Récolte des cocons sur les montagnes. — Quelques familles japonaises pauvres font la récolte des cocons sur les montagnes de chênes où les vers vivent à l'état sauvage. La chasse se fait la nuit, à la lueur des torches ; les cocons apparaissent argentés et cristallins, et il est facile de les cueillir. Les hommes, les femmes et les enfants sont employés à ce travail lucratif.

Grainage. — Cinq jours après la formation des cocons, on les enlève des branches, on les enfile à un fil pour former des chapelets, et après 10 jours on les dépose dans des corbeilles plates. Les papillons sortent 25 jours après la formation des cocons, le soir vers les 7 heures. On met 100 papillons, moitié mâles, moitié femelles, dans un *téohago*, espèce de panier ayant la forme d'une cloche, de

50 centimètres de hauteur sur 40 centimètres de largeur, et on ferme le couvercle. Les paniers sont pendus aux branches des arbres, et six jours après, on enlève le couvercle, les mâles s'envolent et les femelles pondent. On place les paniers à l'ombre et on les arrose trois fois par jour, jusqu'à ce qu'au bout de 10 jours, tous les papillons aient péri. On enlève les œufs au moyen d'un grattoir en bambou, on les place dans des paniers ouverts qu'on suspend dans un endroit frais et aéré jusqu'à l'hiver où on les renferme dans des sacs de chanvre.

On conserve aussi les œufs dans des espèces de placards à tiroirs, de 30 centimètres de profondeur et de 40 centimètres de hauteur, fermés par un grillage en cuivre. On y étend les œufs sous une épaisseur de 5 *boun* (3 centimètres).

Éducation en Chine. — En Chine, le yama-maï est élevé sur les chênes suivants :

Sassa-kachi	*Quercus serrata*
Kachiwa	— *dentata*
Aka-kachi	— *acuta*
Chira-kachi	— *glanca*
Konora	— *glandulifolia*
Nara-kachi	— *crispula*

L'éducation se fait principalement sur le *Sassa-kachi*, appelé encore *Kounogui*.

Comme se rapprochant du Yama-maï, nous citerons les *Attacus* suivants qui vivent sur le chêne au Japon et produisent une soie semblable à celle du type : l'*Attacus hazina* dont le papillon est rouge ; l'*Attacus fentoni* dont le papillon est gris ; l'*Attacus calida* dont le papillon est brun, et enfin l'*Attacus marosa*.

Attacus pernyi.

Tandis que l'*Attacus yama-maï* est le ver à soie du chêne du Japon, l'*Attacus pernyi* est le ver à soie du chêne de la Chine.

Voici les provinces chinoises où l'on élève ce ver : Chin-King, Tchih-li, Kiang-sou, Ngan-hoei, Chan-si, Chèn-si, Sse tchouèn, Kouei-tchouèn, Chan-toung, Ho-nan, Kiang-sou, Tché-Kiang. On l'appelle *Yèh-tsan*. Il vit sur les chênes suivants :

Siao-yi-tso	*Quercus mongolica*
Hou-po-lo	— *dentata*
Tsing-kang-liou	— *aliena*
Siang-li	— *bungeana*
Po-lo	— *abovata*
Tso-chou	— *serrata*
Fou-li	— *fabri*
Siang	— *moulei*

On l'élève aussi sur l'arbre *Tché* (*Cudrania tribola*) et sur le *Yang-mei* (*Myrica sapida*).

Le ver est bivoltin et donne des cocons ovoïdes blonds ayant 40 millimètres de longueur sur 25 millimètres de diamètre. Les cocons du printemps rendent le double de soie que ceux de l'automne. Un cocon pèse 432 milligrammes et donne 600 à 700 mètres de bave mesurant 68 millièmes de millimètre.

1.000 cocons pèsent 10 kil. 500 et donnent 600 grammes de soie. 16 à 17 kilos de cocons rendent 1 kilogramme de soie grège. La perte au décreusage est de 20 pour 100. La figure 27 représente un cocon de l'*Attacus pernyi*.

1,000 parties de cocons donnent 315 de coques et 685 de chrysalides. Ces 315 parties de coques sont ainsi réparties :

Blaze 45
Bave 195
Telette 75

Les cocons ne sont pas entièrement fermés, comme on pourrait le croire et comme on l'a cru pendant longtemps. Vers le point d'attache, le ver replie sa bave sur elle-même et laisse une petite ouverture pour faciliter sa sortie. C'est pourquoi le dévidage ordinaire est impossible ; les cocons se remplissent d'eau et coulent. En Chine, on opère le *tirage à sec*. Les cocons sont trempés dans une lessive de bois de chêne, puis mis dans une corbeille plate au-dessus d'une marmite d'eau bouillante. La chaleur de la vapeur facilite le dévidage qui s'effectue avec facilité. En France, des essais de dévidage ont été faits de cette manière et ont donné de bons résultats.

Cette soie se nomme soie tussah de la Chine.

Attacus Roylei.

C'est le ver à soie du chêne de l'Inde. Il vit sur le *Quercus incana* dans le Sikkim et sur l'Himalaya à Mussouri, Simlo et Panjab. L'éducation l'a rendu trivoltin.

Son cocon est irrégulier, mesure 50 millimètres de long sur 30 de diamètre, et est enveloppé d'une feuille sèche. La bourre est très épaisse.

Tussah (Attacus Mylitta)

Sous les noms de *tussah, tusseh, tussar, tusser, tussare, ratkouri, rolissoura, bougui, gont,* on désigne un ver-à-soie spécial, *l'attacus Mylitta,* produisant la soie tussah. Il vit dans toute l'Inde excepté dans le Rajpontana, le Cachmyr et le Bouthan. On le rencontre sur les arbres suivants :

Asan ou saj	*Terminalia tomentosa.*
Balama.	— *Catappa.*
Arjau	— *Arjuna.*
Ahawa.	*Anogeinus latifolia.*
Chemul.	*Bombax Malabaricum.*
Daïyèti.	*Lagirstræmia indica.*
Lindiya.	— *parviflara.*
Karounda. . . .	*Carissa caranda.*
Kala-jam	*Eugenia jambolana.*
Pipal.	*Ficus religiosa.*
Pimpri.	*Ficus tjela.*
Arîndi	*Ricinus communis.*
Kou.	*Zizyphus jujuba.*
Saî	*Schorea robusta.*
Tekku	*Tectona grandis.*

A l'état sauvage il est annuel, mais par suite de son élevage réglé, c'est-à-dire de sa demi-domesticité, il devient bivoltin, trivoltin, etc. On fait généralement 3 éducations par an : la première en août et septembre (*chadra*) ; la seconde en novembre et décembre (*ajhan*) et la troisième en mai et juin (*jeyt*). Les cocons de première récolte sont les plus beaux, les plus gros et les plus riches en soie.

Le cocon tussah est gros, bien construit, à texture serrée, et suspendu par une cordelette. Il est blanc rougeâtre et mesure 50 millimètres de long sur 30 de diamètre : son poids net, sans la chrysalide, est de 120 milligrammes. La bave a une longueur de 1.200 mètres environ, mais il n'y en a que 5 à 600 mètres de dévidable ; la finesse de la bave est de 84 millièmes de milllimètres ; elle est assez inégale sur toute son étendue.

Avec des cocons mesurant 36 millimètres sur 23, il faut 500 cocons pour un kilogramme dans lequel on trouve qu'il y a :

400 grammes de coques.
600 grammes de chrysalides.

Il faut 12 à 15 kilos de cocon frais pour obtenir 1 kilogramme de soie et 3 à 5 kilos de cocons secs pour obtenir la même quantité de soie.

La perte au décreusage est de 12 à 15 pour 100.

Le dévidage se fait facilement et ne présente aucune difficulté.

Depuis la découverte de son blanchiment économique, la soie tussah est très employée et prend de plus en plus de l'extension.

Fig. 27. — Cocon de l'*Attacus Pernyi*.

Nous venons de donner la description du véritable *tussah*, mais depuis que les demandes de cette qualité deviennent de plus en plus importantes, les Indiens mêlent à la soie tussah un grand nombre d'autres soies, se rapprochant et provenant d'autres espèces de vers sauvages. Ces mélanges sont très préjudicieux pour la qualité et l'uniformité de la soie tussah, aussi en trouve-t-on de toutes les finesses et de toute les couleurs.

Voici les espèces de vers dont la soie est employée indifféremment avec celle du tussah :

Les *attacus frithii* et *rivalica* qui se rapprochent le plus des mylitta et vivent comme lui, particulièrement dans le Panjab.

L'*attacus paphia*, appelé *salthi*. vivant dans la partie occidentale de l'Inde, sur le *Kamrango* (*Barringtonia racemosa*).

L'*attacus nébulosa* du Deccan et du Bengale.

L'attacus andamana de l'archipel des Andamans.
L'attacus helferi de la vallée de Darjiling.
L'attacus kazaulia de l'Himalaya.

Vers à soie sauvages du mûrier

Théophila mandarina. — Ce ver est connu dans la Chine sous le nom de *tien-tse* et se rencontre dans les environs de Hangchaw, Ma-Yao, Nan-sin, Choang-Lin ; dans le Tché-Kiang et dans les localités de Taï-bou, Kiang-dou et Hou-Pèb.

La chenille est semblable au ver-à-soie ordinaire, elle est plus petite et brunâtre ; le papillon mâle est semblable au papillon femelle. Ce ver donne un cocon de 27 millimètres de long sur 10 de diamètre enveloppé d'une bourre légère, il a la forme d'un œuf et est entouré d'une feuille de mûrier. Le poids du cocon est de 25 à 30 centigrammes. Le cocon donne 150 mètres de bave ayant 24 millièmes de millimètres. Le cocon vide et sec pèse 55 milligrammes.

Dans 1 kilogramme il y a 5795 cocons donnant :

Soie. . . . 235 grammes.
Chrysalides. . 765 —

La perte au décreusage est de 20 pour 100. Un cocon donne 45 milligrammes de soie, il faut 22,222 cocons secs pour faire 1 kilogramme de soie, soit 4 kil. 666 de cocons secs et 13 kilos de cocon frais.

La soie qui se nomme *tien-sse* est fine, blanc jaunâtre et très jolie. Le tirage est difficile, il faut les baigner profondément et leur donner un battage prolongé. Au bain de savon le dévidage s'effectue facilement.

On fait 2 récoltes par an, en juin et juillet et en août et septembre.

Au Japon ce même ver s'appelle *naraoko*.

Bondotia menciana. — Ce ver est plus grand que le précédent, sa robe est lisse, unie, brun-rougeâtre marron, il a les yeux blancs et l'éperon noir : ses mouvements sont vifs. On le rencontre en Chine à Wou-Lou, à Loutéou-Han-Kéou, à Hou-Péh, à Ning-Po, etc... On le nomme *peh-yen-tsan*. Il donne un petit cocon de 16 à 20 millimètres de longueur sur 10 de diamètre, plié dans une feuille. C'est une espèce à mues donnant 2 récoltes par an. Les cocons sont à tissure lâche, difficiles à dévider, donnant beaucoup de bourre. La bave mesure 75 mètres de long et 18 millièmes de millimètre de diamètre. Les cocons vides et secs de la première récolte pèsent 60 milligrammes, ceux de la seconde 32 milligrammes. Au décreusage la soie perd 40 pour 100.

Des essais d'éducation privée n'ont pas abouti.

Divers. — Voici d'autres vers vivant à l'état sauvage sur le mûrier.

1º *L'antheræa paphia* se rencontre aussi sur le *Tectona grandis* et le *Terminalia tomentosa*.

2º Le *Bombyx Cræsi* appelé *pât* ou *lehemia pât*, c'est-à-dire ver à soie lent, ainsi nommé parce que son incubation dure 10 mois. Il est élevé dans l'Assam à l'état de demi-domestication sur le *ficus indica*.

C'est un ver polyvoltin.

3º Le *Theophila bengalensis* vit au Bengale sur le diophal (*Artocarpus lacoocla*).

4º Le *Theophila affinis* qui vit au Bengale sur le même arbre.

5º Le *Theophila religiosæ* se trouve sur le *pipal* ou *jari* (*ficus religiosæ*) dans l'Assam et sur le *bour* (*Ficus indica*) dans le Catchar.

6º Le *Theophila Huttoni* se rencontre sur l'Himalaya.

Cricula Trifenestrata.

Ce ver à soie que l'on nomme *amlouri* et *thayet-pot*. vit dans l'Inde, dans l'Assam, la Birmanie anglaise, le Courg, Java, etc... On le rencontre sur les arbres suivants :

Soum	*Machilus odoratissima.*
Thayet	*Manguier.*
Bam-bway. . .	*Careya arborea.*
Ingas	*Mangifera ingas.*
Kettas	*Cannarium commune.*
Tèng-gulong . .	*Protium javanum.*
Chayay-pèn . .	*Semicarpus panduratus.*
Ong-thong. . .	*Tetranthera laurifolia.*
Thabyah-nee . .	*Eugenia fructicosa.*

La chenille est noire violacée avec des points jaune d'or et couverte de poils. Le cocon mesure 50 millimètres de longueur sur 20 de diamètre et pèse 1 gramme 30 entier et 0 gr. 23 sans chrysalide. Il est ovoïde, irrégulier, jaune d'or; sa bave a une finesse de 35 millièmes de millimètre. Les cocons sont adhérents les uns aux autres par groupes de 5 ou 6 et même plus. Dans la Birmanie anglaise, la production de ces cocons est tellement abondante que les arbres portent jusqu'à 35 kilos de cocons. Le Cricula Trifenestrata vit absolument à l'état sauvage.

Education du ver à soie de l'ailante.

(Attacus Cynthia).

Le ver à soie de l'ailante est élevé en grand dans tout le nord de la Chine. Il est connu en France depuis 1860, époque à laquelle on a fait des cultures et des éducations qui ont parfaitement réussi. La soie de l'ailante ne s'est pas propagée en Europe à cause de la difficulté du dévidage des cocons. Les procédés employés par les Chinois pour obtenir leurs tissus en soie de l'Attacus Cynthia nous sont complètement inconnus. Nous donnerons néanmoins de grands détails sur l'éducation de ce ver à soie, car un jour ou l'autre quelque inventeur trouvera peut-être un moyen, simple, économique et n'enlevant aucune des qualités de la soie de l'ailante, pour filer les cocons, et l'on obtiendra un nouveau genre de tissu de soie avec des propriétés spéciales qui ne sont pas à dédaigner.

Ailante. — L'ailante est un arbre originaire de la Chine, à cime étalée, à croissance rapide, dont la hauteur ne dépasse pas 20 mètres. On l'emploie comme arbre d'ornement. L'ailante pour l'élevage des vers se plante en ligne à raison de 5000 pieds par hectare, en 77 lignes de 65 à 66 pieds chacune. L'exploitation séricicole ne commence que la troisième année. On doit avoir soin à l'automne, après la chute des feuilles, de receper les jeunes plants, pour les faire devenir buissonneux.

L'éducation de ver à soie de l'ailante demande absolument les mêmes précautions, les mêmes soins et les mêmes procédés que celle du ver à soie du chêne dont nous venons de décrire l'exploitation; on s'y reportera donc, ce qui nous dispensera de nous répéter. Comme le ver du chêne, le ver de l'ailante est une espèce sauvage qui demande beaucoup d'air et de la nourriture fraîche et humide.

Nous allons seulement donner les détails particuliers.

Œufs. — La forme des œufs du ver de l'ailante, est celle des œufs d'oiseaux, ils sont oblongs, blancs, et enduits d'une matière glutineuse qui leur donne des taches noires. Un œuf pèse 2 milligrammes, un gramme en renferme 500 en moyenne.

Eclosion. — Les œufs éclosent au commencement de juillet,

15 à 20 jours après la ponte. On les place sur une tablette en bois blanc de 0^m,40 de long, 0^m,10 de large avec un rebord de 2 millimètres de hauteur et pouvant en contenir 50 grammes, soit 2500.

Les premiers âges des vers de l'ailante doivent se passer sur les branches coupées pour les préserver contre les intempéries, les insectes et les oiseaux. On se sert à cet effet de baquets rectangulaires de 1^m,60 de longueur, 0^m.70 de largeur et 0^m,30 de hauteur, supportés par quatre pieds et recouverts d'une planche percée de trous de 4 en 4 centimètres, par lesquelles passent les branches pour plonger dans l'eau. La tablette à graines est placée au milieu de ces baquets, et dès que quelques vers sont éclos, on l'entoure de branches d'ailante où ils montent aussitôt.

24 baquets suffisent pour une plantation de 75 ares d'ailante. Chaque baquet peut recevoir 3000 vers.

La tablette est laissée 24 heures sur le premier baquet, puis on la transporte sur un autre et ainsi de suite tous les 24 heures. Il faut 3 tablettes de 50 gr. de graines pour peupler tout les baquets. On n'arrive au 24e baquet que le 24e jour ; à cette époque les vers du premier baquet subissent leur quatrième mue et vont être transportés dans la plantation. On recommence à peupler le premier baquet qui est vide et ainsi de suite de façon à former une seconde série, de sorte que les 24 baquets suffisent pour l'éducation de 150.000 vers. Les éclosions ainsi réparties, il est plus facile de donner tous les soins désirables aux vers à tous les âges et on n'est pas encombré. Il est évident que si quelques baquets renfermaient plus de vers que d'autres, on les répartirait pour le mieux avec des baquets portant peu de vers d'un âge voisin.

Education. — A l'éclosion, la chenille a une longueur de 4 millimètres et un demi-millimètre de diamètre ; elle paraît noire et le second jour son corps commence à devenir jaune. Le septième jour de son existence elle entre dans un sommeil qui dure 36 heures.

Au second âge, sa longueur devient de 15 à 16 millimètres de longueur et devient jaune clair.

Au troisième âge, sa longueur devient de 15 à 16 millimètres et se recouvre d'une matière cireuse blanche qui la préserve de l'humidité. Le troisième âge dure également 7 jours.

Au cinquième âge, la chenille mesure 2 centimètres, son corps est verdâtre et sa tête, ses pattes et le 12e anneau sont jaune d'or. Cet âge dure 6 jours.

Au commencement du cinquième âge, le ver a 35 millimètres de longueur ; il dure 7 jours, au bout desquels il est arrivé à son complet développement. Il a mis 34 jours et mesure 6 à 7 centimètres de longueur. Il est d'un beau vert émeraude, avec la tête, les pattes et le dernier segment d'un beau jaune d'or. Il est composé de 12 anneaux portant 16 pattes : 6 pattes écailleuses placées sur les trois premiers anneaux ; 4 à 5 anneaux n'ont rien et les quatre suivants portent les pattes membraneuses armées chacune de 45 petits crochets disposés en quinconce ; les 10e et 11e anneaux sont nus et le 12e porte les deux pattes postérieures. Chaque anneau porte une série de 12 points noirs (stigmates) et des tubercules en forme d'épines dont l'extrémité est d'un blanc d'outremer. La figure 28 représente l'insecte développé.

Pendant le premier et le second âge on change deux fois les branches par jour ; au troisième et au quatrième, quatre fois. On porte ensuite les vers au verger et on les répartit sur la plantation d'ailante.

Une tige d'ailante portant 20 feuilles peut nourrir 10 vers. La règle générale est que 2 feuilles font un cocon. Ainsi sur un buisson d'ailante de 4 tiges, on place 40 vers.

En grand, l'éducation se fait entièrement sur les arbres.

Ainsi sur un hectare planté de 77 lignes de 66 pieds, soit 5000 pieds en tout, on en réserve 1/7 pour l'éducation des premiers âges, soit 11 lignes comptées de 7 en 7. Sur cha-

Fig. 28. — Ver de l'ailante et son cocon.

cune de ces lignes, on met 72 grammes de graines, soit 36.000, soit 250.000 pour l'hectare. Au quatrième âge on répartit également les vers à droite et à gauche sur les ailantes intermédiaires. On recueille 20 cocons par arbre, soit 100.000 cocons sur les 5000 pieds.

On doit surveiller avec énergie à ce que les insectes et les oiseaux ne fassent aucun ravage. On les combat par les méthodes ordinaires.

Cocons. — A la fin du cinquième âge les vers deviennent transparents et plus vagabonds et cherchent un endroit pour filer. Ils prennent une feuille, la ploient en deux suivant la longueur, l'attachent avec un cordon de soie à une branche et y tissent leur cocon en y réservant une ouverture en nasse pour sortir lorsqu'ils seront papillons. Vers cette ouverture, le fil est replié sur lui-même et non rompu. De plus, ils tissent devant l'ouverture un léger tissu soyeux pour éviter la rentrée des insectes et assez peu résistant pour ne pas l'empêcher de sortir au moment voulu. Le cocon du ver de l'ailante (figure 28) est allongé, pointu des deux bouts, d'une longueur de 40 à 50 millimètres et d'un diamètre de 15 millimètres. Il pèse 3 grammes. Il y a 2,400 cocons vides par kilogramme. Le poids du cocon de l'ailante se décompose ainsi :

Poids de l'insecte (chrysalide).	83,154
Peaux	4,549
Soie.	12,297
	100,00

La finesse de la bave est de 44 millièmes de millimètre.

Grainage. — Les cocons réservés pour le grainage sont accrochés par leur pointe à une ficelle de façon à obtenir une rangée de 100. Dans des cadres munis de crochets on dispose sur le même plan 25 de ces rangées et on superpose 10 de ces plans, de sorte que dans un espace de 2 mètres de longueur, 2 mètres de largeur et 1 mètre de hauteur on peut conserver 25,000 cocons. Ces cadres sont placés sous un hangar en plein air. Le froid n'est pas nuisible.

Vers le milieu de mai, on place les cocons dans une chambre à éclosion dont les parois sont en gaze ou en toile de coton claire pour donner libre accès à l'air. Vers les premiers jours de juin les papillons apparaissent entre 3 et 6 heures du soir. Ces papillons ont les ailes brunes nuancées de jaunâtre, traversées par des bandes blanches et portant, en dessous, des taches arquées, blanches, bordées de noir et de jaune.

Les papillons, mâles et femelles sont mis dans une boîte

de fonte, comme la chambre à éclosion. Après accouplement, on laisse les femelles pondre pendant 2 jours chacune 250 œufs. Pour la grande culture, on suspend dans la boîte de ponte des branches de bruyère sur lesquelles les femelles pondent. On porte aussitôt ces branches sur les ailantes sur lesquelles on les disperse et on les attache.

20 à 25 jours après la ponte, au commencement de juillet les œufs éclosent.

Au Japon le ver de l'ailante vit sur le *tcho* (*ailantus glandulosa*), on l'appelle *tcho-san*.

En Chine on le nomme *tchéou-you*; il se nourrit des feuilles de l'arbre *tchou*. On le rencontre dans les districts suivants : Tche-Kiang, Kiang-Sou, Ngan-Holi, Kin-Tcheou-Fou, Tchih-Li, Chan-Si, Chan-Toung, Ho-Nan, Nan-Yang-Fou, Hou-Féh, Kouli-Tcheou. En Chine, après avoir fait bouillir les cocons du ver de l'ailante dans une lessive alcaline, on les file au fuseau pour en retirer la soie dont on confectionne des étoffes très durables.

Dans l'Inde, l'*Attacus cynthia* se nourrit des feuilles de l'*ailantes glandulosa et excelsa*, du *Coriara nipalensis* et du *Xantoxylum hostile*.

Ver à soie du ricin.

Le ver à soie du ricin (*Attacus ricini*, ou *Attacus arrindia* ou *Philosamia ricini*), appelé *érie*, *eri*, *arindi*, est originaire de l'Assam et se rencontre dans toute l'Inde. Il vit à l'état sauvage comme les deux précédents ; on est arrivé aussi à le domestiquer.

Son éducation à l'état libre se fait comme nous l'avons expliqué pour le ver du chêne.

Dans l'Inde, l'élevage en grand se fait à Nowgond, Darrang, Kamroup, Sibsagar, Lakhimpare, Goalpara.

Ce ver vit principalement sur le ricin (*Ricinus communis*)

et sur le *Kissirou* (*Heteropanax fragans*). On le rencontre aussi sur l'ailante, le *Cariara nipalensis*, le *Xanthoxylum hostile*, le *Jatrophas curcas*, le *Zyziphus jujuba*. Il est polyvoltin ; dans l'Assam on fait 5 récoltes de cocons par an, en novembre, février et mai pour la filature et en juin et septembre pour le grainage. Le ver a 4 mues, sa vie dure 6 semaines en été et 12 en hiver.

Les cocons ont toutes les couleurs et sont semblables à ceux du Cynthia, ils mesurent 40 millimètres de long sur 20 de largeur. La soie forme 15 pour 100 du poids du cocon. Il faut 12 kilos de cocons pour obtenir un kilogramme de fil décreusé. La finesse de sa bave est de 45 millièmes de millimètre.

Les cocons sont peignés, on en fait des étoffes grossières et durables. Pour les décreuser on les fait bouillir longtemps avec de l'eau on les met dans une lessive de feuilles et d'écorce de bananier, et on les soumet à une fermentation prolongée.

Ver à soie du Camphrier.

Le ver à soie du camphrier se rencontre en Chine à Yang-Lou, Tché-Kiang et Ning-Pô, où on le nomme *tchang-chou-tsan*, le camphrier s'appelant *tchang-chou*.

Son nom scientifique est *Philosamia walkeri*, il vit sur le camphrier (*Cinnamomum camphora*) et est bivaltin. C'est une grosse chenille avec 6 rangées d'épines sur les segments.

Il donne des cocons ouverts, pointus, enveloppés par des feuilles, mesurant 45 à 50 millimètres de longueur et 15 millimètres de diamètre, et pesant, secs et vides, 350 milligrammes. Ce poids de soie est ainsi reparti :

Blaze	83 milligrammes
Vestes intérieures .	175 —
Telette	92 —

La bave est rousse et mesure 40 millièmes de millimètre. Elle est recouverte d'un grès insoluble qui ne se dissout que dans une solution bouillante de carbonate de soude ou de soude caustique faible. La perte au décreusage au carbonate de soude est de 12 pour 100.

Attacus atlas.

L'*Attacus atlas* ou *Attacus antheræa* est un ver à soie que l'on rencontre dans l'Asie et l'Archipel Indien, à Bornéo, aux Philippines, dans la Birmanie anglaise, à Ceylan, Colombo, Java, Sumatra, Chine, etc... C'est le plus grand papillon de la Chine.

Il vit sur le *Phyllantus amblica*, à Java ; sur le *dona* (*Artemisia vulgaris*), le *phyllantus lanceolarius*, sur le *khima* (*Excœcaria insignis*), le *loutki* (*Celastoma malabathricum*), le *loj*, (*Nymplacos cratægoides*), l'*Ardisia*, le *Clerodendron infortunatum*, le *Dillenia pentagynia*, *Lagerstræmia indica*, *nauclea rotandifolia*, *Phyllandus amblica*, le *Koutkouri* (*Vangneria spinosa*) dans l'Inde : sur le *quisqualis indica* et le *wou-kiou* (*Excacaria sebifera*) ou arbre à suif dans la Chine ; et le *Schleichera trijuga*.

Il forme un gros cocon de 80 millimètres de longueur, sur 30 millimètres de diamètre, enfermé dans une ou plusieurs feuilles. La bave est plate, mesure 40 millièmes de millimètre et est difficile à dévider.

Comme l'*Atlas* est très abondant, ses cocons sont récoltés et cardés pour les filer.

Actias.

Tandis que les *attacus* donnent des cocons ouverts, les *actias* donnent des cocons fermés. Le plus important des actias est l'*Actias selène*. Les autres ont peu d'importance, nous ne ferons que de les citer.

L'*Actias selène* se rencontre dans la Chine, principalement dans la province de Kiang-sou et dans l'Inde à Madras, dans l'Assam, et au Penjab.

Il vit sur l'*Odessa wodier*, le *Coriara nipalensis*, le *Xantoxylum hostile*, le *Pieris ovalifolia*, le *Peyrus lythul*, le *Bradleia ovata*, l'*Andromeda ovalifolia*, le *Carpinus bimana*, le *Cedrela paniralata*, le *Cesarus puddum*.

On l'élève à l'état domestique sur l'*Odina wodier*. Il donne 4 récoltes par an. Cette chenille vert pomme donne un cocon ovoïde, irrégulier, enveloppé dans des feuilles mais sans cordelette d'attache à la branche. Les cocons sont fauves, quelquefois bruns avec reflets métalliques, ils mesurent 60 millimètres de long sur 38 de diamètre. La bave striée longitudinalement mesure 42 millièmes de millimètre de diamètre ; elle est grise et brillante. Les cocons se dévident aisément ; le plus souvent on les peigne.

Les autres actias connus sont :

1° L'*Actias ningpeana*, appelé *fou-youg-tsan*, vivant sur le *fou-young* (*Hibiscus mutabilis*), à Ning-Pô en Chine. Il donne des cocons ovoïdes mesurant 65 millimètres de long sur 35 de diamètre. On le trouve aussi sur le *Salix babylonica* ;

2° L'*Actias Luna* de l'Amérique du Nord, du Mexique, vit sur le liquidambar et s'accommode en Europe sur le saule et le bouleau. Le cocon est ovalaire, de la grosseur d'un œuf de pigeon, brun, rougeâtre foncé et donne une soie blonde résistante ;

3° L'*Actias Isabella*, vivant sur le pin maritime en Espagne.

4° L'*Actias Sinensis*, vivant en Chine à Chan-Toung ;

5° L'*Actias Ignescens* des îles Andamans ;

6° L'*Actias Leto* des montagnes de Sikkim aux Indes ;

7° L'*Actias Mœnas* des monts de Kharia aux Indes.

Attacus Assama.

On l'élève à l'état de demi-domesticité dans l'Inde. c'est-à-dire à l'air libre sur les arbres. Voici les districts où on le rencontre le plus : Assam, Darrong, Libsagar, Lakhimpore, Kamroup, Goalpara, Nowgong, Dehra-Doun, Ceylan. Il vit à l'état sauvage dans le Catchar où on l'appelle *ban mounga*. Dans l'Assam on le désigne sous le nom de *mounga*. Il vit sur les arbres suivants :

Soum. . . .	*Machilus odoratissima.*
Soualou . . .	*Tetranthera monapetalei.*
Digloutti. . .	— *glauca.*
Tchiræpa . .	*Michelia champaca.*
Patti chounda .	*Cinnamonum obtusifolium.*
Jonki. . . .	*Andrachne trifoliata.*
Koutouloa . .	*Cylicodaphne nitida.*
Boumroti. . .	*Symplacas grandiflora.*

On le rencontre le plus souvent sur le *soum* et le *soualou*.

Il est polyvoltin et donne 3 à 5 récoltes par an. Chaque récolte a été désignée par un nom spécial.

Katia	éducation	d'octobre et novembre.
Jaroua	—	décembre à février.
Jethoua	—	printemps.
Aharoua	—	juin-juillet.
Bhadia	—	août et septembre.

Les éducations *katia* et *jaroua* sont les plus pratiquées. Le cocon est gros, ovoïde, fermé (ayant une petite ouverture vers l'attache), enveloppé, mesurant 50 millimètres de long sur 25 de diamètre. Sa bave est gris de lin et mesure 65 millièmes de millimètre de diamètre. 1,000 cocons donnent 220 grammes de soie.

Vers à soie divers

1º L'*Attacus Aurata*, vivant sur le ricin, le *Jatropho manihat*, l'*Andu Gomesii* et l'*Anacardium occidentale*, dans l'Amérique du Nord, le Brésil, les Guyanes, Guatemala. Il forme un cocon ovoïde, ouvert, enveloppé dans une feuille, de couleur gris brunâtre vieil or. Son cocon mesure 60 millimètres de long sur 25 millimètres de diamètre. Il donne une soie brillante, élastique et tenace. Dans la Guyane Française on fait 5 éducations par an ;

2º Le *Callosamia promèthea*, vivant en Amérique sur le peuplier, le prunier, le sassafras, l'épine-vinette et les azalées, donne des cocons brun clair, pointus, enveloppés dans une feuille, mesurant 50 millimètres de longueur sur 15 millimètres de diamètre ;

3º Le *Samia Gloveri*, de l'Amérique (Utah), donne un cocon brun rougeâtre mesurant 60 millimètres de longueur sur 18 de diamètre ;

4º Le *Callosamia Columbia*, donne un cocon noirâtre rayé de jaune d'or ou blanc d'argent métallique et pointu. Il mesure 55 millimètres de longueur sur 10 d'épaisseur ;

5º Le *Platysamia ceanothi*, vit en Californie sur le *Ceanothus Californica* ;

6º Le *Samia Cecropia*, vit au Canada et dans l'Amérique du Nord, sur le chêne, le saule, le sureau, l'érable, le prunier, donne un cocon ouvert, irrégulier, brun rougeâtre, de 75 millimètres de long sur 30 millimètres d'épaisseur. Sa bave est plate ;

7º Le *Philosamia Canningi*, vit sur le *Cariara Nipalensis* et sur le *Xanthosylum hostile* dans l'Hymalaya ;

8º Le *Philosamia insularis*, vit sur l'*Erythrina indica* dans les îles de la Sonde ;

9º L'*Attacus hesperus* de la Guyane vit sur le *Rhizophora mangle* et le *Cascaria grandiflora*. Les cocons sont gros, pointus, et donnent une soie jaune cannelle. Ils mesurent 55 millimètres de long sur 20 de diamètre;

10° L'*Attacus bauhiniæ* des rives du Sénégal, de la Folemé et du Niger, vit sur les feuilles de *Sidden* (*Zizyphus orthocantha*). Il donne des cocons ouverts, gris cendré, de 45 millimètres de long sur 25 de large, pesant 80 centigrammes. Leur soie est brillante, blond rose; on la file au fuseau;

11° L'*Attacus Taprobanis* du Columbo, vit sur le cannelier. Cette chenille verte donne un gros cocon ouvert en forme de poire, brun grisâtre;

12° L'*Attacus Mezankooria*, ver à soie de l'Inde, appelé *Mezankouri*, vivant sur le *Tetranthera polyantha* appelé *addakouri*. Il donne de la soie blanc sale. Il est peu important;

13° L'*Attacus lactea* ou *Ocinara lactea*, ver à soie polyvoltin de l'Inde (Mussouri) vivant sur le *Ficus venosa* et fournissant un cocon jaune de soufre plié dans une feuille. Le genre *Ocinara* fournit encore les variétés suivantes peu importantes, du reste :

L'*Ocinara moreei* de l'Himalaya donnant un petit cocon blanc;

L'*Ocinara dilectula* de Java ;

L'*Ocinara lida* de Java ;

L'*Ocinara Comma* de la vallée de Dehra-Doun ;

L'*Ocinara Diaphana* des monts Khasia. Les *Ocinara* donnent des soies fines ;

14° Le *Trilocha varians* que l'on rencontre à Calcutta, dans l'Assam et au Kanara, vit sur le *Ficus religiosa*, le *Ficus indica*, le *Traphis aspera* et l'*Artocarpus intregrifolia*. Il donne un cocon très petit;

15° Le *Saturna pyretum* est un ver à soie rayé de jaune sur fond bleu avec des poils jaunes. Il vit sur le *Liquidambar formosana* appelé pèng et sur le camphier, en Chine à

Haï-nan et à Kouang-toung. Il donne un cocon ovoïde, allongé, pointu et ouvert, dont la bave est gris d'argent.

Un autre *Saturna*, le *Saturna Thibeta*, vit au Thibet sur le *Camel tharn* (*Alhagi camelorum*) ;

16° Le *Borocera cajani* est le ver à soie de Madagascar où on l'appelle *Bibindandy*. Il vit sur l'ambrevade (*Cytisus cajani*), principalement dans la province d'Imeria. Les Malgaches font 3 à 5 éducations par an. Les cocons sont roux ou bruns et mesurent, les mâles, 30 millimètres sur 20 et les femelles 50 millimètres sur 30 ;

17° Le *Caligula japonica* vit au Japon sur le camphier et le châtaignier ; on le nomme *Chiraga-mouchi*. Il donne un gros cocon réticulé à jour ou à mailles. La finesse de la bave est de 50 millièmes de millimètre.

Les autres *Caligula* dont il est bon de faire mention sont :

Le *Caligula simla* de l'Himalaya, vivant sur le noyer, le saule, le poirier ; il donne un cocon que l'on peigne pour filer.

Le *Caligula Thibeta* de Mussouri, vivant sur l'andromède (*Androméda ovalifolia*) et le poirier sauvage.

Le *Caligula suraka* de Madagascar qui vit sur le laurier-rose et fournit un cocon jaune mesurant 60 millimètres sur 30 ;

18° Le *Léopa sivalica* donne un cocon long, pointu, ouvert. Il vit dans l'Assam. Le *Léopa miranda* est connu dans le Darjiling ;

19° Le *Telea polyphemus* vit aux Etats-Unis sur le chêne, l'érable, le saule, l'orme, le coignassier, le cerisier et le prunier sauvages. Il donne un cocon ayant 40 millimètres de longueur sur 25 de diamètre, ovoïde, fermé, enveloppé de feuilles, riche en soie et de couleur fauve ;

20° Le *Bombyx Radama* construit une poche soyeuse pour abriter ses chenilles et dans laquelle 50 à 60 vers tissent leurs cocons au milieu de la bourre. Ces cocons sont petits, ovoïdes et aplatis tellement ils sont serrés dans leur abri ;

21° Le *Copaxa cannella* vit au Brésil sur le cannelier ;

22° Le *Pachyposa otus* de la Grèce vit sur le cyprès, le lentisque et le frêne. Son évolution est de 9 mois, de novembre en juillet ; la chenille dort tout l'hiver. Elle tisse un gros cocon, ovoïde, allongé, lâche, ouvert, grisâtre, mesurant 85 millimètres de longueur sur 40 de diamètre. Il se dévide facilement et donne une bave ayant 20 millièmes de millimètre de finesse. Le plus remarquable c'est la quantité de grès que renferme la soie du *Pachyposa otus*, elle s'élève à 70 pour 100, perte nette au décreusage ;

23° Le *Tropœa Luna* vit à la Floride, dans la Caroline du Sud et dans la Louisiane sur le *Liquidambar styracifolia* et le prunier sauvage ;

24° L'*Argeina mimosæ*, vit sur le *mimosa* et donne un cocon gros, nerveux et gris ;

25° L'*Anaphe*, de la famille des Actiidées, vit sur les côtes occidentales de l'Afrique dans le haut Sénégal, sur le tamarinier. Les vers se mettent par groupes de 25 et tissent une poche en soie dans laquelle ils tissent tous leur cocon au milieu de la bourre et serrés les uns contre les autres. Ces cocons mesurent 30 millimètres de longueur sur 20 de diamètre. La bave est faible.

Araignées.

L'idée de faire des tissus avec la toile des araignées remonte aux premières années du dix-huitième siècle.

En 1709, M. Bon, premier président de la Chambre des Comptes de Montpellier, et associé honoraire de la Société Royale des sciences de la même ville, envoya à l'Académie des Sciences des mitaines et des bas faits de soie d'araignée. Après avoir ramassé un bon nombre de *coques d'a-raignées*, c'est-à-dire les petites boules de soie dans lesquelles les araignées enveloppent leurs œufs, il les fit battre pour en expulser toute la poussière, il les lava parfaitement dans l'eau tiède et les mit à tremper dans un pot contenant de l'eau, du savon, du salpêtre et un peu de gomme arabique et fit bouillir le tout pendant 3 heures. Les coques furent levées, lavées dans l'eau tiède. puis séchées. Il fit carder avec des cardes plus fines que celles habituellement employées pour la soie ordinaire, et il obtint par ce moyen un fil d'une couleur grise agréable avec lequel il fabriqua les objets qui excitèrent beaucoup d'intérêt : l'opuscule qu'il publia sur ce sujet fut traduit dans toutes les langues.

L'Académie chargea Réaumur et un autre de ses membres de suivre de près les découvertes de M. Bon.

Réaumur trouva que les toiles d'araignées ne pouvaient nullement servir à confectionner n'importe quel objet parce que les fils en étaient trop délicats. Il faut 90 fils d'araignée pour faire un fil de force égale à la soie et 18,000 pour faire un fil à coudre aussi fort que celui du Bombyx. Le savant entomologiste démontra, en outre, qu'il n'y avait que les fils des *araignées des jardins* qui puissent être de quelque usage ; il reconnut, enfin, qu'il fallait douze fois plus d'araignées que de vers pour fournir une même quantité de soie, de sorte que pour une seule livre (489 grammes) de soie d'araignée, il aurait fallu plus de 20,000 coques. Pour se procurer une telle quantité de coques on aurait été conduit à nourrir un nombre bien plus considérable d'araignées, puisqu'il n'y a que les femelles seules qui filent les coques pour envelopper leurs œufs. Réaumur trouva de plus que la soie d'araignée avait moins de lustre que la soie de vers et il en attribua la raison à ce que les fils qui composent la soie d'araignée sont plus délicats et plus crêpés.

Enfin il conclut qu'avec les araignées de France ce produit ne pouvait avoir aucune importance, mais qu'il serait intéressant d'étudier au même point de vue certaines espèces exotiques, notamment des araignées d'Amérique dont la taille est beaucoup plus grande et la soie plus abondante.

Cinquante ans plus tard, en 1762, l'abbé Ramond de Termeyer fit des essais en Amérique, puis en Espagne et en Toscane, sur la soie provenant du dévidage des cocons d'araignées. Ramond opérait sur les araignées vivantes, et il parvint à dévider le fil en l'enroulant sur une bobine à mesure que l'insecte le secrétait. Avec tous ses soins et sa persévérance, il n'arriva à recueillir que 673 grammes de soie ainsi dévidée en trente-quatre ans (1762-1796).

A une époque plus rapprochée, un Anglais nommé Rolt fit de la toile de fils d'araignées obtenus de la même manière que Ramond. Vers 1843, M. Mallat a fait parvenir au Muséum d'histoire naturelle des échantillons de soie brute dévidée d'une grosse araignée de Java. Enfin, en 1867, M. Basseul, attaché à l'administration coloniale du Sénégal, a présenté à la Société centrale d'agriculture des échantillons analogues à ceux provenant des araignées de cette partie de l'Afrique.

Nous citerons pour mémoire un négociant parisien qui, pendant vingt ans, de 1823 à 1843, a eu la patience de fabriquer des carrés hémostatiques contre les coupures.

La question vient d'être reprise, mais cette fois plus sérieusement, par un industriel anglais, M. Stettbers, du comté de Westmoreland, qui fabrique de la toile de fils d'araignées pour les besoins de la médecine, c'est-à-dire pour fabriquer des hémostatiques.

Le fait est assez curieux pour être rapporté en détail ici; nous pouvons le faire d'autant plus savamment que nous avons contribué, pour une certaine part, dans le succès de l'entreprise, comme on le verra plus loin.

Les araignées employées sont des araignées d'Afrique et d'Amérique de grosse race : elles sont placées dans des cases spéciales, octogonales, où on leur sert chaque jour des insectes divers. Dans la chambre où se trouvent ces cases et où on entretient une température de 15° c., on évapore lentement un liquide composé de chloroforme, d'éther et d'alcool amylique. Nous ne savons trop à quoi peuvent bien servir ces vapeurs enivrantes et anesthésiques. Dans une chambre de 40 mètres de long sur 20 mètres de large et 5 mètres de hauteur, il se trouve 5,000 cases. Les femelles pondent des œufs diversement colorés et enveloppés d'un cocon de soie. Les cocons sont ramassés puis dévidés à la manière de ceux de soie ordinaire. On met dans une bassine en fonte émaillée remplie d'eau et chauffée par un simple fourneau, une poignée de cocons. Après avoir laissé tremper ces cocons pendant une ou deux minutes dans l'eau bouillante pour les bien gonfler, on ajoute dans l'eau : 1 pour 100 de sulfophénate de zinc, 2 pour 100 de sulforicinolate d'ammoniaque, et 1 pour 100 d'acide sulfoglycérique.

On maintient l'eau à 90 degrés. Au moyen d'un petit balai en chiendent, on frotte sur les cocons et dans tous les sens pour enlever la bourre. On dévide alors le cocon sur le tour à dévider et les opérations se suivent comme à l'ordinaire.

Un cocon donne 120 à 150 mètres de fil. Il faut 25,000 coques pour faire 1 kilogramme de soie. Un kilogramme de fil de cette soie mesure donc en longueur 3,250,000 mètres.

Le moyen de tisser est tenu absolument secret et nous n'en connaissons nullement le moindre détail.

La soie d'araignée se blanchit à l'hydrosulfite de soude.

On la tanne en la plongeant 12 heures dans un bain composé de :

Eau	2.000
Borax	10
Borate d'aluminium . . .	150
Benzoate d'aluminium. .	50
Phénate de zinc	10
Glycérine	50
Alcool	20

En Chine, dans la province de Yu-nan, aux environs de Ta-lan, se trouve une araignée rougeâtre qui vit dans les broussailles et qui donne une soie jaune résistante, moins fine que celle du Bombyx mori. A Yun-no-fou on en fait une étoffe nommée *Toung-haï-touan-sse* (satin de la mer orientale),très solide, teinte noire et se vendant 5 fr. le kilogramme.

Une autre araignée, le *Nephilengys malabarensis*, qui vit aux Indes (principalement à Chim-Tal); en Chine, à Bornéo; en Australie, sur les rives du Congo, donne une soie comme le *Bombyx mori*. Sa finesse est 10 millièmes de millimètre ; sa tenacité est un peu supérieure à celle du *Bombyx mori* ; son élasticité est de 22 pour 100. Elle est recouverte de grès comme la soie ordinaire et perd au décreusage 25 à 30 pour 100.

Cette araignée tend des toiles tellement compactes et abondantes qu'on a songé à en utiliser la soie en la peignant. Le prix de revient de cette nouvelle soie ne dépasserait pas 7 fr. le kilogramme. Cette soie prend la teinture comme la soie ordinaire et donne des tissus semblables, quoique un peu moins brillants.

Psychidées.

Les psychidées sont des chenilles élaborant de la soie comme les autres, mais ne formant pas de cocons. Elles réunissent des brindilles de bois ou des feuilles qu'elles disposent avec art en forme de cylindre et qu'elles tapissent de soie. Elles portent cette demeure factice sur les arbres et se transforment en chrysalide dans leur intérieur. On rencontre de ces gaines de psychidées aux Indes, en Australie, à Ceylan, en Chine.

En Chine, le psychidée *Yang-chou tsan*, que l'on rencontre dans le Tché-Kiang, vit sur le *Yany* (Salix pentendra). Elle donne une gaine formée à l'extérieur par 8 à 10 brindilles rangées symétriquement en forme de cylindre, mesurant 40 millimètres de longueur sur 10 de diamètre et du poids de 20 centigrammes. La finesse de la bave est de 4 millièmes de millimètre.

Une autre psychidée, le *Païchou-tsan*, vit sur l'arbre *paï* (espèce de saule). Le *Tchoun-chou-tsan* vit sur le *Tchoun* (*Cedrela sinensis*) de Laou-tou.

Soie artificielle.

La cherté de la soie a laissé un champ libre aux inventeurs de toutes sortes pour produire cette matière artificiellement à bon marché. Comme toujours, en pareil cas, il y a eu beaucoup d'appelés, mais peu d'élus.

Nous ne parlerons pas, bien entendu, de la fumisterie lancée à Lyon dans le mois de juin 1879, la *Simili-soie*. Dans cette prétendue invention, l'inventeur se chargeait de transformer le lin, le chanvre, etc., en soie en les trempant dans une dissolution de certains réactifs chimiques (acide acétique, chlorure de zinc, etc.). Mais on a reconnu la supercherie par l'examen des échevettes soi-disant transformées : l'inventeur ayant reçu du coton à 6 bouts, a rendu de la soie à 3 bouts.

Cette idée a été reprise dans le but plus modeste de recouvrir les fibres d'une couche infinitésimale de soie, pour leur donner du brillant et en faciliter la teinture. Mais nous ne croyons pas que cette animalisation des fibres végétales ait eu une grande application.

Il faut arriver à l'année 1889, si féconde en émancipation scientifique, pour trouver la véritable soie artificielle, faite de toute pièce, et dont tout le monde a pu voir la fabrication à l'Exposition universelle de Paris. L'inventeur est M. le comte de Chardonnet, ancien élève de l'Ecole Polytechnique. Voici, d'après une communication de M. Chardonnet à la Société d'Encouragement pour l'industrie nationale, la manière dont cette soie est obtenue :

La continuité du fil de soie, sa transparence, les jeux de lumière intérieurs, l'éclat soyeux, ne peuvent s'obtenir qu'en filant une solution liquide. La cellulose pourrait servir, mais elle n'a pas de véritable dissolvant ; il faut la nitrater, la filer en collodion et la débarrasser ensuite d'une partie de son acide nitrique.

On peut employer les diverses celluloses, à condition qu'elles soient pures et non altérées par les réactifs. L'inventeur a principalement porté son attention sur les cotons et les pâtes sulfureuses de bois tendres.

Avec ces matières on forme une cellulose octonitrique pure, dissoute à raison de 6,5 pour 100 dans un mélange de 38 d'éther et de 42 d'alcool. Ce collodion est renfermé dans un réservoir en cuivre étamé, où une pompe à air entretient une pression de plusieurs atmosphères, et qui se continue inférieurement par une rampe où sont implantés des tubes en verre terminés par une portion capillaire. Un second tube enveloppe chacun des premiers et reçoit un excès d'eau par une tubulure latérale. Cette eau, retenue par une garniture inférieure en caoutchouc, retombe autour du tube enveloppant. Le collodion, chassé par l'orifice capillaire, est immédiatement solidifié à la surface,

au contact de l'eau, et tombe avec cette eau à l'état de fil
autour du tube enveloppant ; là, une pince, mue automatiquement, le prend et le porte sur des bobines tournant
au-dessus. Les fils provenant des becs voisins sont réunis
en une sorte de grège. Chaque bec est muni d'un obtura-
teur pour régler la grosseur du fil. Dans l'industrie, afin
de ne point perdre le dissolvant, becs et bobines sont ren-
fermés dans une cage vitrée où circule une même masse
d'air constamment réchauffée à l'entrée de la machine
(pour sécher les fils) et refroidie à la sortie (pour recueillir
les vapeurs). Les écheveaux sont ouvrés comme les soies
de cocons. On procède ensuite à la dénitration.

Les divers pyroxyles perdent de leur acide nitrique dans
des bains tièdes réacteurs et même dans l'eau pure, mais
la réaction est plus complète dans l'acide nitrique dilué.
L'acide nitrique de la cellulose est enlevé par une *dissocia-
tion* qui marche d'autant plus vite que le bain est plus
chaud et concentré, mais qui peut être poussée d'autant
plus loin que le bain est plus froid et dilué. On emploie
l'acide nitrique à la densité 1,32 ; la température doit descendre lentement de 35° à 25°. A la fin, la cellulose devient
gélatineuse, éminemment apte à absorber par endosmose
diverses substances, notamment les matières colorantes et
les sels. Elle ne dégage plus alors que 100 à 110 centimètres cubes de bioxyde d'azote par gramme. Les dissolvants du collodion n'ont plus d'action ; les fils ont perdu
leurs propriétés explosives et peuvent servir sans danger
dans la plupart des applications, surtout mélangés à d'autres textiles ; mais on peut les rendre moins combustibles
peut-être que le chanvre ou le coton en leur faisant absorber, au sortir du bain nitrique, du phosphate d'ammoniaque (Cette dernière combinaison de cellulose dégage,
en tenant compte de l'eau hygrométrique, 85 à 90 centimètres cubes de bioxyde d'azote par gramme).

La densité de la soie artificielle est 1,19. La charge de rupture est de 25 à 35 kilogrammes par millimètre carré. L'élasticité est analogue pour la soie artificielle que pour la soie naturelle, c'est-à-dire 15 à 20 pour 100. Le diamètre des soies artificielles peut varier de 1 à 40 millièmes de millimètre; la souplesse peut donc être réglée suivant le but proposé. Le brillant est égal à celui des soies de cocon.

On peut aussi la teindre par les procédés ordinaires : la soie artificielle et même la seule fibre qui se comporte à peu près comme les soies des cocons à condition de ne pas trop chauffer.

Les coupes de soie artificielle filée dans l'eau (comme il est dit ci-dessus) montrent chaque brin sous forme d'un cylindre cannelé; ceci tient au retrait du noyau, après solidification de l'enveloppe. Si l'on remplace l'eau par l'alcool, le pellicule superficielle demeure rétractile et le cylindre circulaire.

Nous avons examiné attentivement des étoffes tissés à Lyon avec la soie artificielle et nous avons pu constater leur bel aspect et leur bon maintien. D'ailleurs les produits exposés dans la vitrine de M. Chardonnet à l'Exposition Universelle de 1889 excitaient l'admiration des hommes compétents. L'invention est trop nouvelle pour que nous soyons fixé sur la valeur des applications de la soie artificielle, mais nous croyons que sa fabrication prendra de l'extension.

Soie végétale.

Avant de quitter ce qui est relatif à la soie artificielle, nous devons signaler une substance végétale ressemblant à la soie. L'attention a été appelée sur cette substance par le fait qu'elle a été exposée, vers l'année 1883 ,en Grèce. Elle

provient d'un grand arbuste que l'on dit être originaire
d'Amérique, mais qui existe en Syrie et dans le midi de
l'Europe. Il est connu sous le nom de *plante à soie* ; on le
désigne scientifiquement sous le nom d'*Asclepias Syriæ*.
Ses fibres sont employées en mélange avec de la soie et de
la laine pour rembourrer des coussins très moelleux ; elles
entrent aussi dans la composition de différents tissus. La
sève laiteuse de la plante est vénéneuse ; quant aux tiges
les plus dures elles peuvent être affectées aux mêmes usages que les parties correspondantes du chanvre.

Soie Française

La soie Française est une soie artificielle imaginée par
M. du Vivier de Nanterre. On l'obtient en traitant par
l'acide nitrique le coton du peuplier noir ou la cellulose du
buis. On mélange la cellulose trinitrique ainsi obtenue avec
de la gélatine et on dissout le tout dans de l'acide acétique
cristallisable. On file la matière comme dans le procédé
Chardonnet. D'après M. du Vivier, le prix du kilogramme
de soie reviendrait à 3 fr. 75.

CHAPITRE IV

STATISTIQUE DES ÉDUCATIONS.

France. — Dans le tableau suivant (page 117) nous donnons la statistique officielle du Ministère de l'Agriculture
pour 1888. La quantité de graines mises à l'éclosion s'est
élevée à 275.224 onces ainsi réparties :

        Races du Japon, cartons . .   2.852 onces
            »   »   reproduction   7.011   »
        »   étrangères autres . . .   10.793   »
        »   indigènes . . . .   254.568   »
                                        ———————
                                        275.224   »

La production totale en cocons s'est élevée à 9.549.906
kilogrammes qui se décomposent de la manière suivante
comme provenances de cocons :

        Races vertes originaires. 88.365
        Races vertes de reproduction . .   248.156
        Races étrangères autres. 368.708
        Races indigènes. 8.844.677
                                              —————————
                                              9.549.906

Le rendement moyen de l'once de graines par provenances de races a été :

        Races du Japon   30,98
        Reproductions du Japon . .   35,39
        Races étrangères autres . .   34,16
        Races indigènes   34,74
                        Moyenne   34,70

Italie. — Nous donnons dans le tableau page 118 la statistique de la récolte en Italie, 1888, d'après les documents publiés par le Ministère de l'Agriculture, de l'Industrie et du Commerce d'Italie. Nous donnons par régions le nombre de communes séricicoles, de poids de semences mises à l'éclosion, la quantité de cocons récoltés et le rendement moyen pour les différentes races.

Espagne. — L'Espagne a récolté en 1888 : 957.000 kilos de cocons répartis dans les régions suivantes :

Provinces de Valence et Aragon . .	400.000 kilos
Plaines de Murcie et d'Orihuela . .	490.000 »
Sierra-Ségura	20.000 »
Provinces d'Alméria et Grenade . .	35.000 »
Estramadure.	12.000 »

Autriche-Hongrie. — L'Autriche-Hongrie a récolté en 1888, 3.873.000 kilogrammes de cocons savoir :

		verts	jaunes
Tyrol méridional	2.150.000 k. dont	1.290.000 k. et	860.000
Frioul.	960.000	60.000	900.000
Istrie et Dalmatie	60.000	»	60.000
Hongrie-Croatie .	703.000	»	703.000
	3.873.000 kil.	1.350.000 k.	2.523.000

En ce qui concerne plus particulièrement la Hongrie on compte :

1389 communes séricicoles.
40.423 éducateurs.
24.314 onces de graines mises en éducation.
703.488 kilos de cocons frais produits.
28,9 rendement moyen par once.

Turquie. — Dans l'Anatolie (Brousse) la récolte s'est élevée en 1888 à 2.091.000 kilos de cocons ainsi répartis :

Brousse et ses environs   1.035.000 kilos.
Bazar-Keuvu et Guemlek   237.000   »
Ismith et les environs   455.000   »
Biledjik et les environs   272.000   ›
Panderma, Erdek, etc.   92.000   »
                                  ─────────────
                                 2.091.000 kilos.

Ces 2.091.000 kilos de cocons se répartissent ainsi au point de vue des races :

 1.463.700 kil. de races jaunes, soit   70 pour 100
  552.750   de races blanches, soit 25   »
  104.550   de races vertes, soit   5   »

En Syrie la récolte s'est élevée à 2.067.600 ocques (1 ocque = 1 kil. 283 gr.).

La Grèce produit environ 200.000 kilos de cocons.

Le Caucase a produit 1.720.000 kilos de cocons frais en 1888.

Chine. — On ne connaît pas le chiffre des éducations ni de la quantité de graines mises à éclosion. Voici les exportations de Shanghaï pendant l'année 1887-1888 :

 Pour l'Angleterre . . . . . .   5.490 balles
  » France et continent . . 38.499   »
  » États-Unis . . . .   3.741   »
  » Ports divers . . . . .   4.594   »
         ─────────────
         52.324 balles.

Les balles sont de 47 kilos nets., soit donc en kilogrammes 2.459.000.

Les exportations de Canton s'élèvent à :

 Pour France et continent . . 13.905 balles
  » Angleterre . . . .   2.256   »
  » Amérique. . . . . . .   6.200   »
  » Bombay. . . . .   6.000 piculs
Soit en kilogrammes de soie. . . 14.111.000.

Japon. — Les exportations de Yokohama, se sont élevées en 1887-1888 à :

<pre>
    Pour l'Angleterre . . . .   2.411 balles
      »   France et continent .   16.225   »
      »   Amérique . . . . . .   20.960   »
Soit en kilogrammes de soie . . 2.217.000
</pre>

Indes. — Les exportations du Bengale pendant l'année 1888 s'élèvent à 19.903 quintaux anglais, soit 1.011.000 kilogrammes de soie.

Production des cocons en France en 1888

DÉPARTEMENTS SERICICOLES	NOMBRE DE SERICICULTEURS	QUANTITÉ des Graines diverses mises en incubation en onces de 25 grammes	PRODUCTION TOTALE en cocons frais obtenue de ces graines en kilogrammes	RENDEMENT MOYEN	COCONS mis à graines par le producteur	
					Quantités employées pour le grainage en kilogrammes	Quantité de graines obtenue de ces cocons en onces (25 gr.)
		onces	kilog.		kilog.	onces
Ain.............	440	394	16357	41,51	19	34
Alpes (Basses-)..	2810	3608	156190	43,28	52215	130530
Alpes (Hautes-)..	523	380	21928	57,70	»	»
Alpes-Maritimes.	370	457	14198	31,06	182	527
Ardèche	27148	69897	2070035	29,61	2248	5711
Aude	2	2	125	62,50	»	»
Aveyron........	165	219	8979	41	71	234
Bouches-du-Rh..	5392	8440	319364	37,83	»	»
Corse...........	440	544	26727	49,13	18712	53316
Drôme..........	31495	53325	1660026	31,13	1669	4401
Gard...........	30832	68996	2571633	37,28	2578	17355
Garonne (Haute-)	94	143	3498	24,46	182	375
Hérault........	1676	3490	167228	47,93	45	160
Isère..........	96154	10720	408239	38,08	202	431
Loire	108	100	5622	56,22	»	»
Lot............	4	6	280	46,66	»	»
Lozère.........	2023	3692	103901	26,22	49	113
Pyrénées-Orient.	303	327	17062	52,17	8085	26039
Rhône..........	71	77	2360	30,64	1	5
Savoie.........	815	1002	41523	41,44	»	»
Tarn..........	334	325	12718	39,13	19	36
Tarn-et-Garonne.	872	610	27254	44,67	189	439
Var...........	3713	9860	434094	44,02	219630	658540
Vaucluse	23427	38370	1460505	38,05	1694	5128
Totaux.......	142711	275224	9599906	34.70	307790	903374

| RÉGIONS | NOMBRE DES COMMUNES DANS LESQUELLES ON ÉLÈVE DES VERS A SOIE | | | | | NOMBRE APPROXIMATIF D'ONCES (DE 27 GRAMMES) DE SEMENCES MISES A ÉCLOSION | | | |
| | de toutes les races | des races indigènes | de races étrangères | | on n'élève pas de vers à soie | races indigènes | races étrangères | | TOTAUX |
			originaires	reproduction			originaires	reproduction	
						onces	onces	onces	onces
Piémont............	508	767	371	415	978	147.356	57.826	57.178	262.360
Lombardie.........	180	1.343	415	1.175	1.714	267.077	24.370	219.070	510.517
Vénétie	91	602	194	544	701	137.359	11.579	157.841	306.779
Ligurie............	203	105	27	28	134	5.082	1.589	563	7.234
Émilie.............	33	285	33	47	289	63.768	1.613	1.156	66.537
Marches et Ombrie.	44	356	7	12	356	37.019	80	244	37.343
Toscane	29	207	13	30	213	47.903	569	1.259	51.731
Latium (Rome).....	139	82	3	13	88	1.468	32	45	1.545
Prov. méridionales de l'Adriatique (Abruzzes et Apulie)..............	604	72	8	14	86	2.057	105	187	2.349
Prov. méridionales de la Méditerranée (Naples et Calabres)........	582	386	164	190	564	45.681	16.884	17.375	79.940
Sicile.............	294	44	18	24	63	6.853	2.072	2.584	11.509
Sardaigne	355	9	»	»	9	51	»	»	51
Total pour toute l'Italie............	3.062	4.258	1.253	2.492	5.192	763.674	116.719	457.502	1.337.893
Récolte de 1887....	5.169	4.839	1.375	2.571	3.088	725.163	111.747	487.115	1.323.723
Différences entre les chiffres de 1888 et ceux de 1887 :									
en plus............	»	19	»	»	2.107	38.511	5.272	»	14.170
en moins..........	2.107	»	122	79	»	»	»	29.613	»

des cocons en Italie, en 1888

de l'Agriculture, de l'Industrie et du Commerce d'Italie).

| QUANTITÉ DE COCONS RÉCOLTÉS | | | | RENDEMENT PAR ONCE EN KILOGRAMMES DE COCONS | | | |
races indigènes	races étrangères originaires	races étrangères reproduction	TOTAUX	races indigènes	races étrangères originaires	races étrangères reproduction	rendement moyen général
kil.	kil.	kil.	kil.	kil.	kil.	kil.	kil.
4.638.527	1.750.864	1.611.705	8.001.096	31.48	30.28	28.19	30.50
8.945.673	835.574	7.489.584	17.270.831	33.49	34.29	34.19	33.83
4.333.424	349.450	4.435.140	9.118.014	31.55	30.18	28.10	29.72
155.742	42.332	18.996	217.070	30.65	26.64	33.74	30.01
2.359.475	45.132	35.818	2.440.425	37 »	27.98	30.98	36.68
1.940.968	3.267	11.681	1.955.916	52.43	40.84	47.87	52.38
2.097.382	19.997	36.760	2.154.139	42.03	35.14	29.20	41.64
71.085	1.297	1.593	73.971	48.42	40.41	35.40	47.88
112.389	6.048	8.621	127.058	56.64	57.60	46 10	54.09
1.393.945	492.273	496.735	2.382.953	30.51	29.16	28.59	29.81
86.644	33.020	34.926	154.590	12.64	15.94	13.52	13.43
3.380	»	»	3.380	66.27	»	»	66.27
26.138.634	3.579.250	14.181.559	43.899.443	34.23	30.67	31 »	32.81
25.073.379	3.042.650	14.909.744	43.025.783	34.58	27.30	30.61	32.50
1.065.255	536.590	»	873.660	»	3.37	0.39	0.31
»	»	728.185	»	0.35	»	»	»

CHAPITRE V

PHYSIOLOGIE DU COCON.

Pour bien se rendre compte du filage de la soie, il est
utile de connaître le mode de construction du cocon. A
l'aspect extérieur du cocon. on se figure généralement qu'il
a été confectionné par le pelotonnement de la bave de dehors en dedans et qu'au moment de la filature, le fil se détache de dehors en dedans. à l'inverse du travail du ver. Il
n'en est pas ainsi. Le ver opère par balancements réguliers
de la tête et de la partie antérieure du corps. les pattes en
couronne conservant généralement une complète immobilité, et dépose sa bave par petits *paquets* formés de 8 superposés en partie et dont le grand axe est perpendiculaire au
corps de l'insecte. Ces paquets ont 4 ou 5 millimètres et
sont formés de quinze ou vingt 8. Puis. variant légèrement
sa position. il recommence le même travail à une faible
distance du premier. ou bien déviant totalement son corps.
opère à l'extrémité opposée du cocon laissant une bave
tendue en trait d'union entre les deux points. La figure 29
représente la formation du paquet soyeux. La réunion des
paquets en nombre suffisant pour former le tour du cocon,
produit la *veste soyeuse*. Dans l'épaisseur d'un cocon. on
constate 10 à 12 vestes séparables. En réalité le cocon est
formé par une trentaine de couches superposées, formées
de 3 heures en 3 heures par le ver : mais on ne peut en

cliver que 10 à 12. Nous représentons dans les figures 30 et 31 les vestes d'un cocon simple et d'un cocon double au grossissement de 75 diamètres. On remarque dans la se-

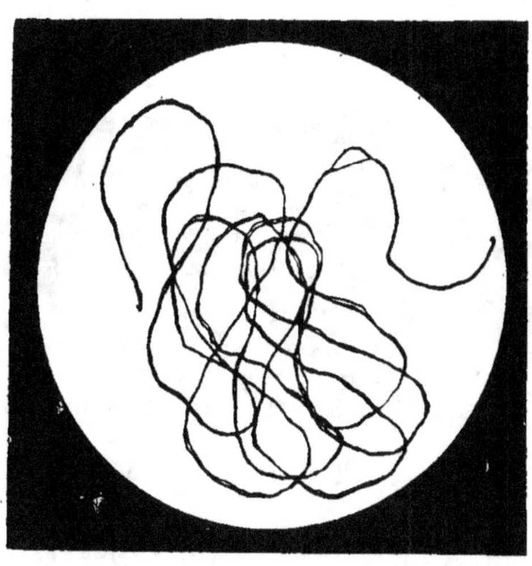

Fig. 29. — Disposition du paquet.

conde un réseau bien plus confus et serré, le travail de deux vers n'étant plus soumis à la symétrie comparative qui se rencontre dans celui d'un seul.

La séparation des couches est surtout accentuée dans les cocons *satinés* où elles sont naturellement séparées par des fissures de 1 millimètre environ d'écartement et d'une longueur très variable, arrivant parfois à embrasser la demi-circonférence du cocon et plus encore. On a constaté que des mesures d'épaisseur de la coque. prises sur le même cocon, donnaient au micromètre, l'une une largeur totale de 2 millimètres $\frac{1}{2}$ avec des fissures de $\frac{12}{100}$ de millimètre d'ouverture, tandis que l'épaisseur micrométrique de l'autre n'était que d'un demi-millimètre et que les fissures étaient impossibles à constater même avec un grossissement de 508 diamètres.

Les cocons ordinaires, feutrés, ont $\frac{50}{100}$ à $\frac{75}{100}$ de milimètre d'épaisseur avec des fissures non visibles avec un grossissement de 600 diamètres. Dans tous les cocons on constate que la dernière veste est formée par un fil plus fin et qu'elle est séparée naturellement des autres par des soulèvements allongés analogues à ceux du satiné ; c'est la veste *diaphane*. Elle est destinée à former pour ainsi dire le lit de la larve pendant sa transformation en chrysalide.

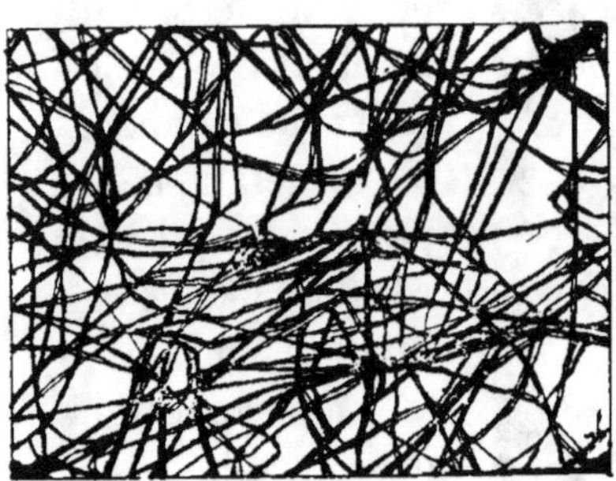 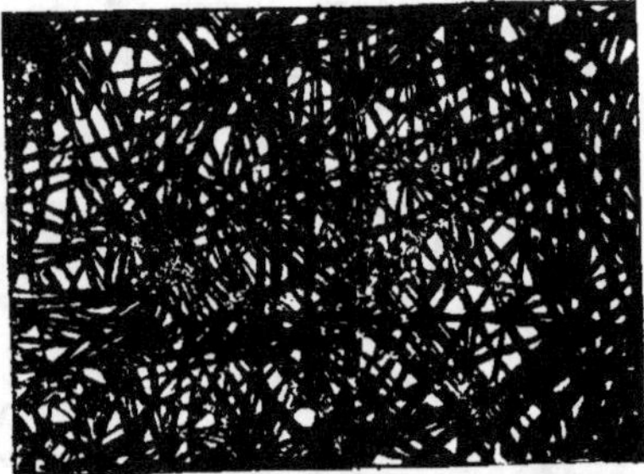

Fig. 30. — Veste d'un cocon simple.   Fig. 31. — Veste d'un cocon double.

Le filateur constate le travail du ver en sens inverse, et le développement plus ou moins complet du paquet dépend : 1° de la multiplicité des soudures ; 2° de la disposition de ces soudures ; 3° de la quantité de grès que renferme le cocon ; 4° de la qualité du grès.

Défauts des cocons.

Cocon parfait. — Le cocon parfait, a, en moyenne, $1\frac{3}{4}$ à 2 centimètres de diamètre et une longueur de 3 à $3\frac{1}{2}$ centimètres. Les plus petits sont ceux de la race Bione qui ont $1\frac{1}{3}$ centimètre de diamètre sur $2\frac{1}{2}$ centimètres de longueur. Nous donnons dans la figure 32, la forme de 12 espèces de cocons les plus divers qui pourront servir de types. Les extrémités doivent être arrondies et ne doivent pas

former une pointe d'œuf et doivent résister à la pression
des doigts comme le milieu du cocon. L'étranglement du
milieu ne doit pas être trop brusque ni trop sensible. Certaines variétés ne le présentent pas. Le grain du cocon doit
être uniforme, petit et peu accentué ; la couleur doit être
un peu terne. Voici les principaux défauts que l'on peut
rencontrer dans les cocons.

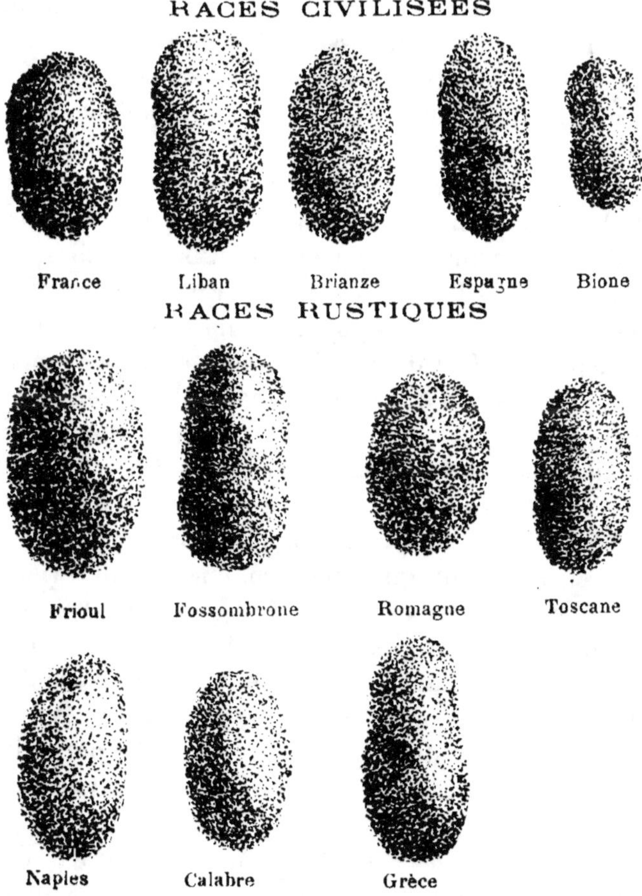

Fig. 32. — Formes des cocons.

Cocons doubles. — Les cocons doubles proviennent du
travail de deux vers, construisant le même cocon. Ils sont

plus gros, plus arrondis, plus résistants et plus mats que les cocons parfaits. Leur tissu est très feutré et tellement entrelacé (fig. 31) qu'on doit renoncer à les filer à la méthode ordinaire. On les rencontre dans la proportion de 4 à 10 pour 100, suivant les pays, les années, et les soins apportés à l'éducation.

Les *cocons multiples* ou *duppions* sont ceux qui ont été confectionnés par 3, 4 et même 5 vers. Comme il est facile de le comprendre, il est impossible de les dévider.

Les *cocons fins doubles* sont des cocons doubles dont l'aspect extérieur ne présente rien d'anormal. Quelques marchands peu scrupuleux les emploient pour frauder les cocons parfaits ; on a constaté leur présence jusqu'à 30 pour 100 dans certains lots. Inutile de dire que, comme les cocons doubles ordinaires, ils ne peuvent pas être filés.

Cocons satinés. — Les cocons satinés se nomment *cocalons* et aussi *soufflons* lorsqu'ils sont tellement peu serrés qu'ils sont transparents. Le satinage des cocons est dû à la séparation des diverses couches qui composent la coque. On les reconnaît à première vue par leur bourre plus apparente, leur grain moins compact et leur aspect nacré. Ils sont mous et élastiques. Dans les races à grains fins, comme la race de Brianza, le satinage grossit le grain ; le contraire a lieu dans celles à grains grossiers, comme celle du Frioul, dont la coque perd ses aspérités. Les cocons satinés renferment davantage de grès et sont plus particuliers aux pays chauds. Au dévidage, par suite de leur perméabilité et de leurs fissures, ils plongent et ne peuvent se dévider. On arrive à les filer dans une eau plus froide, ou en les maintenant à la surface des bassines au moyen d'un grillage métallique.

Cocons faibles de pointe. — Ces cocons sont caractérisés par la faible résistance de leur pointe qui cède à une pression incapable de faire fléchir le reste de la coque. Ils présentent à la filature les mêmes inconvénients que les cocons satinés. Ils se rencontrent par colonies dans les cocons sains et proviennent d'une mauvaise alimentation des vers, qui sont alors faibles et cherchent à se laisser une sortie facile après leur transformation.

Cocons enchemisés. — Les cocons enchemisés sont une race caractérisée par une enveloppe d'apparence cotonneuse qui entoure le vrai cocon. A l'extérieur, ils ont toute l'apparence des cocons satinés. Pour les dévider il faut les dépouiller de cette veste soyeuse en l'incisant avec les ciseaux.

Cocons ouverts. — Les cocons ouverts sont une variété de faibles de pointe, dans laquelle une des extrémités est prolongée en forme de pis de vache et percée d'une ouverture de 3 à 5 millimètres de diamètre, figure 33. Nous avons vu que quelques vers à soie sauvages, comme le ver de l'ailante, produisent des cocons ouverts. Dans ces cocons le fil n'est pas coupé mais replié sur lui-même ; on ne peut les dévider par la méthode ordinaire, mais on y arrive avec certaines précautions que nous expliquerons.

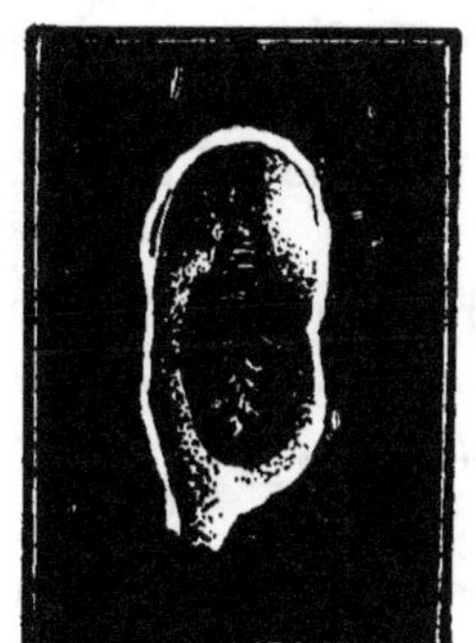 

Fig. 33. — Cocon ouvert.   Fig. 34. Cocon étranglé.

Cocons étranglés. — Dans ces cocons la dépression centrale est tellement accusée, qu'en cet endroit le diamètre est souvent un quart moins fort qu'ailleurs (figure 34). Si l'on partage longitudinalement un cocon fortement étranglé, dit M. Duseigneur, on remarquera que chaque globe délimité par l'étranglement présente à l'œil un travail circulaire indépendant indiquant que l'insecte s'est appesanti sur chaque extrémité plus longtemps qu'il n'est dans ses habitudes, lui a imprimé cette forme spéciale en déposant circulairement sa bave autour de lui, puis traversant sans s'y arrêter l'espace plus resserré qui le lie à l'autre a opéré de même sur le second globe. Lors de la filature de ces cocons, les deux calottes se séparent vers l'étranglement et le filage devient impossible.

Cocons muscardines. — Ces cocons appelés *cocons plâtrés, dragées,* présentent à la main une extrême légèreté, ils sont translucides et cireux. Agités, on n'entend pas le son sourd de la chrysalide, mais un son clair et net. Nous savons que, sous l'influence du champignon de la muscarine, la chrysalide se transforme en une poussière blanche comme du plâtre. Ces cocons sont d'un bon emploi en filature.

On nomme *dragées attachées* les cocons dans l'intérieur desquels la chrysalide muscardinée a été attachée à la coque par suite de l'humidité qui a régné dans leur intérieur. Les filateurs les rejettent généralement comme fournissant un fil moins tenace et inégal en couleur.

On nomme *vers secs* une variété de dragées dans laquelle la chrysalide est très peu muscardinée.

Les *cocons cloisonnés* sont des cocons doubles dans lesquels l'un des vers est muscardiné et l'autre sain. Ce dernier, pour se préserver de la maladie, tisse une cloison pour se séparer du ver malade.

Magnaudes. — Ce sont des cocons non finis. Ils proviennent d'une mauvaise éducation qui produit des vers paresseux ne confectionnant que très lentement leur cocon, de sorte qu'au déramage ils n'ont pas fini de tisser. Pendant le transport et dans les magasins, les cocons diminuent de $\frac{1}{5}$ de leur poids, les vers se putréfient et leur liquide tache la bave et diminue sa résistance.

Les *choquettes* et les *cocons calcinés* sont des cocons dans lesquels l'insecte est mort avant la fin de son ouvrage ou est tombé malade. Ils ont un rendement moindre en matière soyeuse.

Les *cocons faibles* proviennent des vers débiles qui n'ont pu accumuler dans leur réservoir une quantité suffisante de matière soyeuse pour former un cocon parfait ou qui ayant produit la quantité voulue de cette matière. l'ont plus tard dissipée sans profit sur les branchages avant de commencer le cocon.

Les *chiques* ou *cocons fondus* sont ceux dans lesquels le ver est mort avant sa transformation en chrysalide, s'est putréfié, et, le liquide de décomposition noirâtre a percé la coque. On n'en retire qu'une soie terne et sombre.

Les *cocons tachés* proviennent du contact des cocons sains avec les chiques.

Les *cocons troués* sont ceux dont l'insecte est sorti en brisant les fils ; ils ne peuvent être filés.

Les *cocons céladons* sont ceux qui sont colorés en vert pomme. Les *cocons soufrés* sont colorés en jaune orange. Ce ne sont point des races particulières mais des qualités morbides qui disparaissent par une éducation réglée.

Enfin, nous ajouterons deux défauts qu'on ne reconnaît qu'à la bassine :

Les *cocons durs à battre* ne cèdent leur bave que difficilement et les *cocons craignant le feu* ne pouvant se dévider si la température de l'eau est trop élevée et ne donnant qu'une soie duveteuse et cassante. On attribue ces deux défauts à une plus forte proportion de grès.

Qualités de cocons

Les cocons les plus recherchés sont les cocons indigènes blancs ou jaunes. mais comme leur production n'est pas suffisante. on est obligé de s'adresser aux races étrangères. Les cocons du Levant sont les plus demandés : les races les plus appréciées sont celles de Roumélie. de Brousse, de Demirdech. de Méhémet-Effendi. pour les cocons blancs ; de celles de l'île de Chio. de Kolamata et du Liban, pour les cocons jaunes.

Les cocons de Roumélie sont les meilleurs de tous. vient ensuite ceux de Brousse et ceux d'Australie. Ceux de Demirdech sont extrêmement fins.

Les cocons chinois ou japonais sont moins appréciés par les filateurs : ils se payent un prix bien inférieur.

Arrivés à la filature, les cocons subissent un premier triage. pour séparer les cocons tachés qui se filent immédiatement. Ces derniers sont tenus dans un endroit humide. Les cocons sains sont étendus sur le sol sous une faible épaisseur jusqu'au moment de les étuver. sous de vastes hangars, exposés ainsi à l'action de l'air frais.

Nous avons réuni dans le tableau suivant les dimensions et le rendement des différentes races de cocons d'après les essais faits par le *Laboratoire d'études de la soie de Lyon*.

Dimensions et rendement des différentes races de cocons (*Races domestiques*)

Races	Dimensions du cocon en millimètres	Poids du cocon en milligrammes	Bave dévidée en mètres	Nombre de cocons pour 1 kilogr.	Rendement en soie de 1 kilogr. de cocons	Déchets (frisons-telettes) de 1 kilogr.	Poids des chrysalides de 1 kilogr. de cocons	Diamètre de la bave en millièmes de millimèt.
France					kil.	kil.	kil.	
Cévennes.............	18,2 × 34,3	802	688	1246	0.259	0.048	0.693	31.4
Perpignan-Bionne...	16,96 × 31,8	590,5	636	1695	0.262	0.073	0.665	31.6
Jaune Provençale...	17,8 × 32,3	682	677	1466	0.305	0 067	0.628	31.5
Croisée Var-Bionne.	17,3 × 34,4	709	636	1410	0.289	0.077	0.634	31.3
Bau-dieu (Cochinch.)	13,7 × 27,3	180	227,5	5555	0.264	0.235	0.501	21.2
Italie								
Ombrie.............	19,7 × 37,9	766	696	1305	0.278	0.052	0.670	28.2
Piémont.............	17,4 × 34,7	741	669	1406	0.273	0.040	0.687	28.1
Brescia.............	16,5 × 32,6	668	595	1497	0.285	0.070	6.645	28.6
Sience.............	17,4 × 35,6	704	558	1420	0.257	0.099	0.644	28.6
Piacenza.............	18,2 × 34,3	752	597	1329	0.225	9.081	0.694	27.6
Valtellina.............	17,1 × 34,2	688	580	1453	0.259	0.072	0.669	29.1
Abruzzese (blanche).	18,9 × 33,5	523	568	1912	0.282	0.084	0.634	26.6
Brianzola de Padova.	17 × 31,8	668	786	1497	0.298	0.046	0.656	26.3
Bione de Padova....	15,3 × 32,1	564	710	1773	0.306	0.051	0.643	27.1
Villaverla.............	20 × 37,1	722	832	1385	0.307	0.054	0.639	27.5
Catanzaro.............	17,5 × 31,6	634	663	1557	0.274	0.069	0.657	26.7
Bassignane.............	16,6 × 29,7	453	497	2207	0.268	0.115	0.617	26.7
Friulana.............	15,7 × 33,1	551	501	1815	0.233	0.087	0.680	27.0
Emilia.............	16,5 × 30	613	558	1632	0.260	0.082	0.658	28.8
Pyrénées.............	17,3 × 35,3	717	788	1394	0.288	0.054	0.658	27.0
Afrique								
Cap de Bonne-Espér.	14,7 × 31,7	336	483	2976	0.134	0.043	0.823	21.8
Indes Anglaises								
Beerbhoom (Bengale)	11,7 × 30	223	160	4484	0.161	0.085	0.754	19.3
Madrassee (Bengale).	12 × 26,7	197	208	5076	0.180	0.208	0.612	20.2
Desi (Bengale).....	12,4 × 31,2	243	204	4115	0.205	0.089	0.706	20.2
Crœsi (Serampore)..	11,6 × 28,7	198	170	5050	0.214	0.138	0.648	20.8
Japonaise à Lahore.	15,1 × 26.8	409	362	2445	0.283	0.127	0.590	24.3

CHAPITRE VI

ETOUFFAGE DES COCONS

Comme la récolte des cocons se fait sensiblement à la même époque, il est impossible de tous les filer, avant la naissance des papillons. Il faut pour empêcher cette métamorphose tuer la chrysalide. Plusieurs procédés sont employés pour obtenir ce résultat.

Le plus ancien de tous consiste à laisser les cocons exposés au soleil en couches minces ; il est abandonné depuis longtemps.

Les Japonais étuvent les cocons dans le *sei-roo*, armoire à vapeur. C'est une espèce de boîte en fer blanc sur laquelle on entremêle les cocons avec un hachis de feuilles et que l'on met dans une marmite d'eau bouillante. L'étouffage se fait aujourd'hui :

1º Par l'air sec ;

2º Par la vapeur ;

3º Par l'air chaud et la vapeur ;

4º Avec les étouffoirs chimiques.

Etouffage par l'air sec. — Un procédé ancien consiste à se servir des fours de boulanger. On opère à 40 ou 50º si la cuisson est lente ou à 75 à 80º si la cuisson est rapide. Il est à peu près complètement délaissé sauf dans le nord de l'Italie. Il présentait, en effet. deux inconvénients : difficulté dans le réglage de la température et impossibilité à la chaleur de pénétrer au centre des tas de cocons.

Dans les fours ordinaires à air chaud, les cocons sont mis dans des corbeilles de 10 à 15 centimètres de hauteur sur des étagères fixes ou mobiles, pour bien répartir la chaleur dans toute leur masse.

Les fours ordinaires sont divisés en étuves et fours à courant d'air sec.

1° Les *étuves*, sont les plus employées, elles consistent généralement en une capacité en tôle chauffée extérieurement au moyen d'un foyer ; le cocon cuit au milieu de la vapeur qu'il dégage. Il sort humide et se file très bien pendant deux mois. Le chauffage peut se faire par un courant de vapeur circulant dans la double enveloppe d'une caisse en tôle à étagères recevant les corbeilles de cocons.

Dans un autre genre d'étuve, dit *bain-marie*, les cocons sont placés dans des tubes en zinc de 14 centimètres de diamètre que l'on met dans l'eau bouillante après avoir fermé hermétiquement les deux extrémités. Les étuves ont un inconvénient, c'est de produire des cocons tachés par suite de l'humidité qui désagrège la chrysalide.

2° Les *fours* à courant d'air sec évitent ces avaries, mais dessèchent le cocon. Il faut régler la température de telle façon que l'étouffage soit rapide et que le cocon conserve une grande partie de son humidité. Ces fours peuvent présenter beaucoup de dispositions. Ainsi, on peut placer les cocons en couche de 5 centimètres d'épaisseur sur des claies tournantes, situées dans un bâti spécial chauffé par un foyer ; le courant d'air doit être à 65-75° et agir pendant 20 minutes.

Dans un four on doit régler la température d'une manière bien uniforme pour éviter les coups de feu et le *roussissage* des cocons.

Étouffage à la vapeur. — Le meilleur système d'étouffage à la vapeur consiste à mettre les cocons dans un cylindre chauffé extérieurement par un courant d'air chaud ou bien par un courant de vapeur sèche dans l'intérieur. On peut rendre le système continu en inclinant les tubes, en chargeant constamment par le haut et vidant continuellement par le bas. On règle l'admission des cocons de façon que leur trajet se fasse en 15 minutes pendant lesquelles ils seront exposés à la température de 95°. On peut varier ces dispositions à l'envie, suivant les cas et les lieux. L'étouffage à la vapeur est plus rapide que l'étouffage à l'air sec, parce que la vapeur pénètre partout dans les tas de cocons, voire même jusque dans la coque, et le chauffage est très régulier. Mais il présente plusieurs défauts. D'abord les cocons ainsi étouffés sont trop humides et de plus ils sont souvent tachés par suite d'une condensation de la vapeur.

Etouffage à l'air chaud et à la vapeur. — En réunissant les deux méthodes à l'air chaud et à la vapeur, on en réunit les avantages et on en écarte les défauts. C'est le procédé le plus rationnel pour l'étouffage des cocons. Sans passer en revue les différents systèmes de fours de ce genre, nous décrirons de suite celui qui nous a paru le mieux compris. Nous voulons parler du four Van der Schuijt, dont nous donnons la coupe longitudinale dans la figure 35 et la coupe transversale dans la figure 36. Il est construit en tôle et à un, deux ou trois étages.

Le four est chauffé par 3 ou 4 séries de tubes fermés et inclinés *a*, contenant la moitié de leur volume d'eau ou de tout autre liquide convenable et débouchant dans une chambre de chauffe *b* munie d'une grille *c*. La chambre H qui forme le four proprement dit, est divisée en deux compartiments par une forte tôle *o*. Chacun des compartiments est munie d'une sôle mobile *e* montée sur rails *f*; on a donc, pour ainsi dire, deux fours distincts dont le chauffage seul est commun ; toutes les autres opérations sont indépendantes, ce qui permet de défourner et d'enfourner dans un des compartiments sans que la marche de l'autre soit en rien changée.

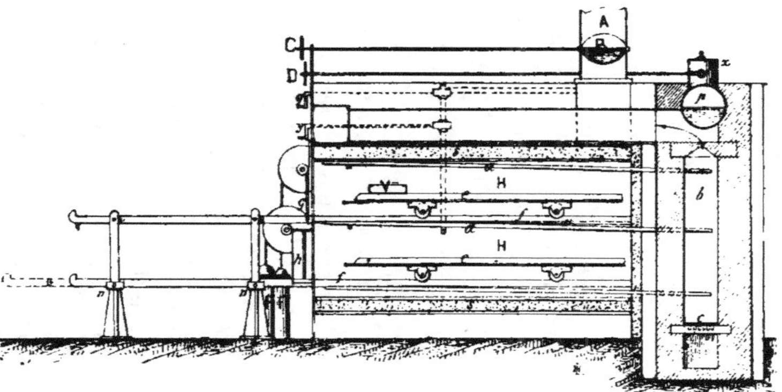

Fig. 35

Coupe longitudinale du four Van der Schuijt.

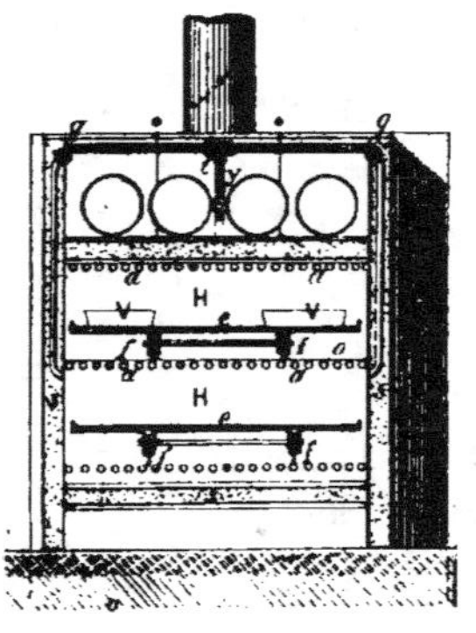

Fig. 36

Coupe transversale du four
Van der Schuijt.

Deux portes *g* et *h*. ajustées sur des montants verticaux et commandées par des pignons et des crémaillères, servent à l'ouverture et à la fermeture des deux compartiments. Ces portes sont équilibrées par les contre-poids F et F' et se manœuvrent sans force. Les sôles peuvent être retirées hors du four en les faisant rouler sur les rails *f*. La voie supérieure est plus étroite que la voie inférieure, et comme elle peut osciller autour de l'axe *n*, on la rabat dans l'intervalle de la voie inférieure. On la remonte pour retirer la sôle supérieure. Un contre-poids maintient ce système en équilibre. Dans le cas où la chaleur est trop forte dans le compartiment supérieur, on ouvre le robinet *y* qui permet aux gaz chauds de ce compartiment de s'échapper dans la cheminée A en passant par le tuyau *t*. Les robinets *q* et *q'* remplissent le même but pour le compartiment inférieur.

La chaleur perdue du foyer *b* est utilisée au chauffage d'une chaudière *p*, et l'eau de cette chaudière est conduite par les tuyaux, commandés par deux robinets D, dans chacun des compartiments du four, où elle tombe sur les tubes de chauffage et est vaporisée immédiatement de manière à y produire une certaine quantité de buée nécessaire pour entretenir une légère humidité aux cocons. Les gaz chauds de la combustion passent ensuite dans une série de carnaux avant de se rendre à la cheminée A, ce qui a pour but de maintenir la partie supérieure du four à une température suffisante pour éviter la perte de chaleur du four par rayonnement. Le tirage de la cheminée est réglé par la valve B, mue par le volant C. Les parois S du four sont fermées, le plus souvent, de deux plaques de tôle, entre lesquelles on met du sable ou tout autres matières analogues.

Les cocons sont mis dans des paniers plats VV.

On peut modifier le système de chauffage, en supprimant le foyer *b* et en envoyant dans les tubes *a* de la vapeur à 4 ou 5 atmosphères.

Des thermomètres marquent la température de chaque compartiment du four, qui doit être de 100 à 110°. L'étouffement de la chrysalide a lieu en 12 minutes. Ces fours sont situés au milieu d'une grande salle ; à droite sont les cocons frais et à gauche les cocons cuits pour éviter toute erreur.

Au sortir du four les cocons chauds sont mis dans des caisses de la capacité de 1 mètre cube, en les recouvrant d'une couverture de laine, pour leur restituer leur élasticité et compléter l'étouffement. On doit aussi, autant que possible, séparer les fournées les unes des autres de façon que, si l'on s'aperçoit que l'une d'elles ait été trop peu cuite, on puisse la remettre au four. Il est indispensable également de ne pas mélanger les races et les sortes.

Chaque espèce de cocons demande un degré de cuisson différent que l'on ne détermine qu'en pratique, car on sait que les cocons trop cuits sont duveteux et difficiles à filer.

Arrivé à son plus haut degré de dessèchement le cocon perd les deux tiers de son poids.

Étouffoirs chimiques. — Dans les étouffoirs chimiques on tue la chrysalide, on l'asphyxie ou on l'empoisonne au moyen de gaz ou de vapeurs délétères. Aucun des étouffoirs proposés n'a donné des résultats pratiques. Nous croyons bon, néanmoins, de faire connaître l'action de certains gaz sur les chrysalides. C'est en 1828, dans un ouvrage publié à Milan, par Gera, qu'on trouve la première description des procédés employés pour tuer la chrysalide par l'ammoniaque gazeuse, l'acide sulfureux, etc. Ce système ne s'étant pas répandu, on n'en a plus entendu parler jusqu'en 1877 où furent brevetés les procédés Gauthier et Lamonta.

Dans le procédé Gauthier on étouffe la chrysalide au moyen du gaz ammoniac, de l'acide sulfureux et de l'acide carbonique.

Dans le procédé Lamonta on obtient la mort de la chrysalide en employant simultanément un mélange d'alcool à 90° dans lequel on a dissous 20 0/0 de bichlorure de mercure, de l'éther sulfurique à 56° et de l'ammoniaque à 20°. Disons que ce dernier procédé n'a rien de sérieux pour la pratique.

M. Paul Francezon ayant fait une étude complète sur les étouffoirs chimiques, nous allons résumer ses essais.

Après quatre heures de séjour dans *l'oxygène* pur et sous huit centimètres de mercure de pression, les chrysalides sont sorties de l'éprouvette en parfaite santé.

Après 12 heures et demie de séjour dans *l'hydrogène* les chrysalides sont insensibles aux piqûres, mais reviennent à la vie après une heure passée à l'air.

Après 15 minutes dans *l'acide sulfhydrique* froid les chrysalides sont mortes : ne reviennent pas à la vie après 15 heures passées à l'air.

Après 15 minutes dans *l'ammoniaque* les chrysalides sont tuées et fortement noires.

Après 13 heures de séjour dans le *protoxyde d'azote* elles sont insensibles aux piqûres, mais reviennent à la vie après 2 heures à l'air.

Les chrysalides ne sont pas du tout affectées par un séjour de 10 heures dans *l'oxyde de carbone*; elles sont insensibles au sortir de l'éprouvette, mais 2 heures après se hâtent de revenir à la vie.

Après 18 heures de séjour dans *l'acide carbonique* elles sont insensibles au sortir de l'éprouvette, mais deux heures après reviennent à la vie.

Après 15 minutes dans *l'acide sulfureux* la couleur des chrysalides est fortement pâlie : elles sont devenues jaune paille clair et sont mortes.

Après un séjour de 24 heures dans le *gaz d'éclairage*, sur 20 chrysalides, 4 vivantes après 2 heures passées à l'air.

Les autres gaz n'ont pas été essayés parce qu'ils ne présentent aucune valeur pratique, soit qu'ils soient trop dangereux à manier ou trop chers ou qu'ils agissent trop énergiquement.

Donc, pratiquement, trois gaz sont mortels pour les chrysalides, ce sont l'acide sulfhydrique, l'ammoniaque et l'acide sulfureux.

. On a essayé en Italie les vapeurs d'éther, de sulfure de carbone, de benzine, de soluine, de pétrole, d'essence de térébenthine, de camphre, etc., etc., sans succès.

Des cocons étouffés avec ces trois gaz ont donné des résultats désastreux en filature et on fait moins de travail.

Avec l'ammoniaque la soie a un toucher rude, créneux, ayant subi une altération assez profonde. De plus la soie présente de nombreux défauts qu'on a comptés et dont voici le nombre.

	Vapeur	Acide sulfhydrique	Acide sulfureux
Défaut de 100 mètres.	52	88	152
— de 1 gr. . . .	310	590	1050

En résumé, les étouffoirs chimiques n'ont jamais donné de bons résultats, nous n'en avons parlé que pour éviter de recommencer des essais infructueux.

Triage des cocons

Après l'étouffage on procède à un premier triage consistant à séparer les cocons tachés pendant la cuisson. Ces cocons sont filés les premiers, avant leur dessication, sans quoi ils ne se dévideraient que difficilement.

On procède ensuite à un second triage consistant à séparer les cocons en :

1° Cocons sains et parfaits ;

2° Cocons doubles et troués dont le dévidage est difficile et que l'on vend à des spécialistes ;

3° Les chiques, les cocons moisis ou rouillés qui donnent de la soie tachée ;

4° Les cocons pointus qui ont chance de se trouer ;

5° Les cocons satinés dont la contexture est molle.

Parmi les cocons sains on réunit ensemble ceux qui présentent les mêmes qualités. On sépare les gros, les petits, les duveteux, les blancs, les jaunes, etc. Le triage se fait dans une chambre dallée. Il faut une trieuse pour 10 bassines lorsque les cocons sont bons et une trieuse pour 7 bassines lorsqu'ils sont mauvais. La salle de triage, bien éclairée, se trouve entre la salle des fours et la coconnière.

Coconnières. — Les cocons en sortant du four sont encore humides, condition essentielle avons-nous dit pour obtenir un bon dévidage. Les cocons dans cet état, mis en tas pour attendre à leur tour le filage, moisiraient si on ne prenait aucune précaution pour les conserver intacts.

On les place sur des *claies* en roseaux sous une épaisseur de 20 centimètres. Ces claies sont portées par des montants de manière à obtenir trois ou quatre étages. On suit pour l'établissement d'une coconnière les mêmes règles que pour l'établissement d'une magnanerie dont nous avons donné plus haut les meilleures dispositions. Le local doit être aéré, frais et à l'abri du soleil au moyen de persiennes placées aux fenêtres. La ventilation ne doit pas être trop grande de façon à ne pas trop dessécher le cocon. Les fenêtres doivent être fermées toutes les nuits. Pour éviter les rats, la toiture est faite avec de petits chevrons en fer à simple T, lesquels sont assez espacés pour qu'on puisse y placer des carreaux reposant sur la semelle des fers et sur ces carreaux on dispose les tuiles de couleur claire pour qu'elles absorbent moins de chaleur.

La coconnière doit se trouver au premier étage et non pas au rez-de-chaussée, et de plus être orientée du côté du vent régnant. Dans la pièce située au-dessous de la coconnière, on fait tomber, par une trappe, les cocons, la veille du jour où ils devront être filés. Cette pièce est carrelée et voûtée en mâchefer. Les cocons y sont imbibés d'humidité pour les préparer à mieux filer. C'est dans cette chambre que l'on dépose de suite les cocons tachés.

Les cocons secs sont enfermés dans des sacs que l'on suspend aux voûtes d'une chambre sèche et fraîche.

Les cocons frais sont composés de :

Eau.	68,2
Soie.	14,3
Bourre	0,7
Chrysalide . . .	16,8

Les cocons étuvés :

Soie.	14,624
Peaux.	2,042
Chrysalide . . .	83,334

CHAPITRE VII

FILAGE DE LA SOIE

Méthodes anciennes. — Le filage de la soie a pour but de décoller le fil continu du cocon et de l'enrouler sur un tambour ou *aspe*.

Pour donner une idée comment s'exécute cette opération en Orient, voici d'après Corneille Lebrun la description d'une filature persane :

« J'eus la curiosité d'entrer dans une cabane où l'on dévidait de la soie, et trouvais qu'on n'y emploie qu'une seule personne.

« Il y avait, à droite en entrant, un fourneau qu'on échauffe par dehors, et dans lequel était un grand chaudron d'eau presque bouillante, dans laquelle étaient les cocons des vers. Celui qui dévidait la soie était assis sur le fourneau et remuait souvent les cocons avec un petit bâton.

« Je trouvai aussi, au milieu de cette maisonnette, une grande roue qui avait huit ou neuf paumes de diamètre et qui était fixée entre deux piliers. Il la faisait tourner du pied, assis sur le fourneau, comme on tourne un rouet parmi nous, et l'on avait placé deux petits bâtons sur le devant du fourneau, autour duquel tournaient deux petites poulies qui conduisaient la soie des cocons vers cette roue.

« On m'a assuré que cette manière de dévider la soie
est en usage par toute la Perse ; il faut avouer que cela se
fait avec une promptitude surprenante. »

Au Japon, dans les provinces centrales (Tomba, Tongo,
Tatsima), on ne se sert que d'un simple dévidoir dont les
quatre bras sont écartés l'un de l'autre de six dixièmes de
pied. On fait ensuite passer les fils de ce petit dévidoir sur
le grand dévidoir (*achoga*) dont les quatre bras ont une distance de sept à huit dixièmes de pied, et on les réunit en
écheveaux qu'on fait sécher.

En Chine, on opère de même sur un dévidoir en bambou que l'on manœuvre à la main et que les dames chinoises emploient avec dextérité.

Nous ne nous arrèterons pas sur ces moyens primitifs
pour aborder directement le filage actuel.

La filature de la soie comprend : les opérations préparatoires et le filage proprement dit.

Opérations préparatoires. — Les opérations préparatoires
comprennent : 1° le baignage, 2° le battage et 3° la purge.
Mais avant de décrire ces opérations, il est indispensable
de dire quelques mots sur les qualités de l'eau employée
dans les filatures.

L'eau par excellence pour la filature de la soie est l'eau
des torrents venant des terrains granitiques ou primitifs.
Les meilleures eaux sont silicieuses ; les eaux calcaires ne
conviennent pas, elles enlèvent à la soie sa souplesse et
rendent le dévidage plus difficile. Nous parlons des eaux
naturelles que le filateur a à sa disposition, car il est bien
évident que l'eau distillée, c'est-à-dire l'eau pure, donne la
plus belle soie, sans incrustation des bassines. Le mieux
serait de recueillir l'eau de pluie et de s'en servir pour l'a-
limentation des bassines ; on obtient de la sorte une soie
brillante, forte et élastique. Dans certaines filatures on
emploie, avec raison, l'eau de condensation de la machine
et de la vapeur de chauffage.

On peut aisément calculer la quantité d'eau nécessaire à une filature, en comptant qu'il en faut 25 litres par bassine et par jour.

Nous devons nous élever contre l'implacable routine, qui consiste à filer avec de l'eau croupie ou avec de l'eau dans laquelle on a exprimé les chrysalides. On n'obtient que de la soie terne, duveteuse et sale. Cet usage ancré en France tend à disparaître des bonnes manufactures.

On ne doit filer qu'à l'eau claire et pure ; on doit renouveler l'eau des bassines trois à quatre fois par jour et surtout ne pas mettre en communication les bassines batteuses avec les bassines fileuses, parce que leur eau est toujours plus sale. Nous avons vu dans certaines filatures, le filage s'effectuer dans un courant d'eau et obtenir de la soie extra-belle ; nous ne pouvons qu'applaudir à cet ingénieux système et faire nos vœux pour qu'il se généralise.

Baignage. — Les cocons, avant d'entrer à la filature, sont laissés à l'humidité pendant un jour pour les préparer, mis dans des paniers et envoyés aux fileuses. La baigneuse prend une ou deux poignées de cocons et les jette dans une bassine renfermant de l'eau chauffée à 85° environ au moyen d'un jet de vapeur. Elle les fait plonger et tremper dans l'eau à l'aide d'une écumoire pendant 3 à 4 minutes. Ce baignage les humecte et commence le ramollissement du grès. On a rendu le baignage plus expéditif par différents moyens. Ainsi les cocons sont placés dans des paniers en cuivre étamé et ces paniers sont disposés sur une étagère pouvant en contenir 6, puis on plonge cette dernière 4 à 5 minutes dans l'eau chaude et on la retire au moyen de deux chaînes passant sur une poulie. D'autres fois la bassine a 2 mètres de long sur 25 centimètres de hauteur et 25 centimètres de largeur et possède une inclinaison de 25 centimètres. Elle est demi-cylindrique et porte dans toute sa longueur une vis d'Archimède de même longueur. Elle renferme de l'eau chauffée à 90° au moyen de la vapeur ; cette eau est constamment renouvelée par un tuyau d'eau froide arrivant par le fond, du côté le plus bas, et l'eau sale est évacuée par un trou situé au fond, vers la partie la plus haute. On met les cocons dans une trémie située à l'extrémité la plus basse ; ils sont immédiatement remontés vers le haut en passant par toutes les spires de la vis qui tourne à raison de deux tours par minute, et tombent dans un panier. La durée du trajet est de 4 minutes. Pendant leur passage. les cocons sont retournés sous toutes les faces et baignés uniformément. La machine est continue, en alimentant constamment la trémie. Une machine semblable baigne 6 à 8.000 cocons à l'heure.

Le baignage ne doit pas être prolongé au-delà de cinq minutes, sans quoi les cocons craignent de couler au fond. lors de la filature.

Battage. — Le battage s'exécute de plusieurs manières, à la main et mécaniquement. On est encore à la recherche d'une méthode rationnelle de battage, et nous croyons le problème d'autant plus difficile à résoudre, que chaque cocon demande un battage spécial. C'est la même cause qui a empêché les batteuses mécaniques de se propager, parce qu'il est impossible qu'elles remplacent l'intelligence de l'ouvrière batteuse.

Autrefois le battage se faisait par la fileuse dans la même bassine que celle du filage ; mais, aujourd'hui, en raison des difficultés présentées par le battage et du degré de perfection auquel on désire arriver, le battage est confié à des ouvrières spéciales et habiles chargées de surveiller les fileuses.

La batteuse plonge 20 à 25 cocons dans une bassine ronde ayant 50 centimètres de diamètre sur 10 centimètres. de profondeur. L'eau de la bassine est chauffée à 75° pour les cocons épais; 60° pour les cocons minces et 50° pour les cocons duveteux. La batteuse prend ensuite son *escopette*, petit balai de bruyère et de jonc, la pose au centre du tas de cocons et le promène du centre à la circonférence, en leur imprimant un mouvement de rotation. En outre, elle les frappe doucement pour leur enlever le duvet ou *frisons*. Le but du battage est de feutrer les brins qui s'attachent au balai.

Lorsque tous les cocons sont attachés au balai, la batteuse saisit les brins de soie, les détache et les tire jusqu'à ce que les frisons soient enlevés. Ce second temps du battage est la purge.

La pratique du battage ne peut s'acquérir que par l'expérience. Il y a un juste milieu duquel il ne faut s'écarter que le moins possible et qui est un peu différent pour chaque espèce de cocons. Si le battage est imparfait ou pas assez énergique, la bourre restera mêlée au fil pendant le filage, et on n'obtiendra qu'un fil duveteux. Si au contraire il est trop énergique, on enlèvera avec le balai une certaine quantité de bon fil qui se trouvera mélangée avec le frison en pure perte.

Le poids des frisons varie entre 20 et 25 pour 100 de celui de la soie.

Les batteuses mécaniques n'ont pas encore donné de résultats satisfaisants pour les raisons que nous avons données plus haut. Le meilleur système que nous ayons vu est celui que construisent les chantiers de la Buire, à Lyon. Un balai rond, animé d'un mouvement circulaire de va-et-vient au-dessus des bassines, résume l'action des batteuses mécaniques. Un arbre horizontal commande le balai; il est mis en action par un excentrique. Le balai s'arrête de lui-même lorsque le battage est terminé et avertit ainsi la batteuse de changer les cocons.

La réussite du battage dépend : 1° De la température de

l'eau ; 2° de la régularité de cette température ; 3° de l'égale répartition de la chaleur à tous les cocons ; 4° toutes choses égales d'ailleurs de l'habileté de l'ouvrière.

Dans une filature on compte 20 baigneuses pour 50 batteuses et 50 batteuses pour 200 fileuses.

La batteuse est placée devant 4 fileuses.

Systèmes de filature. — Il y a deux systèmes de filature : 1° le système à la tavelle ; 2° le système à la Chambon. Pour former un fil la fileuse réunit la bave de plusieurs cocons et surveille la formation de deux fils dans la même bassine, c'est le filage à deux bouts. Lorsque chacun de ces deux fils se rend séparément sur le tambour, comme le représente la figure 37, on a le filage sur tavelle, beaucoup employé en Italie. En A se trouve la bassine dans

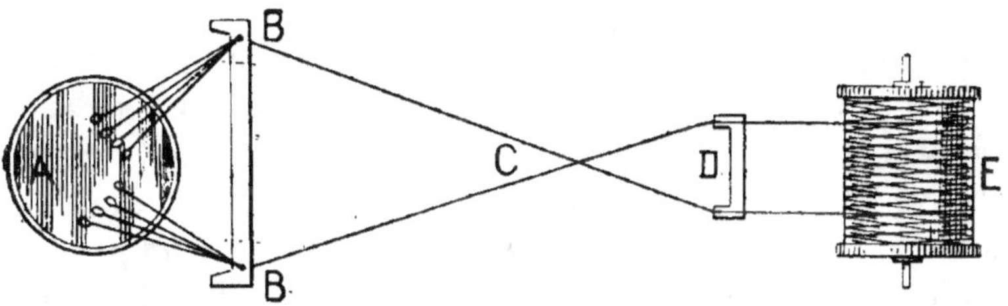

Fig. 37. — Filage sur tavelle.

laquelle se trouvent deux groupes de cocons passant dans les filières B ; les fils se croisent en C, se rendent séparément dans les larbins du va-et-vient D qui les distribuent sur le tambour E. Ce système a l'avantage d'épargner les mariages et de donner moins de déchet.

Le système à la Chambon, du nom de l'inventeur, consiste à tordre les fils ensemble avant de les enrouler sur l'aspe comme l'indique la figure 38. En A se trouve la bassine dans laquelle se trouvent deux groupes de cocons dont les baves passent par les filières BB et forment les deux fils que l'on tord ensemble sur une certaine longueur en C.

Les deux fils passent, après s'être séparés, dans le *brise mariage aa* dont nous verrons plus loin l'usage ; ils se rendent ensuite dans les larbins du va-et-vient D et s'enroulent sur le tambour E.

La croisure des fils les fait frotter l'un contre l'autre, ils

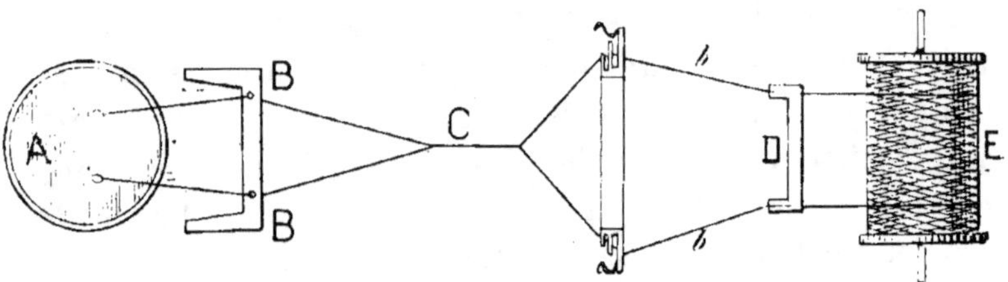

Fig. 38. — Filage à la Chambon.

s'arrondissent et se lustrent. Ces avantages l'ont fait adopter presque partout en France. Il présente un élément de contrôle d'uniformité des fils des plus facile. Lorsque les deux fils sont égaux et de même force. le croiseur C se trouve à égale distance des filières BB ; lorsqu'au contraire, un fil est plus mince que l'autre, par suite de manque de baves d'un ou plusieurs cocons, la croisure se déplace du côté du fil le plus fort ; la fileuse et le surveillant sont ainsi avertis.

A côté de ces avantages il présente un inconvénient sérieux : la torsion que subissent les deux fils, leur donne une certaine tension qui les fait rompre facilement. Or, lorsqu'un fil se rompt, il est entraîné par l'autre et produit ce qu'on appelle un *mariage* ; il suffit, il est vrai, pour remédier à cet accident d'arrêter l'aspe, mais, comme l'ouvrière ne s'aperçoit pas toujours du défaut au moment où il se produit, il faut qu'elle tourne l'aspe en arrière pour rechercher l'origine du mal d'où perte de temps, et qu'elle casse du bon fil pour renouer l'autre, d'où perte de soie.

Pour comparer les deux systèmes nous donnons le temps

employé par les deux systèmes pour filer 1 kilog de soie et le rendement :

Temps employé pour filer à 2 bouts 1 kilog de soie :

Système à la Chambon 5 jours 8 heures
»   sur tavelle   5 » 4 »

Rendement : poids de cocons employé pour filer 1 kil. de soie :

Système à la Chambon 4 kil. 662
»   sur tavelle   4 » 738

Le système à la Chambon donne 1/2 pour 100 de plus de déchets.

Voici maintenant les qualités de la soie obtenue par ces deux systèmes :

	Titre	Tenacité	Elasticité
Système à la Chambon	10.81	44	152
» sur tavelle	11,39	42	160

Méthode de filage. — Nous allons donner les détails de la filature de soie à la Chambon : ce que nous dirons s'applique également au système sur tavelle qui en diffère peu, comme nous venons de le voir.

Occupons-nous d'abord de l'appareil.

L'appareil qui sert au filage ou tirage de la soie se nomme *tour*. Les tours sont de différents systèmes, mais ils se composent tous essentiellement :

1º D'une bassine à eau chaude dans laquelle trempent les cocons ;

2º D'une filière pour réunir les baves en un seul brin de grège ;

3º D'un appareil croiseur ;

4º D'un coupe-mariage (cet organe n'est pas essentiel) ;

5º D'un va-et-vient pour distribuer le fil sur l'aspe ;

6º D'un dévidoir ou *aspe* ou encore *asple*.

La figure 39 représente l'ensemble d'un tour moderne.

La bassine A mesure 40 centimètres de diamètre et 10 centimètres de profondeur. Les mieux disposées sont ovales ou demi cylindriques. L'eau de la bassine est chauffée

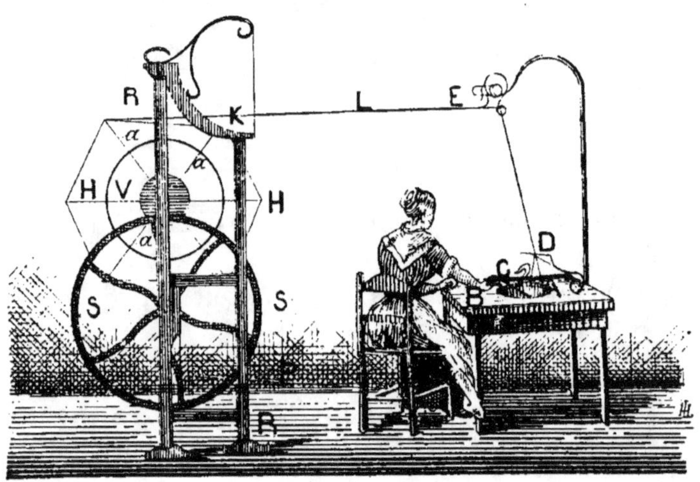

Fig. 39. — Tour pour le filage de la soie.

par un tuyau de vapeur percé pour qu'il y ait barbotage. Dans quelques filatures bien installées des bassines sont chauffées au moyen de petits serpentins avec retour de l'eau condensée à la chaudière. La bassine est rapportée par une table B en fonte, ayant le platelage (dessus) en laiton, en cuivre ou en fer blanc ; le bois est écarté de la construction de ces tables parce qu'il se courbe trop à l'humidité. On établit des bancs en briques et ciment et les bassines en terre vernissée.

L'eau des bassines est chauffée à la température de 50° pour les cocons ordinaires, de 45° pour les cocons minces et 40° pour les cocons duveteux. La fileuse est assise sur une chaise dont le dossier est tourné de côté comme le représente la figure, pour que la bassine soit mieux à sa portée, parce qu'elle ne peut mettre ses jambes sous le banc qui est trop bas. Elle prend les cocons par les frisons, de la main gauche, ou les attache à un petit goujon de cuivre C fixé à la bassine. M. Fougeirol des Ollières, pour éviter que les cocons ne se détrempent trop dans ces conditions et ne coulent, adapte une grille à bascule à ses bassines qui permet de supporter les cocons hors de l'eau ou de les faire plonger.

La fileuse prend 3. 6 ou 8 cocons, suivant la grosseur de la grège à obtenir et fait passer leur bave dans la filière D située à 7 centimètres au-dessus du niveau de l'eau ; elle forme ainsi un fil. Avec un même nombre de cocons elle forme le second fil. Ces deux fils se rendent à deux porte-fils en verre E à 80 centimètres au-dessus du banc et séparés par un espace de 60 centimètres.

Il y a quelques années à peine, l'ouvrière donnait la croisure à volonté, mais aujourd'hui il se trouve entre les deux porte-fils un croiseur qui fait subir, au début, une torsion, de 150 à 200 tours aux deux fils. Les fils se rendent ensuite sur l'aspe IIII, placé derrière l'ouvrière, à 1^m,25 du banc où ils s'enroulent en écheveau.

Les aspes sont en bois ou en fer et composés de 4 ou 6 bras de 70 centimètres de longueur plantés dans un moyeu comme les jantes d'une roue. Les bras sont réunis par 5 ou 6 côtes rondes en bois, de 30 centimètres de largeur sur lesquelles se formeront les deux flottes. L'aspe est calé sur un arbre horizontal supporté par un bâti léger en bois RR ; il fait 150 à 200 tours par minute. Le mouvement est donné à l'aspe par une poulie de friction SS conduisant une poulie de friction V, plus petite, placée sur l'arbre de l'aspe. Ce mode de transmission du mouvement, permet, en soulevant simplement l'aspe, de l'arrêter complètement ou d'en diminuer la vitesse à volonté, sans gêner les voisins qui continuent à tourner avec leur vitesse normale. Ceci est très important car, à tout moment, la fileuse a besoin de régler la vitesse du tour pour obtenir un travail régulier. Elle le fait facilement en appuyant avec le pied sur la pédale P qui soulève immédiatement l'arbre de l'aspe, ou encore au moyen d'une poignée, située à sa portée, et d'une corde passant sur des poulies et d'un levier.

En K se trouve le va-et-vient, situé à 20 centimètres de l'aspe, composé d'une tige horizontale mise en mouvement par une bielle et un excentrique. Le même va-et-vient dessert tous les tours placés sur la même ligne. Les deux fils sont guidés par des porte-fils en verre espacés de 20 centimètres. La course du va-et-vient limite la largeur de la flotte qui est de 6 à 7 centimètres. Il est essentiel que les fils, sur le dévidoir, ne se placent pas tous au même endroit : 1° parce qu'on obtiendrait une flotte irrégulière avec broussement des fils, qui donnerait beaucoup de déchets au moulinage et 2° les fils encore humides se colleraient les uns aux autres et le dévidage en serait laborieux. Sur l'aspe des fils doivent être croisés et former de longs losanges. La meilleure disposition est celle dans laquelle le va-et-vient fait une course du temps que l'aspe fait 2/3 de révolution. On a calculé que dans ces conditions, le tour devait faire 70.000 révolutions avant que le fil repasse au même endroit.

Lorsque le tour est muni d'un *brise mariage*, celui-ci se place en L, entre la croisure et le va-et-vient. Il consiste essentiellement en deux cylindres en verre, posés l'un sur l'autre avec un écartement suffisant pour laisser passer un fil uni, mais trop étroit pour qu'un bouchon ou un mariage puisse y trouver place.

Enfin disons encore que souvent l'aspe est placé dans un caisson léger ou recouvert d'un linge pour préserver la soie encore humide de la poussière.

Les fileuses sont disposées sur deux rangs et face à face, et un passage se trouve au milieu où se promène le surveillant. Les aspes d'une même rangée sont commandés par une même poulie.

Une fileuse tire 300 à 350 grammes de soie par jour.

Nous devons signaler un perfectionnement apporté au tour décrit ci-dessus par M. Léon Camel. Nous représentons figure 40 le nouveau métier à filer la soie construit par les Chantiers de la Buire à Lyon qui fonctionnait à l'Exposition Universelle de 1889.

Le banc à tirer A en fonte et platelage en cuivre sup-

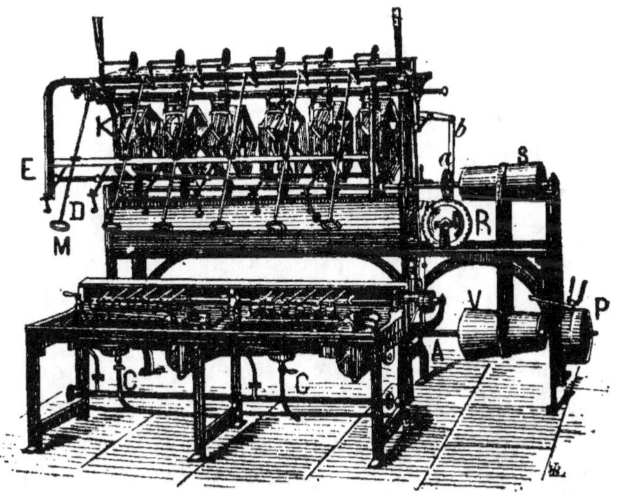

Fig. 40. — Métier à filer, système Léon Camel.

porte les bassines B B, longues et demi-cylindriques pouvant tirer à 4, 5, 6 et 8 bouts. La machine que montre notre gravure possède deux bassines à 6 bouts ; ces bassines sont chauffées à la vapeur arrivant par les tuyaux C C, en dessous du banc. Les filières sont placées à l'extrémité de tiges métalliques que l'on peut reculer ou avancer et qui sont placées en ligne au-dessus des bassines. Les fils, après avoir subi la croisure deux à deux, s'engagent dans les crochets D, du va-et-vient E et s'enroulent sur les aspes K montés sur des arbres séparés et auxquels on communique le mouvement par des poulies à friction calées sur l'arbre L. Chaque guindre peut s'arrêter à la volonté de la fileuse, de la rattacheuse ou de la surveillante, en tirant la tige à poignée M qui lui correspond.

Le mouvement est donné à la machine par la poulie P, qui le communique à la poulie conique V calée sur le même arbre ; la courroie R transmet à la poulie conique S calée sur l'arbre L. Cette disposition permet de faire varier à volonté la vitesse des guindres suivant la qualité de soie à dévider : en reculant ou en avançant la courroie L, on augmente on en diminue la vitesse. L'arbre L porte un pignon denté *a* engrenant avec la roue dentée *m* portant un excentrique et une bielle *b* qui actionne le va-et-vient E. Ce métier à filer tient peu de place et tous ses organes sont en vue et à portée de la main. Une ouvrière surveille une bassine et produit 600 à 700 grammes de soie par jour.

Le rôle de la fileuse consiste à maintenir à chaque fil composé passant par la filière le même nombre de cocons pour que la grosseur ne varie pas. Lorsqu'une bave se casse, si le cocon commence seulement à se dévider, elle saisit la bave entre le pouce et l'index et la mêle aux autres, elle se trouve aussitôt collée et entraînée par la vitesse du fil. Lorsqu'un cocon cesse de se dévider elle le remplace immédiatement par un autre mis en réserve. Avant de plonger ses doigts dans l'eau bouillante la fileuse se les rafraîchit dans un vase plein d'eau froide placé à proximité de la bassine. Une petite corbeille reçoit les déchets, les cocons dont le fil est trop mince parce qu'ils approchent de la fin. les cocons noyés, etc.

La salle d'une filature doit se trouver à l'entresol, elle

doit être bien éclairée et bien aérée ; elle doit être en outre à l'abri du soleil et du vent, ses dimensions sont proportionnelles au nombre de bassines, mais il faut compter 8 à 9 mètres de largeur par double rangée de tours. Les grandes filatures se construisent de 60 à 200 bassines.

On doit mettre la salle de filature à l'abri du *brouillard*. Le brouillard résulte de la condensation de la vapeur d'eau qui s'élève des bassines en présence de l'air froid. Le brouillard ne se manifeste guère qu'en hiver. Il a deux inconvénients : 1° d'empêcher la surveillance ; 2° de faire perdre à la soie son brillant et la coller sur l'aspe. On enlève le brouillard par une bonne ventilation et le chauffage de la salle de la filature.

La flotte étant d'une grosseur suffisante, 2,500.3,000 fils environ, on enlève l'aspe du tour et on le remplace par un autre. On laisse sécher la soie un jour dessus, on l'enlève, on la plie et on la pèse.

Voici quelques données sur les prix de revient de la soie filée :

Prix des cocons le kilog. fr.	4,60
Rendement, quantité de cocons nécessaires pour filer 1 kil. de soie. kil. . .	15.80
Quantité de cocons secs pour filer 1 kil. de soie. kil.	4,00
Frais de tirage de 1 kilog. de soie grège. fr.	22,73

Ces frais sont ainsi décomposés :

Main-d'œuvre et directeur. . . .	16.72
Combustible et éclairage. . . .	2.40
Loyer..	2.29
Divers.	1.32

Bas produits qui donnent un bénéfice par kil. de soie grège de fr. 9,07.

Ainsi décomposé : Frisons. 6,30
Doubles. 1,60
Bassines.. 1,17

Les frais nets s'élèvent donc à fr. 13,66
Prix de revient de 1 kil. de soie. 86,66

Il y a 16,000 bassines en France et 75,000 en Italie.

Uniformité du fil de soie. — L'expérience a permis de constater que la bave du cocon avait un diamètre décroissant depuis l'intérieur. Pour démontrer que le fil de soie a un volume décroissant, on a formé un fil de 7 cocons que l'on a dévidé en 7 écheveaux de 120 mètres chacun ; ces écheveaux pesés on a trouvé que :

Le premier	pesait	60	milligrammes
Le second	—	56	—
Le troisième	—	51	—
Le quatrième	—	45	—
Le cinquième	—	42	—
Le sixième	—	40	—
Le septième	—	36	—

Robinet a constaté que du premier au dernier écheveau la différence était de 50 pour 100.

Pour démontrer le même fait, Duseigneur a confectionné trois grèges avec les cocons d'une même race. La première formée de 5 cocons neufs titrait 14 deniers ; la seconde formée de cinq demi-cocons titrait 11,5 deniers et la troisième formée de 5 telettes (veste moelleuse) titrait 5 deniers. Cependant si on examine le fil au microscope on lui trouve un diamètre sensiblement égal en toute longueur, sauf dans la dernière veste ou pelotte où il est moitié plus fin. Ce diamètre est de 2/100 de millimètre.

Ces deux observations sont donc en contradiction, mais en voici l'explication. Le ver émet une bave de diamètre uniforme pendant les 6/7 de son travail, mais au fur et à

mesure que le réservoir soyeux se vide, les muscles agissent moins énergiquement sur lui et la bave sort avec une
densité proportionnellement moindre. La densité de la
bave de soie diminue progressivement de l'extérieur à
l'intérieur du cocon. Pour le démontrer nous avons filé un
bout à 5 cocons et nous en avons fait 6 écheveaux de 125
mètres et nous leur avons trouvé la densité suivante :

1er.	1,442
2e.	1,420
3e.	1,400
4e.	1,385
5e.	1,360
6e.	1,320

Il résulte de la diminution de densité, que le fil, sous
l'effort du tour, diminuera de diamètre au fur et à mesure
que sa contexture deviendra moins serrée. Ceci est tellement vrai que la densité du fil travaillé sur le tour est sensiblement la même sur toute sa longueur. Un fil à 5 cocons
divisé en 6 flottes nous a donné :

1er.	1,430
2e.	1,430
3e.	1,425
4e.	1,422
5e.	1,420
6e.	1,410

D'après cela on comprend aisément les difficultés de la
filature d'un brin de même diamètre. L'ouvrière doit maintenir dans chaque bout la même proportion dans les brins,
en employant des cocons qui ne soient pas tous dévidés au
même point. C'est d'ailleurs ici que doit se rencontrer toute
la patience et la dextérité de la fileuse, ce qui a fait dire à
M. Alcan : « C'est presque un axiome de l'industrie séricicole que la fileuse est tout et l'instrument peu de chose. »

Défauts du filage. — Les défauts de la soie filée proviennent de deux causes : 1° Des défauts naturels et des défauts de main-d'œuvre.

Les défauts naturels dépendent de la manière dont le ver a formé les paquets constituant les vestes soyeuses du cocon. Le développement complet du paquet dépend essentiellement de 4 causes :

1° De la multiplicité des soudures ;

2° De la disposition de ces soudures :

8° De la quantité de grès que renferme le cocon ;

4° De la qualité du grès.

Les deux premières conditions du développement, concourent à la formation du *duvet*. Les imperfections de main-d'œuvre contribuent à la formation de *bouchons*, de *duvets libres*, de *vrilles*, de *mariages*, de *soudures*. Nous allons examiner séparément ces défauts.

Duvet fixe. — Le duvet fixe provient du développement incomplet du paquet. Le duvet n'est, comme nous l'avons dit, que le fractionnement du paquet ; 20 duvets forment un paquet complet. Le duvet n'a ordinairement qu'une seule soudure ; lorsqu'il en a deux, trois, ou que la soudure se prolonge démesurément et la traction s'exerçant dans le sens de l'axe de la bave, le duvet ne se dessoude pas, suit la bave jusqu'à ce qu'il rencontre celle des autres cocons formant le fil de grège, il se joint à eux et reste fixe et forme le défaut représenté figure 41.

Fig. 41. — Duvet fixe.

Duvet libre. — Le duvet libre provient de la trop grande longueur de bave jetée au milieu des brins composant le fil

principal en remplacement de celui ayant cessé de se dévider. L'extrémité demeure flottante et la soudure ne com-

mence qu'à un ou plusieurs millimètres, comme le re-
présente la fig. 42.

On atténue les inconvénients du duvet libre par la croisure, dans le

Fig. 42. — Duvet libre.

système à la Chambon, qui force les *jetées* à se souder au
fil. Mais ce système de croisure a fait naître une autre im-
perfection : la *vrille*.

Vrille. — La vrille provient de ce que la jetée
rencontre l'angle infé-
rieur de la croisure et
n'y passe qu'après s'être
rebroussée, autour du fil
général, sur une lon-
gueur de plus de cinq

Fig. 43. — Vrille.

centimètres. Si ce rebroussement coïncide avec un mouvement de torsion, le duvet serpente autour du fil général,
comme le montre la figure 43, comme une vrille.

Mariage. — Nous avons expliqué ce qu'était le mariage
dans le système de filature à la Chambon. Lorsque par
suite de la tension produite par la croisure un des fils se
casse, toujours près de l'angle supérieur, l'extrémité libre
se soude au fil en tension et produit le mariage représenté
figure 44.

Bouchon. — Le bouchon est formé par l'application sur
le fil d'un ou plusieurs paquets non développés. Ce défaut
se produit par le baignage inégal des cocons, le grès se
trouvant insuffisamment ramolli en certains endroits, les

paquets montent sans être dessoudés et arrivent feutrés à la filière où ils forment *bouchon*, figure 45. Cet accident est aussi très fréquent dans le cas des cocons doubles. On ar-

Fig. 44. — Mariage.   Fig. 45. — Bouchon.

rive à développer le bouchon sous forme d'anse de 4 à 20 centimètres que l'on casse et on continue le travail.

Soudures. — Toutes les baves concourant à la formation du même fil de grège doivent être soudées uniformément sur toute leur longueur et ne pas présenter des anses que l'on nomme *morts-volants*. C'est un avantage du système à la Chambon de produire peu de morts-volants par suite de la croisure.

Tels sont les principaux défauts que l'on rencontre dans les grèges :

Déchets. — Les cocons donnent au dévidage :

    Soie grège . . . . 8.56 0/0.
    Bourre et frisons. . . . 2,567
    Cocons doubles et bassinés. 0,50
    Déchet sur l'aspe. . . . 0,10

Les cocons bassinés sont des cocons épuisés, ne contenant plus que la bourette ou pelette ou veste molleuse.

Ces déchets servent à faire la soie fantaisie comme nous l'expliquerons plus loin.

Procédés divers. — Au Japon, pour dévider les cocons du chêne. on leur fait subir un bain de lessive nommé *sabo-aku*, faite avec les cendres de la paille de sarrazin ou un bain de *ki-aku*. potasse retirée des branches et feuilles vertes brûlées.

Les alcalis en général favorisent le dévidage, mais il faut

les employer en très petite quantité. Ainsi pour le dévidage des soies sauvages il est bon d'ajouter dans l'eau de la bassine demi à 1 pour 100 de carbonate de soude.

Pour le dévidage des cocons ouverts, on emploie des bassines portant une toile métallique en cuivre à fleur d'eau, de façon à maintenir les cocons à moitié baignés dans l'eau.

Nous avons vu employer le filage à sec des Chinois. Les cocons sont maintenus 5 minutes dans une boîte où on fait arriver de la vapeur saturée, ils sont ensuite placés dans une bassine à double fond au fond de laquelle on maintient de l'eau en ébullition par un jet de vapeur.

Production de la soie grège.

Voici, d'après le *Syndicat des marchands de soie de Lyon*, la statistique générale de la production de la soie pendant les cinq dernières années.

PRODUCTION EN SOIE GRÈGE

	1884	1885	1886	1887	1888
	KIL.	KIL.	KIL.	KIL.	KIL.
France........	483.000	535.000	677.000	717.000	898.000
Italie.........	2.810.000	2.457.000	3.188.000	3.476.000	3.566.000
Espagne......	85.000	56.000	52.000	78.800	83.000
Autriche-Hong	142.000	168.000	217.000	264.000	307.000
TOTAUX...	3.520.000	3.216.000	4.134.000	4.535.000	4.754.000
LEVANT					
Anatolie :					
Brousse...... } Autres localit. {	185.000	172.000	206.000	188.000	170.000
Salonique Volo } Andrinople .... {	95.000	100.000	125.000	135.000	120.000
Syrie.........	230.000	256.000	233.000	340.000	231.000
Grèce.........	20.000	20.000	20.000	20.000	18.000
TOTAUX.....	530.000	548.000	584.000	683.000	539.000

ASIE CENTRALE					
Caucase (1).....	200.000	75.000	93.000	55.000	50.000
EXTRÈME ORIENT (2)					
Chine : Exp. de Shanghaï...	2.695.000	2.631.000	2.387.000	2.459.000	2.256.000
Chine : Exp. de Canton.....	774.000	715.000	1.357.000	1.411.000	695.000
Japon : Exp. de Yokohama..	1.346.000	1.372.000	1.478.000	2.217.000	2.400.000
Indes : Exp. de Calcutta....	861.000	760.000	781.000	791.000	1.011.000
	5.676.000	5.478.000	6.003.000	6.878.000	6.362.000
Tot. généraux.	9.926.000	9.317.000	10.814.000	12.151.000	11.705.000

(1) Y compris les soies consommées dans le pays ou expédiées en Russie.

(2) Y compris les exportations à destination de l'Amérique et de Bombay.

CHAPITRE VIII

FILAGE DES DÉCHETS DE SOIE

Les déchets de soie sont très nombreux et produits par des causes fort différentes les unes des autres. Voici les principaux :

1º La *blaze* ou fils de soie servant à envelopper et à accrocher le cocon ;

2º Le *frison* ou duvet soyeux qui enveloppe le cocon et que l'on détache par le battage ;

3º La *telette* ou veste intérieure du cocon ;

4º Les *cocons bassinés* ;

5º Les *cocons percés* pour le grainage ou accidentellement.

6º La *bourre* provenant de la filature et du moulinage des soies.

7º Enfin nous ajouterons à cette liste toute la classe des cocons sauvages ne pouvant être filés par la méthode directe.

Le mode de traitement de ces déchets est identique à celui que l'on fait subir à la toison pour l'amener à l'état de fil continu. Voici la suite des opérations qu'ils doivent supporter :

1º Le décreusage ;

2º Le battage ou l'épaillage ;

3º Le peignage et le cardage ;

4° Le filage ;

5° Le gazage.

Décreusage. — Le décreusage s'effectue de quatre manières : 1° avec l'eau seule ; 2° avec le savon ; 3° avec de l'eau
alcaline ; 4° par fermentation ; 5° mécaniquement.

1° Le décreusage à l'eau seule consiste à faire bouillir les
déchets de soie avec de l'eau pendant 2 heures dans un la-
voir ayant 2 mètres 50 de long, 0^m.75 de large et 50 centimètres de hauteur et pouvant contenir 100 kilos de déchets.
Un arbre muni de palettes remue constamment les déchets.
Le décreusage terminé on exprime la masse entre deux cylindres. On décreuse ainsi 300 kilos dans 12 heures.

Les déchets perdent 12 pour 100 de leur poids environ.

2° Le décreusage au savon se fait de même en employant
10 kilos de savon par 100 kilos de soie. Ce procédé n'est
employé qu'exceptionnellement pour certains déchets.

3° On emploie presque généralement aujourd'hui le décreusage à l'eau alcaline. Dans de grandes cuves en maçonnerie de 4 mètres de longueur, 1 m. 50 de largeur et
0 m. 75 de hauteur, on met 300 kilos de déchets de soie
que l'on recouvre avec de l'eau alcaline renfermant 2,5
pour 100 de soude caustique du commerce. Un tuyau de
vapeur porte la température du bain à 80°, laquelle doit
être maintenue pendant une heure environ. De temps à
autre, un ouvrier monté sur le bord de la cuve harponne
les déchets et les change de place. Les déchets sont ensuite
égouttés puis essorés. Les déchets perdent de 15 à 18 pour
100.

4° Dans quelques usines marchant à l'ancien système, le
dégommage se fait par fermentation produite en accumu-
lant les matières dans une cuve et en les y laissant, pendant quelques jours, soumises à l'action de la chaleur humide. Dans ces conditions, les débris de chrysalide et de
grès se décomposent rapidement. Lorsqu'on juge la dé-

composition suffisante on rince les matières soyeuses à
grande eau. Les déchets perdent ainsi 10 à 12 pour 100.
Malgré les prétendus avantages qu'offre ce système, il doit
être rejeté pour son insalubrité et la mauvaise odeur que
conservent les débris soyeux.

5° On s'en tient aujourd'hui au décreusage à l'alcali que
différentes usines ont rendu mécanique, soit par l'emploi
d'agitateurs appropriés, soit par circulation de la liqueur
alcaline au moyen d'un jet de pompes, soit par l'emploi
du *turbulent* (caisse tournant sur un de ses angles). Ces appareils sont assez connus pour que nous n'ayons pas à
nous y arrêter plus longtemps ; par contre, nous donnerons
la description d'un procédé tout récent et basé sur un principe nouveau. Nous voulons parler du *système flush-flume*
de Hodgson, propriété de l'International Wool Improving
Co. de Boston. La figure 46 représente l'ensemble de l'ap-

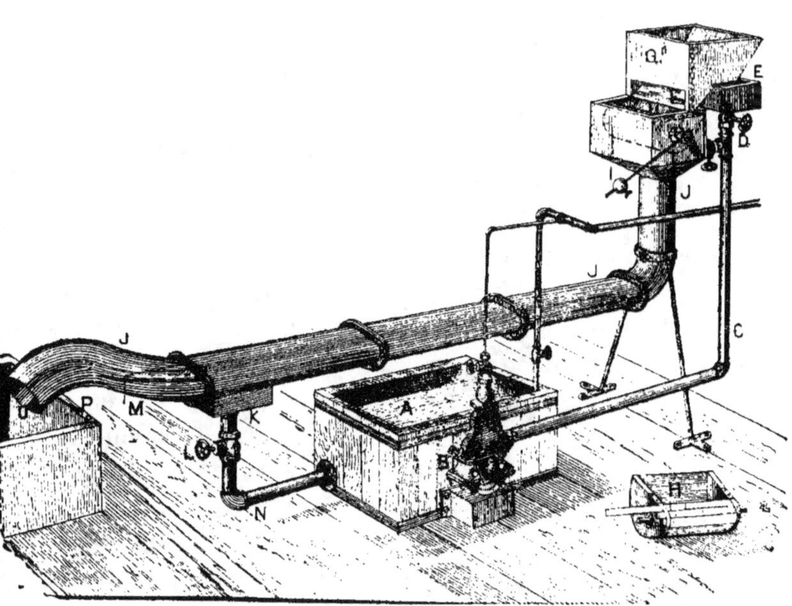

Fig. 46. — Appareil *Flush-flume* pour décreuser les déchets.

pareil. La solution alcaline à 2,5 ou 3 pour 100 contenue dans la cuve A est refoulée par le pulsomètre B, dans le conduit C, la soupape D, dans l'auge E ; elle déborde par la pente F. et entraîne les déchets tombant de la boite G, dans la boîte à bascule H. Celle-ci déverse dans le tuyau (*flume*) JJJ, où a lieu avec une parfaite précision une double action de liquide : 1° un courant continu, par la soupape D peignant les déchets dans le même sens ; 2° un flot intermittent (*flush*) quand bascule la boîte H. Chacune de ces pulsations projette de 6 pouces environ le lot de déchets qu'elle emmène. Le lot précédent se trouve refoulé d'une distance égale et ainsi des autres jusqu'à ce que les déchets atteignent l'orifice O. Le liquide exprimé, les déchets tombent dans un autre appareil semblable pour subir un second traitement à l'eau claire. Le trop-plein du liquide et le sable filtrent par des perforations dans le récipient K. La soupape L règle le niveau M, et la solution rentre par le conduit N dans la cuve A pour être reprise par le pulsomètre B. Le liquide alcalin est chauffé à 80°.

Les déchets rincés sont séchés dans une chambre de 15 mètres de longueur, 1 m. 50 de large et 2 mètres de hauteur, chauffée par des tuyaux de vapeur à la température de 80 degrés. Les déchets vont sur 5 ou 6 toiles sans fin, en fil de laiton, les unes au dessous des autres et se mouvant en sens inverse les unes des autres. La commande se fait par le moyen de disques de friction. Un ventilateur de 500 millimètres de diamètre, tournant à raison de 1000 tours par minute et dépensant 0. 5 cheval vapeur, renouvelle constamment l'air de l'étuve. La durée du séjour des déchets dans l'étuve est de 30 minutes. Avec une dépense de 250 kilos de coke, on sèche 1000 à 1200 kilos de déchets en 12 heures.

Battage. — Le battage a pour but d'ouvrir les déchets et les débarrasser par voie sèche du sable et de la poussière ;

il se fait avec des machines dites *batteuses*. Elles se composent d'un tambour de 0ᵐ 50 de diamètre portant 6 barres de battage de 0ᵐ 25 de longueur disposées en spirale autour qui a 1ᵐ 80 de longueur. Le tambour fait 300 tours par minute. Il travaille dans une grille concentrique à une ou deux séries de barreaux concentriques au travers desquels passent les impuretés à expulser. Les déchets y sont amenés par une toile de 50 centimètres de largeur et deux cylindres cannelés d'alimentation de 12 centimètres de diamètre faisant 12 tours par minute. Avec une dépense de 1,15 cheval vapeur, on bat 1000 kilos de déchets en 12 heures.

Les batteuses présentent un inconvénient extrêmement grave pour la santé des ouvriers : elles rendent l'atmosphère tellement chargée de poussières qu'elle devient irrespirable. Les ouvriers sont obligés de se recouvrir le bas de la figure d'un tissu quelconque pour respirer plus aisément et de sortir de l'atelier de temps en temps pour respirer de l'air pur.

« Pour nous rendre un compte exact de ces poussières dans l'atmosphère d'un atelier, dit M. le docteur Cambassédés dans sa remarquable petite brochure : *Les usines de déchets de soie au point de vue industriel, hygiénique et social* (1), bien que la nature ne peut en être discutée, nous avons voulu nous servir des moyens scientifiques mis en usage dans la recherche des poussières d'une atmosphère donnée.

« Pour cela, nous n'avions pas besoin d'instruments spéciaux et délicats, car ce n'était pas la nature ou la qualité, mais bien la quantité de poussière que nous nous proposions de rechercher. Aussi, pour obtenir une numération moyenne, nous sommes-nous contenté de recueillir ces

____

(1) Montpellier, 1889. Camille Coulet, éditeur.

poussières sur une quantité de glycérine exactement dosée : un centimètre cube contenu dans un verre de montre. Après un séjour de douze heures dans la partie la moins nuageuse des batteuses, nous avons opéré le battage de toute la masse et après en avoir porté une goutte sur le compte-globules Melassez, nous avons pu obtenir une numération à peu près exacte.

« C'est dans une atmosphère contenant, par mètre cube, *760 millions de débris* de poussières de tous genres, que respirent les ouvriers et ouvrières des batteuses. On pourra trouver exagérée une pareille évaluation, mais s'il y a une erreur c'est plutôt en moins qu'elle existe, car nous le répétons, nous n'avons opéré que sur la partie de l'air des salles la moins chargée en poussières.

«.. Pour être moins chargé de poussières, l'air de cette partie de l'atelier, où sont installées les dernières batteuses, n'en est pas moins tout aussi irrespirable ; bien peu d'ouvrières peuvent y résister longtemps. — On fait bien changer de salle les femmes et surtout les jeunes filles ; on les fait travailler une semaine aux petites batteuses, une autre à l'épluchage, mais l'anémie arrive toujours, sous toutes ses formes ; elle promène ses ravages sur ces corps mal nourris et mal entretenus, violemment attaqués dans leurs parties les plus intimes. Si une diathèse quelconque, à l'état latent, vient à se manifester. c'est dans un temps peu éloigné et à un âge peu avancé une nouvelle victime pour la tombe, ou tout au moins une future mère de famille incapable de donner le jour à une nouvelle génération de force moyenne. »

Il conviendrait d'établir une forte ventilation dans ces chambres et de recueillir les poussières dans un collecteur de poussière.

Le mieux serait de séparer les poussières non pas mécaniquement mais chimiquement par l'opération dite *dépail-*

lage employée avec succès pour les laines. Quelques usines ont adopté avec succès ce système, au grand soulagement des ouvriers. Les déchets sont soumis à l'action d'un bain d'acide sulfurique à 4 pour 100 pendant 30 minutes, puis essorés et portées au séchoir à la température de 1000 où a lieu la carbonisation des poussières et des matières végétales qui sont attaquées par l'acide sulfurique tandis que la soie n'est pas altérée. On soumet aussi, avec avantage, les déchets à l'action du gaz acide chlorhydrique.

Peignage et filage. — Le peignage et le filage des déchets de soie se font identiquement comme pour la laine. Ces deux opérations demandant de longues explications pour être compréhensibles et n'étant pas particulières pour les déchets de soie, nous renvoyons aux ouvrages spéciaux pour leur description (1).

Dans les matières textiles ordinaires, on ne fait qu'un peignage ; pour les déchets de soie, pour utiliser complètement cette matière précieuse, on repeigne les brins écartés par le peignage précédent. On fait, ainsi, dans certaines sortes, jusqu'à sept peignages successifs.

Entre le peignage et le filage se place une opération spéciale pour les déchets de soie, nous voulons parler de *l'épluchage.*

Les femmes qui y sont d'habitude employées sont placées dans une obscurité complète, et regardent par transparence, au-dessus de cages vitrées, fortement éclairées, les peignes dont nous venons de parler. Elles étalent sur la glace une poignée de peignes, regardent à travers, et avec des pinces ou avec les doigts enlèvent les derniers débris de tous genres qui peuvent y rester. Dans cette obscurité

(1) Nous nous proposons de publier, dans la *Bibliothèque des Actualités industrielles*, un ouvrage sur l'industrie actuelle de la *laine,* où l'on trouvera décrites avec détail ces deux opérations.

contrariée par un jour intense, les femmes sont sujettes à des lésions iridochoroïdiennes ainsi qu'à des troubles dans les milieux réfringents de l'œil.

Dans ces ateliers existe une atmosphère de poussières nuisible pour les ouvriers qui y restent confinés. « La question des poussières, dit le Dr Cambassédès, sans être aussi importante ici qu'elle l'est pour les ouvriers de batteuse, ne joue pas moins un rôle prépondérant dans la santé des ouvriers. Pour ne pas avoir à en constater dans ces ateliers un dégagement aussi considérable, on ne doit pas moins savoir que, par mètre cube, l'ouvrier cardeur vit dans une atmosphère chargée de *610 millions* de corpuscules de diverses sortes. »

Au sortir de la filature le fil de soie prend le nom de *Schappe* et d'une manière générale celui de *fantaisie*.

Gazage. — Les fils de fantaisie ayant subi les opérations du moulinage que nous décrirons ci-après, sont duveteux et ternes. Le gazage a pour but de débarrasser le fil de fantaisie de son duvet et de lui rendre le brillant de la soie, par son passage dans une flamme produite par la combustion du gaz de l'éclairage.

Il existe beaucoup de machines produisant l'effet demandé. Nous donnerons la description de la plus récente, celle de M. Villain. La figure 47 en montre la coupe longitudinale.

« Le brûleur de ce métier à gazer les fils se compose d'un tube A, de grand diamètre, servant de réservoir d'air et de gaz. Le haut de ce tube est formé de deux plans inclinés se dirigeant l'un vers l'autre et laissant entre eux une fente ou ouverture longitudinale recouverte d'une toile métallique. Le bas est fermé par une culasse C, livrant passage à des tubes concentriques, l'un B, pour le gaz, l'autre D pour l'air comprimé, et munis chacun d'un robinet de débit. Les tubes A, B et D sont indépendants pour faciliter le réglage de leur position respective.

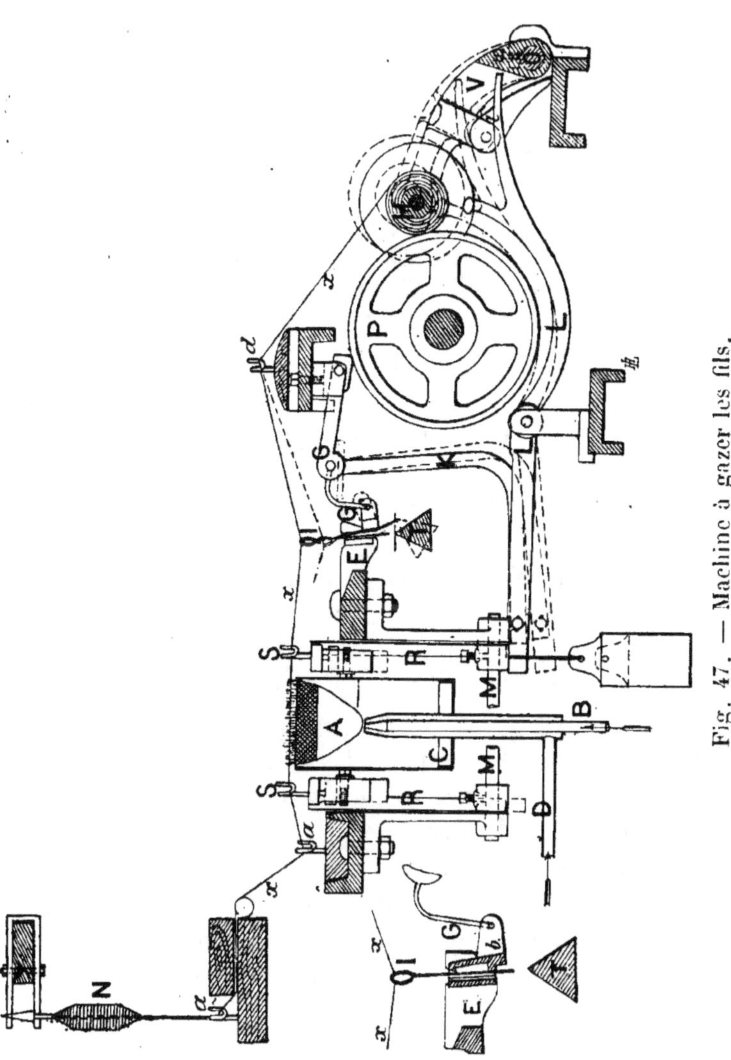

Fig. 47. — Machine à gazer les fils.

« Le fil x qui traverse la flamme de ce brûleur passe dans les guides *a a a* et S S et dans l'aiguille I ; il vient de la bobine N et va s'enrouler sur celle H commandée par la friction du tambour.

Les guides *a a a*, sont fixes, tandis que ceux S S sont montés sur un support mobile R. L'aiguille I est renfermée dans une boîte E, où elle est libre dans le sens vertical ; c'est le fil *a* qui la soutient soulevée lorsque la bobine H est en marche. Lorsque le fil vient accidentellement à casser, cette aiguille tombe et rencontre l'arbre triangulaire T qui, en tournant, presse sur l'aiguille I et fait basculer (tracé ponctué) la boite E qui tourbillonne en *o* sur un support fixe. Dans un mouvement de bascule de la boîte E abandonne le petit levier C, qui s'appuyait sur sa broche *b* et lui laisse la faculté de s'abaisser. Or, comme ce levier est relié par une bielle K au grand levier de débrayage L muni d'un contre-poids, tout le système se déplace (tracé ponctué) et soulève la bobine H montée sur un support V articulé en *o* sur le bâti. Le soulèvement de la bobine a pour effet de l'éloigner de son tambour d'entraînement et, par suite, de suspendre sa rotation. Le fil x se trouve donc arrêté.

D'un autre côté, le support R des guides S S, qui s'appuie sur le grand levier L, n'étant plus soutenu, oscille sur son axe M et éloigne les dits guides de la flamme pour permettre et faciliter le rattachage du fil.

Une fois le fil rattaché, il suffit d'appuyer sur le bouton *l* du levier L. pour que tous les organes qui ont été déplacés reviennent dans leur position primitive de marche figurée en noir (1) ».

Le métier de M. Villain permet, par suite de la grande

---

(1) *L'Industrie textile,* juillet 1889.

vitesse du fil passant dans la flamme, de n'enlever que le duvet sans échauffer les fibres centrales.

Le gazage des fantaisies claires se fait avant la teinture ; le gazage des fantaisies noires se fait après teinture.

CHAPITRE IX

MOULINAGE DE LA SOIE.

Le moulinage a pour objet de transformer le fil de soie grège en un fil ayant une consistance suffisante pour pouvoir supporter la cuite, la teinture et le tissage.

Le moulinage comprend quatre opérations principales :

1° Le dévidage des écheveaux de grège sur des bobines ;

2° Le premier apprêt ou filage ;

3° Le doublage ;

4° Le second apprêt ou orgasinage.

Dévidage. — Le dévidage a pour but de nettoyer la grège, d'enlever les inégalités de rattacher les bouts rompus, etc., et, en outre, de mettre la soie sur bobines ou *roquets*.

Les soies que l'on veut soumettre au dévidage doivent être légèrement humides. A cet effet on les place pendant un jour et une nuit dans une cave fraîche, ou sur une toile tendue au-dessus de baquets remplis d'eau, ou encore dans une chambre dans laquelle on a placé un humecteur d'air.

Lorsque les fils de l'écheveau sont *gommés*, c'est-à-dire se sont collés sur l'aspe, on les dégomme en manœuvrant l'écheveau dans une solution tiède à 1/2 pour 100 de savon de Marseille. Lorsqu'il n'y a que quelques fils, on applique la solution savonneuse avec une éponge sur la partie gommée. Quelques mouliniers ajoutent de l'huile au bain de savon ; c'est une manœuvre frauduleuse qui n'a d'autre utilité que de charger la soie et d'augmenter ainsi le bénéfice du moulinier.

Le dévidage se fait indistinctement à la main ou au moteur. En général le dévidage manuel se fait par les ouvrières dans leur domicile personnel, tandis que le dévidage au moteur se fait dans la fabrique.

Le dévidoir manuel le plus employé est celui de Belly, de Lyon, que nous représentons figure 48. Il se compose d'une table ronde AB, posée sur pivot et pouvant tourner sur son centre. Au dessus de cette table sont disposés 16 guindres CCC à 12 ou 16 bras en bois de 0 m. 75 de longueur, tournant autour d'un axe a, supporté par des poignées à charnières DD, permettant de les incliner soit pour placer l'écheveau, soit pour la surveillance. Sur le pourtour de la table, se trouvent autant de bobines qu'il y a de guindres. Ces roquets sont placés sur un axe et le mouvement leur est communiqué par l'intermédiaire d'une poulie de friction, placée en dessous et qui le reçoivent de la manière suivante. L'ouvrière assise sur son tabouret devant la table, actionne, avec ses pieds, la pédale E suspendue entre deux tiges GG à articulations. Celle-ci transmet le mouvement de translation qu'elle reçoit, par l'intermédiaire du levier H, à l'arbre coudé K portant un croisillon à trois bras L, terminés chacun par une lentille pesante b, qui font office de volant. Sur l'arbre K se trouve calé la roue dentée M, communiquant le mouvement de ce dernier à l'arbre N. Cet arbre porte également un croisillon à trois bras, O, terminé par des lentilles pesantes pour lui conserver son inertie. Sur ce même arbre N se trouve le moyeu P portant 16 rainures ou gorges dans lesquelles passent autant de cordons RR, reposant sur les poulies à double gorge SS, et qui vont transmettre le mouvement de l'arbre aux poulies de friction de roquets. L'une des extrémités des broches des roquets est garnie de drap et s'appuie contre la face de la poulie, disposée obliquement, qui l'actionne ; et c'est le frottement qui en résulte qui fait tourner les roquets. On peut augmenter plus ou moins

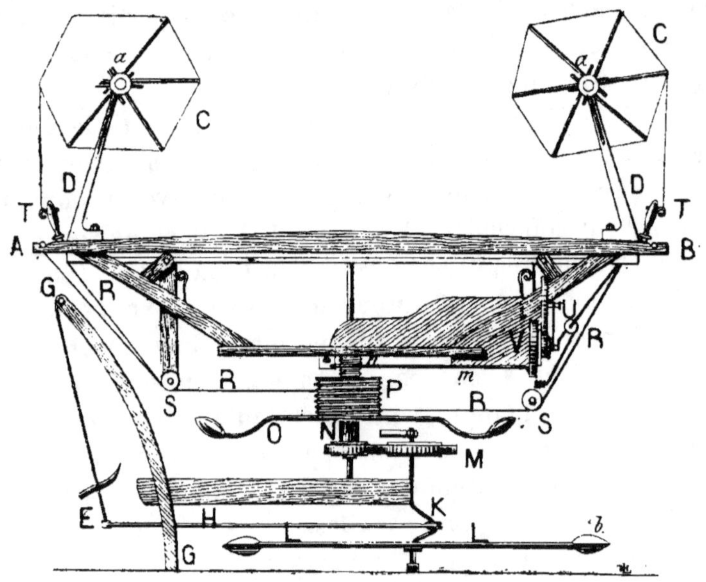

Fig. 48. — Dévidoir Belly.

le frottement en serrant ou desserrant une vis disposée pour cet usage, on active ou on ralentit la vitesse des roquets. Les broches des roquets sont placées sur des coussinets en bois, en verre ou en porcelaine, on donne généralement préférence aux coussinets en verre. Ces coussinets n'ont pas de chapeau, de sorte que lorsqu'on veut arrêter, pour une cause ou pour l'autre, le dévidage momentanément, il suffit de soulever la bobine du côté de la poulie de friction et de poser le tourillon sur les supports du coussinet.

Pour dévider, on place un écheveau sur chaque guindre, on passe l'extrémité des fils dans les *barbins* ou guides TT placés devant chaque bobine et on les fixe sur les roquets après leur avoir fait traverser l'anneau de verre du va-et-vient. On met la machine en marche et aussitôt le dévidage commence sur les 16 bobines. Les guindres doivent faire 15 à 20 tours par minute.

Le mouvement est donné aux va-et-vient de la manière suivante.

D'abord tous les anneaux de verre sont fixés sur un cercle, passant devant les bobines, maintenu par des guides et pouvant tourner à droite et à gauche d'une petite quantité (de la largeur à donner au fil sur la bobine) Ce mouvement alternatif est donné par l'excentrique U, calé sur la roue V, laquelle se trouve sur la tige *m* portant le pignon denté *h* engrenant avec le moyeu P.

L'ouvrière surveille ses 16 roquets sans bouger de place, elle n'a qu'à faire tourner la table AC.

Le dévidage perd de 4 à 8 pour 100 de soie sous le nom de *bourre*.

Les dévidoirs mécaniques sont installés en ligne sur un banc, au nombre de 40 à 50. Le même arbre, actionné par une poulie, met tout les roquets en mouvement par friction. Un ouvrier surveille 20 roquets.

Le dévidage doit être conduit avec intelligence pour éviter la trop grande perte de soie ; c'est pour cela qu'on ne devrait le confier qu'à des personnes expérimentées et non à des apprentis, comme on le fait souvent.

Purgeage. — Le purgeage est une opération que l'on fait subir au fil de grège pour lui enlever tous ses défauts.

On dévide le fil d'une bobine sur une autre, en le faisant passer entre deux pièces en fer recouvertes de drap. Lorsqu'un défaut se présente, il s'enlève de lui-même ou bien le fil se casse ; l'ouvrier enlève le défaut et renoue le fil. Un ouvrier surveille 15 à 20 roquets. Souvent le purgeage n'est pas séparé du dévidage.

Premier apprêt. — Le premier apprêt est la torsion du fil de soie sur lui-même. Autrefois on employait les moulins ronds et les moulins ovales qui étaient des machines défectueuses autant qu'encombrantes. Aujourd'hui les bobines sont placées sur deux rangs parallèles et commandées toutes par la même courroie. Voici le dispositif. La bobine sur laquelle se trouve le fil est placée verticalement sur une tige de fer avec pivot nommée fuseau. Le fuseau est animé d'un mouvement de rotation pendant qu'il s'enroule sur une autre bobine placée au-dessus. La figure 50 représente l'installation, mais à la place du guindre on met une bobine pour le premier apprêt.

L'apprêt est le nombre de tours que l'on donne au fil par mètre. L'apprêt ordinaire est de 300 à 400 tours. Pour varier l'apprêt, on change le mouvement des bobines où s'enroule le fil, les fuseaux faisant toujours le même nombre de tours.

Un ouvrier surveille 500 fuseaux.

Au fur et à mesure que la soie s'enroule sur la bobine, la vitesse de la circonférence de celle-ci diminue par suite de l'accroissement du diamètre. Si les choses restaient dans cet état, l'apprêt augmenterait constamment d'une extrémité à l'autre du fil de soie. Le moulin que Vaucanson construisit en 1755-56 et pour lequel il inventa la chaîne qui porte son nom, donne l'apprêt uniforme. Comme ce moulin fait époque dans l'art de la soie et qu'il a été le point de départ des moulins modernes, nous en donnerons une courte description d'après le rapport que Vaucanson adressa à l'Académie des Sciences, en 1756.

« Les fuseaux sont placés sur deux lignes droites et parallèles. qui peuvent avoir 10. 20 ou 30 pieds de long, suivant la grandeur du lieu.

« On peut mettre plusieurs rangs de fuseaux sur la hauteur du moulin. suivant que le bâtiment est plus ou moins élevé. Tous les fuseaux de chaque rang sont mis en mouvement par une chaîne sans fin, dont les maillons engrènent un petit pignon que porte la tige de chaque fuseau, de façon que, dans le temps que le premier mobile qui conduit les chaînes a fait une révolution, tous les fuseaux du moulin en font un nombre déterminé, et le nombre est aussi invariable que le serait celui des révolutions d'un pignon, qui engrènerait sur une roue dentée ordinaire.

« Les bobines y reçoivent leur mouvement par le même mobile que les fuseaux, mais avec cette différence que leur vitesse diminue à mesure qu'elles se remplissent de soie, toutes les fois que le va-et-vient, par son mouvement de retour, a distribué le fil de soie sur toute la bobine, sa circonférence ou son volume se trouvent augmentés de la grosseur de ce même fil. — C'est aussi à chaque mouvement de va-et-vient que s'opère la diminution de vitesse des bobines, et cela dans la même raison de la grosseur du fil.

« Le va-et-vient n'y reçoit pas son mouvement par une manivelle ; il est produit par la révolution d'une portion de cercle denté qui s'engrène alternativement avec des crémaillères, ce qui rend la vitesse très uniforme, au moyen de quoi tous les pas de l'hélice, formés par le fil de soie sur la bobine, se trouvent parfaitement égaux entre eux et dans tous les temps ; soit que les bobines soient vides ou pleines, au quart ou à la moitié, elles tirent toujours, à chaque tour qu'elles font, une même longueur de soie, pendant que les fuseaux ont tous fait un même nombre de révolutions, d'où il résulte une soie toujours également apprêtée, c'est-à-dire également tordue dans toutes ses parties.

« Le plan du moulin forme un parallélogramme de 16 pieds de long sur 15 pouces de large ; outre que cette forme est beaucoup plus avantageuse pour le service du moulin qui se trouve partout éclairé, elle épargne la moitié du terrain.

« Le travail s'y fait beaucoup plus commodément. Quand il faut augmenter ou diminuer l'apprêt, on est obligé dans un moulin ordinaire de changer soixante-douze pignons. Un seul suffit dans le moulin nouveau pour augmenter ou diminuer la vitesse de toutes les bobines, et par conséquent pour changer tout l'apprêt. »

Aujourd'hui, l'axe des bobines peut monter ou descendre dans une coulisse, et on donne le mouvement par une roue de friction qui frotte sur la soie enroulée, de sorte que la vitesse circonférentielle de la bobine est toujours la même.

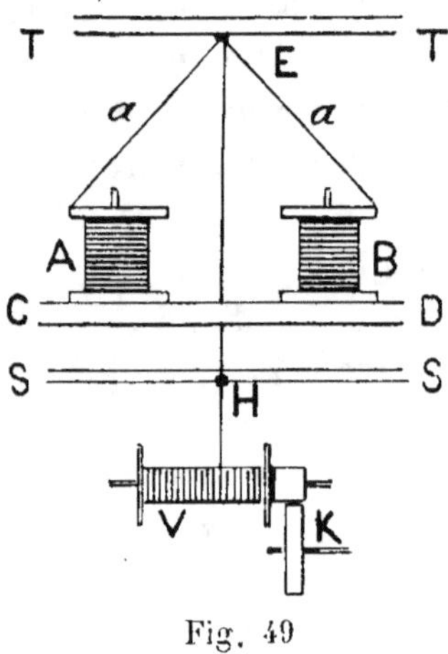

Fig. 49

Doublage. — Le doublage consiste à réunir deux fils de soie (soit simplement purgés, soit filés) sur la même bobine. Les deux bobines de fil A et B sont placées verticalement sur les broches d'un banc CD. Les deux fils *a a* sont élevés verticalement et viennent se réunir à un porte-fil en verre E placé sous une traverse T ; ils redescendent et passent par le barbin H du va-et-vient S qui les distribue uniformément sur la bobine V commandée par la roue de friction K.

L'ouvrier doit veiller à ce que la tension des fils soit uniforme pour les deux bobines et qu'un fil ne vienne pas à se casser. Des machines font elles-mêmes ce travail, c'est-à-dire qu'à l'aide de rouleaux fournisseurs on donne une tension égale aux deux fils et en faisant passer chaque fil dans un barbin à contrepoids, si l'un d'eux se casse, le contrepoids s'abaisse et arrête le mécanisme. Nous verrons la disposition de ce mécanisme ingénieux à propos des métiers à retordre dont nous aurons à nous occuper ci-après.

Un ouvrier surveille 10 roquets.

On fait aussi le filage et le doublage simultanément en disposant les bobines A et B sur des fuseaux auxquels on imprime un mouvement de rotation déterminé. Des machines anglaises sont basées sur ce principe.

Deuxième apprêt. — Le deuxième apprêt se donne comme le premier, mais en sens inverse, au moyen du moulin re-

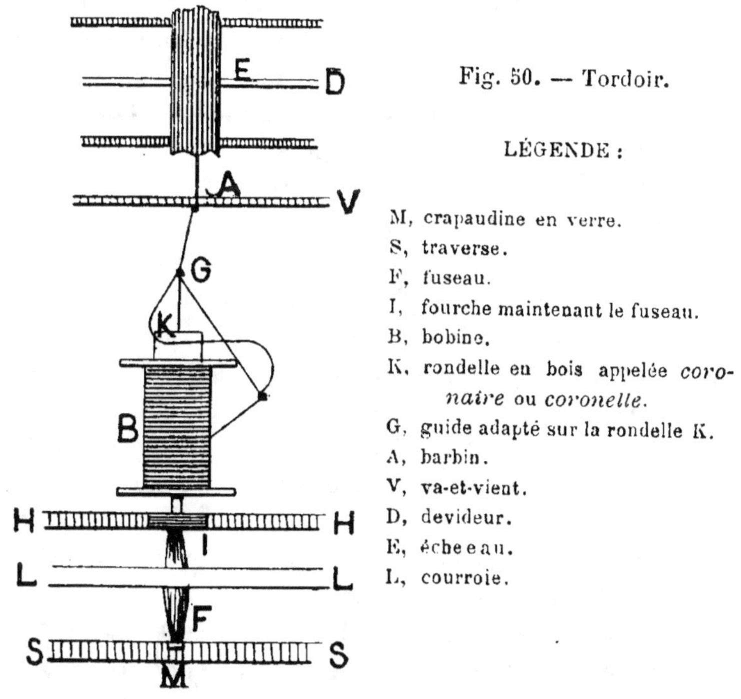

Fig. 50. — Tordoir.

LÉGENDE :

M, crapaudine en verre.
S, traverse.
F, fuseau.
I, fourche maintenant le fuseau.
B, bobine.
K, rondelle en bois appelée *coronaire* ou *coronelle*.
G, guide adapté sur la rondelle K.
A, barbin.
V, va-et-vient.
D, devideur.
E, écheveau.
L, courroie.

présenté figure 50 dont la légende indique le rôle de chacun de ses organes.

Un ouvrier surveille 475 fuseaux. On donne 12 à 15 millimètres de largeur à la flotte sur le guindre.

Lorsque l'écheveau est terminé, on l'enlève de dessus le guindre, on prend les deux bouts et on les arrête en leur faisant faire deux à trois fois le tour de l'écheveau, c'est ce qu'on appelle *capier*.

Pour empêcher les fils de se boucler sous l'influence de la torsion, on plonge les roquets ou les flottes dans de l'eau froide ou tiède. En Italie on emploie la *broua*. Les roquets et les guindres sont placés dans des sacs en toile et ceux-ci sont pendus verticalement au plafond d'une étuve appelée *broua*. On fait arriver dans l'étuve de la vapeur d'eau à 80 degrés pendant quinze à vingt minutes. On enlève alors les roquets dont la soie n'a été tordue qu'une fois et on les porte au filage. Les guindres sont séchés dans une étuve pendant deux à trois minutes à 100°. Cette opération n'est pas partout pratiquée.

Les *flottes à tours comptés* se font lorsque la soie n'est pas régulière et que le *titre* qu'on est dans l'habitude de déterminer ne donne pas des indications suffisantes. Le guindre est alors pourvu d'un mécanisme compteur qui l'arrête aussitôt qu'il a fait 2,000 tours. Connaissant la circonférence des guindres, on en déduit la longueur de la soie, donnée absolument nécessaire au fabricant d'étoffe, comme nous le verrons plus loin. Quelquefois on dévide la soie sortant de seconde torsion sur un guindre muni d'un compteur.

Coût du moulinage d'une soie. — Voici, d'après M. T. Morel, le coût du moulinage d'une soie :

Il faut pour mener un moulinage de 100 fuseaux de deuxième torsion au plus la force de 1/6 de cheval vapeur effectif. Ce chiffre pourrait être ramené à 1/10 avec des machines parfaites et en bon état. Nous parlons ici des machines françaises et italiennes.

Quant au personnel, si nous rapportons tout au même nombre de 100 fuseaux de deuxième torsion, nous trouverons qu'il faut, d'après des statistiques faites à Turin, le personnel suivant : étant reconnu qu'à 100 fuseaux de deuxième torsion, correspondent 4 roquets de doublage, 137 fuseaux de première torsion, 12 roquets de purgeage, et 52 tavelles de dévidage.

	Prix de la main d'œuvre à Turin		
	ouvriers		
100 fuseaux de deuxième torsion demandent...................	0,208 à 1 f.05	soit	0 f.2184
4 roquets de doublage demandent........................	0,167 à 0 85	—	0 1420
137 fuseau de première torsion demandent...................	0,271 à 0 85	—	0 2303
57 tavelles de dévidage demandent.......................	5,20 à 0 75	—	3 9000
12 roquets de purgeage demandent.......................	0,375 à 0 80	—	0 3900

Prix de la main-d'œuvre par 100 fuseaux et par jour   4 f.7907

On peut ensuite noter les dépenses du personnel :

Un directeur à 16 fr. par jour	16
Un sous-directeur à 6 fr.	6
Un surveillant à 2 fr.	2
Trois surveillants d'étage, à 1 fr. 50. . . .	4,50

et d'autres employés, tels que chauffeurs, portiers, mécaniciens, ouvriers, conducteurs, qui forment un total de *46 francs* par jour avec les précédents.

Maintenant, si nous supposons la fabrique possédant 3200 fuseaux de deuxième torsion, cela fait : pour 100 fuseaux une dépense de 1 fr. 43 ; donc 100 fuseaux dépensent par jour 6 fr. 22, soit 1866 fr. par an ; et comme 100 fuseaux produisent 0 kil. 9 de soie par jour, il s'en suit que la main d'œuvre du kilogramme de soie filée revient à 7 fr. environ à Turin.

En France ce prix de revient est d'environ 10 fr.

Dans ces prix on ne compte pas :

1° Les frais généraux.   . . . . . . fr.   229

2° L'éclairage et le chauffage (soit par an). 600

3° Les impôts. . . . .   »

4° La construction du bâtiment dont l'intérêt à 5 pour 100, joint à celui de l'acquisition des mécanismes, est de. . . . 431,45

5° La force motrice (soit par an). . . . 42

6° Les dépenses diverses, réparations, etc. 600

7° L'amortissement du capital à 10 p. 100. 215,72

Tous ces chiffres sont établis pour 100 fuseaux (1).

Tous frais déduits, le prix de revient du moulinage de 1 kil. de soie est de 15 fr. en Italie et de 18 à 19 fr. en France.

Retordages.

Les retordages de soie consistent à doubler, tripler, quadrupler, des fils de soie moulinée pour former les grosses soies employées à la couture, la passementerie, la dentelle. la broderie, etc. A la rigueur on pourrait employer les machines que nous avons décrites pour tordre les fils de soie grège, mais on emploie pour ce genre de travail, des machines plus perfectionnées appelées *métiers à retordre*. Ces métiers sont munis d'un mécanisme d'arrêt automatique ayant pour but de faire cesser la marche de la machine lorsqu'un des brins composant le fil vient à se casser. Cette disposition s'applique aussi en Angleterre aux machines à premier et second apprêt, c'est pourquoi nous allons en donner une description complète.

(1) *Essai sur le travail de la soie en France et en Italie*, par T. Morel. Lyon, 1879.

Nous représentons figure 51 le métier à retordre de MM.
J. et T. Boyd, de Glascow, qui est, à notre avis, un des
mieux compris, surtout pour le retordage de la soie. Le fil
produit sur ce métier est un fil à 6 brins, 3 bobines A, B, C

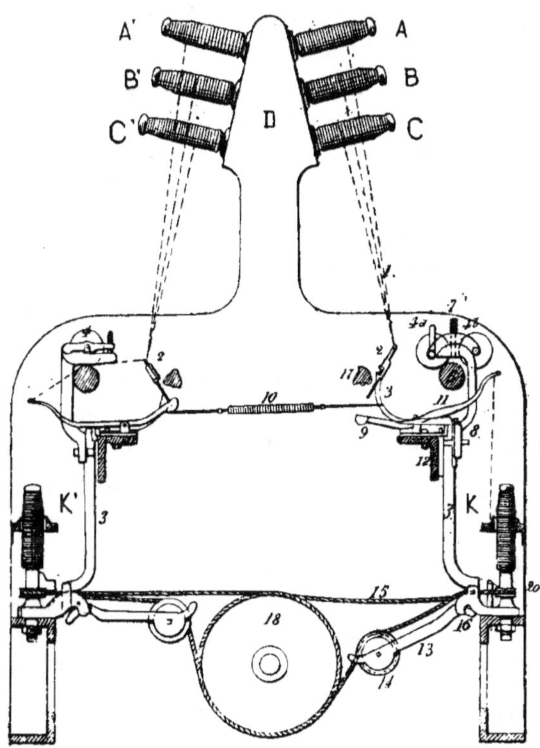

Fig. 51. — Métier à retordre.

placées sur le porte-bobines D de la façon ordinaire fournissent chacune un fil à deux brins 1, qui passe par un
indicateur distinct pour chaque fil, 2 ; cet indicateur est
fixé à l'extrémité d'une tige recourbée 3, reliée à une autre tige verticale désignée également par le chiffre 3 ; le
fil passe ensuite, soit autour d'un rouleau 4 comme on le
voit à gauche de la figure, soit sur deux rouleaux *4a 4b*
comme à droite ; ces derniers, dans ce cas, s'appuient sur

le rouleau inférieur 5, maintenus qu'ils sont dans cette position par une vis de réglage agissant sur un ressort de pression 7. Ce ressort tend à faire s'appuyer les rouleaux supérieurs sur le rouleau inférieur 5, par suite de l'effort qu'il exerce sur l'étrier qui les supporte ; de plus, ces rouleaux sont cannelés d'un côté et unis de l'autre, et c'est cette dernière partie qui repose sur le rouleau inférieur. L'étrier dans lequel tournent les rouleaux *4a 4b* est fixé à une tige se reliant à la tige verticale 3 qui, ainsi qu'on le voit, commande toute cette partie du mécanisme. Le fil, en quittant les rouleaux 4, passe dans un œil ménagé à l'extrémité d'un levier à contre-poids 9, dont le point d'appui est un support fixé à une barre 12 du bâti. Le ressort à boudin 10 tire constamment le support recourbé 3 de chaque indicateur, vers l'intérieur du métier. Un arrêt 11, fixé sur la barre 12, maintient ce support en position. L'extrémité inférieure de la tige 3 porte une rainure dans laquelle est logée une vis fixée sur un levier 13 qui porte à l'une de ses extrémités une poulie à gorge 14 dans laquelle passe le cordon moteur. L'autre extrémité de ce levier est recourbée en forme de crosse et s'appuie à un moment donné contre un renflement ménagé de chaque côté de la tige 3 ; en marche normale, le cordon passe librement entre ces deux parties. Le fil vient ensuite s'enrouler sur la bobine K placée sur une broche recevant le mouvement de la roue dentée 18 par l'intermédiaire de la chaîne 15, passant dans la poulie à gorge 14 et sur la poulie 20. La rotation de la bobine K donne la torsion que l'on peut varier à volonté.

On voit facilement maintenant comment fonctionne l'ensemble du mécanisme, quant un bout de fil 1 se brise ; à ce moment, les divers organes qui occupaient jusque-là les positions respectives représentées à gauche du dessin se trouvent comme on l'a indiqué sur la droite : le fil brisé ne soutenant plus l'indicateur 2, celui-ci tombe et vient en contact avec les cames du rouleau 17 qui poussent en dehors de son cran d'arrêt 11 la tige 3 qui, n'étant plus retenue, obéit à la poussée de bas en haut qu'exerce sur elle le poids du levier 13. Par suite de ce soulèvement de la tige 3, les rouleaux *4a 4b* se séparent du rouleau 5, tandis que le cordon moteur se trouve pincé entre le renflement ménagé de chaque côté de la tige 3 et les extrémités recourbées 16 du levier 13, ce qui arrête la rotation de l'arbre 18 en même temps que cesse le mouvement du fil. Mais ce mouvement de bas en haut de la tige 3 a fait dégager le levier 9 qui prend la position indiquée à droite et l'indicateur 2 s'éloigne des cames du rouleau 17. Tout mouvement cesse donc instantanément et rien ne gêne pour rattacher le fil brisé.

Une fois cette opération terminée, pour remettre en marche simultanément toutes les parties du métier, il n'y a qu'à abaisser la partie antérieure du levier 9, ce qui fait descendre en même temps la tige 3 qui se replace dans son cran d'arrêt 11 grâce à la traction du ressort à boudin 10. Par suite, le cordon 15 est libre et remet en marche l'arbre du métier et tout fonctionne comme auparavant (1).

Différentes sortes de soies moulinées. — Les principales variétés des soies moulinées sont les suivantes :

1° Le *poil* est un fil de grège auquel on a donné un léger apprêt pour permettre la teinture, c'est-à-dire pour rendre la soie plus consistante et l'empêcher de *bourrer*.

2° La *trame* est composée de deux fils de grège légèrement tordus ensemble (à droite). Quelquefois on fait des trames à trois et même quatre bouts.

3° L'*organsin* est constitué par deux fils de grège tordus séparément à gauche, puis doublés et retordus ensemble à

(1) *L'Industrie textile*, juillet 1889.

droite. Le premier tors se nomme premier apprêt ou filage ;
le second, deuxième apprêt ou tors.

4° Le *marabout* est un organsin dont le second apprêt est
forcé. On doit le lever sur des bobines et non en écheveaux.
Généralement on teint sur premier apprêt en nuance plus
claire que celle que l'on désire obtenir, et ensuite on le tord ce
qui fonce la nuance.

5° La *grenadine* se compose comme l'organsin de deux fils
de grège, mais il y en a à 3, 4, 6 bouts. On double sur bobine le nombre de fils qui doivent former chaque bout de
grenadine, on les tord fortement pour le premier apprêt et
on force le second dans l'autre sens. On peut laver la grenadine en écheveaux.

6° Le *crêpe* est formé de deux ou trois fils de grège auxquels on ne donne qu'un seul apprêt forcé. On lève sur
bobines. On ne l'emploie qu'en écru.

7° Le *crêpe de Chine* résulte de la réunion de 6, 8 ou 10
fils de grège fortement tordus à droite qu'on lève sur bobine
en fer blanc. On prépare un fil unique tordu à gauche et
on double les deux.

8° La *soie ondée* est obtenue par l'assemblage de 6 fils
de grège que l'on apprête fortement comme un crêpe, on
lève sur bobines. On double avec un fil de grège et on
donne un second apprêt dans l'autre sens. Ce fil unique que
l'on ajoute se nomme *âme*.

Ces soies sont dites *fines* et servent exclusivement à la
fabrication des étoffes.

Les soies dites *grosses* servent à la broderie, à la couture, à la passementerie, à la fabrication de dentelles,
résilles, franges, etc. Les principales sortes sont :

1° Les *soies plates* provenant de la réunion de **20 à 25**
brins de cocons réunis ensemble pour former une grège
très forte employée pour la broderie.

2° Les *floches* sont formées comme les organsins de deux

fils de grège très forts tordus ensemble. Les floches fines s'appellent *filets*.

3º Les *cordonnets* sont formés par 3 ou 4 fils tordus à gauche, puis trois de ces bouts retordus à droite. Le *berlin* ne diffère du cordonnet que par une plus forte torsion.

4º Dans le *câblé* les bouts élémentaires sont de dimensions bien plus grandes que dans le cordonnet.

5º Dans l'*ovale* il y a 10 à 12 bouts légèrement tordus à droite.

Parmi les soies de fantaisie on distingue :

1º La *schappe* provenant des frisons cardés. On double deux fils et on leur donne un apprêt lâche.

2º La *galette* est faite avec les cocons troués, cardés et filés. On la monte comme la trame.

3º Le *fleuret* est fait avec le frison filé. On le monte comme le poil.

4º Le *doupion* est une grège faite avec les cocons doubles.

5º La *rondelette* est une grosse grenadine faite avec le doupion.

6º La *filoselle* ou *bourette* est fabriquée par les éducateurs qui filent la bourre du cocon comme la laine.

7º Enfin les *floches* et *cordonnets* fantaisie sont montés comme les floches ou cordonnets de soie ordinaire.

Mettage en mains. — La soie au sortir de chez le moulinier est mise en *flottes* du poids de 10 à 15 grammes. La *pantine* est une réunion de 4 à 5 flottes, au moyen d'un cordon de coton nommé *pantimure* ; elle pèse 40 à 60 grammes. La *main* est formée de quatre pantines. En teinture la pantine s'appelle *quart*, les metteuses en main les réunissent par groupes de quatre, les relient entre elles par un fil appelé *envergure* ou *traverse*, pour former un matteau.

CHAPITRE X

CONDITION DES SOIES

Les conditions des soies sont des établissements publics ou privés où l'on détermine le degré d'humidité, le titre, l'élasticité, la tenacité et la perte au décreusage des soies. La première condition des soies fut fondée à Turin, en 1750, par ordonnance du roi de Sardaigne. Rast de Maupas créa la première condition à Lyon en 1780, copiée sur celle de Turin. Elle fonctionna de 1780 à 1792. Pendant le siège de Lyon, l'établissement fut fermé pendant 2 années et réouvert le 15 frimaire an III. Pendant ce temps, trois autres conditions s'étaient créées, celles de Charay, de Donzel et de Mallet. Chacune de ces conditions opérait suivant un système particulier, et des résultats les plus divergents étaient donnés de l'une à l'autre. Un grand nombre de réclamations s'élevèrent et les marchands de soie refusaient toute transaction. Le 24 floréal an X, le conseil du commerce prend une délibération visant les abus de la multiplicité des conditions privées, et demande qu'il n'y ait qu'une seule condition à Lyon. Le 21 floréal an XI, les marchands de soie se réunissent et demandent la création d'un établissement public ; le conseil général du commerce, émet un avis favorable.

Le 23 germinal an XIII (5 avril 1805), Napoléon signe le décret confirmant à la chambre de commerce le monopole du conditionnement de la soie. Reverony était nommé le directeur du nouvel établissement qui fut ouvert le 29 vendémiaire an XIV (20 octobre 1805).

La construction du monument de la condition aux Capucines, fut décrétée au commencement de 1809 ; le 8 juin 1809 on posa la première pierre et le 14 août 1814 elle fut installée définitivement.

Nous avons réuni dans le tableau suivant les principales conditions des soies et la date de leur création.

France — Amiens.	1866
Aubenas	1854
Avignon	an X
Marseille	1859
Montélimart.	1872
Nîmes.	1844
Paris.	1853
Privas.	1856
Reims.	1853
Roubaix.	1858
Saint-Etienne.	1808
Tourcoing.	1863
Valence.	1864
Italie — Ancône.	1870
Bergame.	1846
Brescia.	1868
Come.	1854
Florence.	1857
Gênes.	1853
Lecco.	1865
Milan, Baccigaluppi.	1844
— Serro-Grapelli.	1852
— Ratti.	1870
— Pesaro	1872

	Turin, officielle . . .	1750
	— Bertholdo . . .	1872
	— Maurizio-Ponzone .	1874
	— Uldine. . . .	1847
Angleterre	Londres.	1852
	Manchester. . . .	1850
Allemagne	Crefeld	1843
	Eberfeld.	1844
Suisse	Bâle.	1872
Autriche	Vienne.	1853

L'essai des soies comprend cinq opérations :

1° Le conditionnement c'est-à-dire le dosage de l'humidité ;

2° Le titrage, c'est-à-dire la mesure de la grosseur du fil ;

3° La détermination de la tenacité et de l'élasticité ;

4° La mesure de la torsion ; .

5° La perte au décreusage.

Conditionnement de la soie. — Le conditionnement de la soie a pour but de déterminer la proportion d'eau qu'elle renferme. La soie étant très hygrométrique, peut contenir jusqu'à 20 pour 100 d'eau et paraître sèche. Pour éviter les fraudes, et éviter que l'acheteur ne paie de l'eau pour de la soie au prix de 70 francs le kilogramme, les fabricants font déterminer le poids de la marchandise à un taux convenu d'humidité.

La soie ordinaire, la soie marchande, renferme $\dfrac{11}{111}$ d'eau ; c'est-à-dire que 100 kilos de soie contiennent 9 kil. 9999 d'eau et 90 kil. 0001 de soie. On rend les calculs plus faciles en comptant sur 10 pour 100 d'eau. L'opération du conditionnement est donc des plus faciles : il suffit de dessécher un échantillon de soie au degré absolu, de noter le poids de soie anhydre et d'y ajouter le poids de la quantité normale d'eau qu'elle doit renfermer ou *taux de reprise*. Le taux de reprise résulte de la proportion :

$$90 : 100 :: 100 : x$$

d'où $$x = 11,11$$

Pour simplifier on a adopté 11 pour 100 sur le poids absolu.

Voici maintenant comment se pratique le conditionnement en France, à Lyon en particulier.

Lorsqu'on apporte une balle de soie à la condition, on doit indiquer très exactement : 1° le nom du fabricant ou commissionnaire ; 2° la désignation de la soie : 3° la marque et le poids de la balle : 4° l'opération ou les opérations à exécuter.

La balle de soie est pesée sur une grande balance sensible au $\dfrac{1}{10000}$; un contrôleur vérifie le poids obtenu P. La balle est ensuite défaite et vidée dans une grande sache ; on met de côté la toile, les papiers et les ficelles d'emballage, c'est-à-dire la tare, on les pèse et un contrôleur en vérifie le poids p. P—p donne le poids net de la soie soumise au conditionnement.

Dans chaque balle on prélève 3 échantillons de 500 grammes environ, un à la partie supérieure, un à la partie inférieure et l'autre au milieu, et on les place chacun dans une boîte spéciale dite *tiroir*.

Chacun de ces échantillons est pesé exactement et leur poids, contrôlé par un second peseur, est inscrit sur un bulletin, dit *bulletin d'appareils*, que l'on joint à l'échantillon correspondant. On les transporte ensuite dans la chambre de dessication où se trouvent les étuves.

On fixe les écheveaux de chaque lot aux petits crochets d'une couronne métallique en laiton, au nombre de 10, et, vers le bas on les serre légèrement pour les empêcher de toucher les parois de l'étuve. Cette couronne et la tige à crochet qui sert à la suspendre sont tarées pour faire équilibre au plateau de la balance qui reçoit les poids et dont nous parlerons plus loin.

Les échantillons sont d'abord desséchés dans des *appareils de préparation*, dans lesquels ils perdent une grande partie de leur eau. Ces appareils de préparation ont principalement pour but d'éviter l'encombrement des étuves proprement dites. Il sont formés par des caisses en tôle à double enveloppe, reposant sur le sol, de 90 centimètres de hauteur sur 50 centimètres de profondeur. Ces caisses sont percées à la partie supérieure d'orifices circulaires fermés par des couvercles mobiles à charnières et par lesquels on introduit les écheveaux fixés à la couronne. Ces caisses sont chauffées à la température de 100 à 110 degrés au moyen de l'air chaud perdu des étuves. Après un certain temps d'exposition, on les transporte dans les étuves où s'achèvera leur dessication absolue.

Sans nous occuper des différents systèmes existants ou proposés, nous ne donnerons la description que du dessicateur Talabot-Persoz-Rogeat qui donne des résultats très précis. L'appareil se compose essentielement de trois parties : 1° le calorifère ; 2° l'étuve ; 3° la balance. Nous allons les étudier séparément.

Le *calorifère* que nous représentons en coupe verticale dans la figure 53 mesure 2 m. 80 de hauteur. Il est constitué par un foyer F formé d'une cloche en fonte à ailettes pour offrir le plus de surface possible à l'air.

Il est alimenté par du coke et les produits de la combustion s'élèvent au sommet de la cloche et pénètrent par la partie conique H dans 9 petits tuyaux en fonte et de là sortent par la cheminée au moyen du tuyau T. On règle leur écoulement au moyen du registre V. L'air à chauffer arrive par l'ouverture P et le canal R sous la cloche et cir-

cule dans un espace annulaire formé autour de la cloche
par le cylindre BB. Pendant son trajet il s'échauffe, surtout grâce aux ailettes de la cloche, il entoure ensuite la
partie conique II, puis circule entre les petits tuyaux en
fonte dont nous avons parlé et monte dans le réservoir en

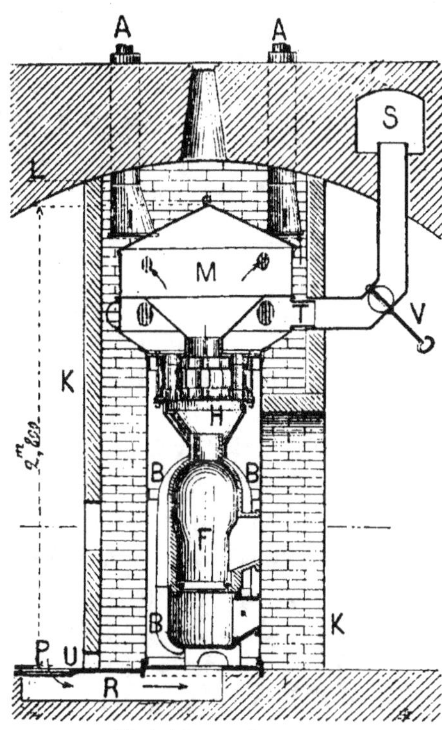

· Fig. 52. — Calorifère.

tôle M. De ce réservoir l'air chaud est distribué dans quatre tuyaux AA le conduisant dans quatre étuves disposées symétriquement au-dessus. Le calorifère est entouré d'une maçonnerie carrée KK pour éviter la déperdition de chaleur par l'air ambiant. On utilise en outre l'espace compris entre le calorifère et cette maçonnerie pour produire de l'air tiède dont nous verrons plus loin l'utilisation. A cet effet, on a ménagé deux ouvertures V à la partie inférieure de la maçonnerie, l'air pénètre dans la chambre, s'y tiédit et s'introduit par l'entonnoir I dans une enveloppe annulaire au tuyau A et de là dans l'étuve.

L'étuve, que nous représentons en coupe verticale dans la figure 53, est cylindrique et mesure 1 m. 75 de hauteur et 0 m. 40 de diamètre ; son volume est environ de 100 li-tres. L'air chaud, à la température de 120°, arrive du calorifère par le tube A et se répand dans l'espace circulaire B et s'élève dans 32 tuyaux verticaux T de 6 centimètres de circonférence placés entre les deux cylindres concentri-ques C et D. A la partie supérieure du cylindre D, les tubes déversent l'air chaud par les ouvertures *bb*, cet air descend de haut en bas et s'é-chappe par les con-duits EE, l'espace an-nulaire W, dans la cheminée II. La clef V, commandée par un levier K, situé à la partie supérieure de l'étuve, permet de régler l'arrivée de l'air chaud ou de l'in-terrompre complète-ment. L'air tiède ar-

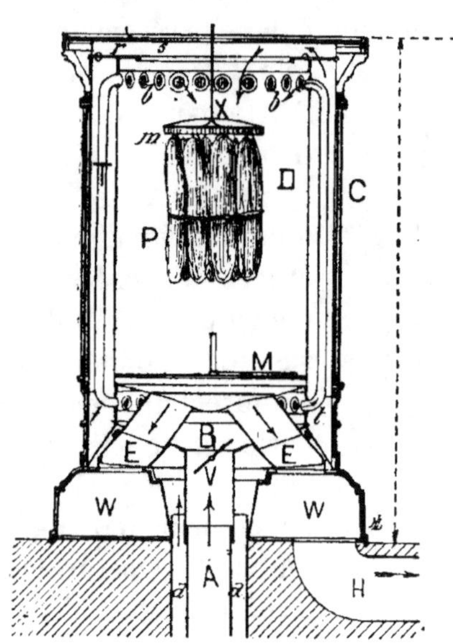

Fig. 53. — Dessicateur.

rivant par l'espace annulaire *aa*, circule entre les deux cy-lindres C et D et empêche la déperdition de la chaleur de l'air des tubes T. Cet air se rend à la partie supérieure des cylindres et se répand par des trous situés sur le pourtour d'une rondelle horizontale en tôle, fixe, *r* ; une autre rondelle mobile *s*, percée de trous correspondants, repose sur la pre-mière. Au moyen d'un bouton situé sur le couvercle, et par un mouvement d'avant ou d'arrière, on peut faire glisser la rondelle *s* sur la rondelle *r*, de façon à faire coïncider les trous les uns avec les autres ou, au contraire, les masquer, c'est-à-dire favoriser ou intercepter le courant d'air tiède, ou mieux le régulariser. On voit qu'il est facile d'obtenir la température que l'on désire dans l'intérieur de l'étuve. Enfin un registre M permet d'intercepter la communication de l'étuve avec la cheminée d'appel H. Les écheveaux de soie P sont accrochés au cercle en cuivre *m* et supportés par la tige X, attachée au fléau de la balance.

La *balance* ne présente rien de particulier, si ce n'est qu'elle doit être sensible. D'un côté se trouve la tige portant la soie placée dans l'étuve, de l'autre se trouve un plateau sur lequel on place les poids. Nous représentons figure 55 l'extérieur d'une étuve de conditionnement de M. Storhay, directeur de la Condition publique de Tourcoing, figurée à l'Exposition universelle de 1889. La légende qui accompagne le dessin explique suffisamment le rôle de toutes les pièces et complète la description donnée ci-dessus.

Le conditionnement se fait sur deux lots, le troisième est gardé et est expérimenté si les résultats des deux premiers ne sont pas concordants. Ces deux lots sont placés chacun dans une étuve ; ces deux étuves doivent être proches l'une de l'autre et on place dessus les bulletins sur lesquels sont inscrits les poids primitifs. La durée de la dessication dure trois quarts d'heure à une heure environ ; on la pousse jusqu'à cessation de perte de poids. On procède alors à la pesée définitive en fermant les registres K et L pour que le courant d'air n'influe pas sur le poids. Un second employé vérifie les poids trouvés par le premier et les inscrit sur les bulletins d'appareils. On calcule la perte pour 100 et on la note sur le bulletin. Nous donnons ci-après un modèle de bulletin d'appareils.

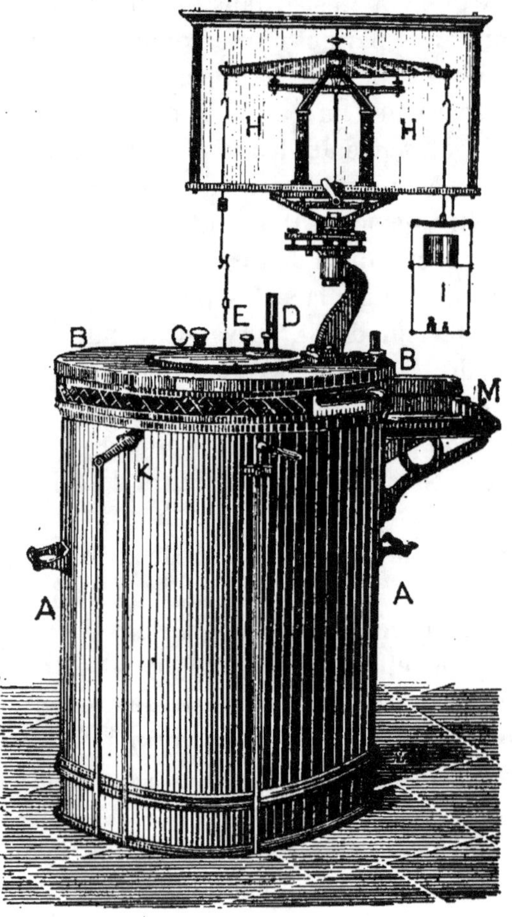

Fig. 54

AA   Etuve.
BB   Couvercle.
CC   Ouverture fermée par un couvercle mobile et par laquelle on introduit
      la soie à dessécher.
D   Thermomètre indiquant la température de l'étuve.
E   Tige supportant les écheveaux de soie.
H   Balance de précision placée dans une vitrine.
I   Plateau supportant les poids.
K   Levier pour régler l'introduction de l'air chaud.
L   Clef permettant de régler et d'interrompre la communication de l'étuve
      avec la cheminée d'appel.
M   Poids.

Exemple d'un Bulletin d'appareils.

N° ... — Soie Grège blanche pesant net 300 kilos. — Casier 20

Tiroirs	Mis à l'absolu	Poids primitifs	Poids absolus	Pertes au cent	Diffé-rence	Moyen-ne	Obser-vations
1	10 matt. Lot 1er	469,900	415,600	11,517	0,039	11,498	
2	10 — — 2e	460,000	407,200	11,478			
		929,700	822,800				N° ...
3	10 — — 3e	474,000	»				A. B. C
		1k,403gr,700	»				4577 — 6090

On fait la différence des deux pertes pour cent : si cette différence est inférieure à 0,35, l'opération est terminée; si l'écart est plus grand, on expérimente le troisième échantillon mis en réserve et appelé *repasseur*. Pour avoir le poids absolu, on prend la moyenne des trois essais.

Il reste à déterminer le poids loyal et marchand de la balle soumise à l'essai. Les bulletins d'appareils sont envoyés aux calculateurs. On calcule, d'après la perte au conditionnement, le poids de la balle supposée absolument sèche.

A ce poids absolu on ajoute la reprise de 11 pour 100 d'eau et on a le poids légal ou conditionné de la soie.

Le poids conditionné de la soie est toujours inférieur au poids primitif de quelques kilogrammes ; c'est cette différence que l'acheteur n'aura pas à payer. Il y a un rapport entre la perte centésimale en condition et la proportion centésimale d'humidité contenue dans la soie. En appe-

lant X la proportion pour 100 d'eau renfermée dans la soie
et Z la perte en condition, on a l'équation :

$$Z = \frac{111}{100} X - 11$$

d'où on a déduit le tableau suivant :

Proportion centési-male d'humidité X	Perte en condition Z	Proportion cen-tésimale d'hu-midité X	Perte en condition Z
8	— 2,12	13	3,43
8.25	— 1,8425	13,25	3,7075
8,50	— 1,565	13,50	3,985
8,75	— 1,2875	13,75	4,2625
9	— 1,01	14	4,54
9,25	— 0,7324	14,25	4,8175
9,50	— 0,455	14,50	5,095
9,75	— 0,1775	14,75	5,3725
10	— 0,1	15	5,65
10,25	+ 0,3775	15,25	5,9275
10,50	0,655	15,50	6,205
10,75	0,9325	15,75	6,4825
11	1,21	16	6,76
11,25	1,4875	16,25	7,0375
11,50	1,765	16,50	7,315
11,75	2,0425	16,75	7,5925
12	2,32	17	7,87
12,25	2,5075	17,25	8,1475
12,50	2,875	17,50	8,425
12,75	3,152	17,75	8,7025

Nous résumons dans le tableau suivant des pertes en
condition moyennes par année, observées à la condition
des soies de Lyon depuis 1842 à 1854 avec les appareils
Talabot et de 1854 à 1877 avec les appareils Talabot,
Persoz, Rogeat.

1842......	2,39	1844......	2,35
1843......	2,37	1845......	2,60

1846......	2,28		1862......	1,85
1847......	2,09		1863......	1,74
1848......	1,99		1864......	1,60
1849......	1,86		1865......	1,60
1850......	1,97		1866......	1,83
1851......	2,10		1867......	1,61
1852......	2,08		1868......	1,47
1853......	2,20		1869......	1,47
1854......	1,93		1870......	1,31
1855......	2,08		1871......	1,22
1856......	2,33		1872......	1,69
1857......	1,99		1873......	1,65
1858......	1,80		1874......	1,39
1859......	1,75		1875......	1,64
1860......	1,96		1876......	1,67
1861......	1,72		1877......	1,56

La balle de soie est reconstituée avec son même emballage, puis on la recouvre d'une sache en forte toile, marquée au nom de la condition et portant un numéro d'ordre. Elle est fermée par des boucles passant dans des œillets et scellée d'un plomb portant la marque de la condition. Elle est rendue au client avec les trois échantillons ayant servi aux essais. La balle peut être conservée en magasin ou expédiée, sa variation de poids n'aura aucune importance, la proportion réelle de soie ne changeant pas; son poids officiel étant donné par le bulletin de la condition.

Titrage. — Le titrage de la soie est la détermination du poids absolu d'une longueur uniforme de soie. Le titrage permet de se rendre compte de la grosseur du fil et de la quantité qu'on aura à employer pour former tel ouvrage de soierie. Pour déterminer le titre ancien on pesait 400 zones, soit 476 mètres de fil et on notait le poids en deniers. Le titre actuel est le poids en deniers de 500 mètres de fil. Comme il existe une certaine confusion dans les titres, nous allons donner quelques éclaircissements utiles.

Il existe actuellement quatre titres :

1° Le titre français, soit le poids de 476 mètres en deniers de 0 gr. 05313 ; 2° Le titre italien, soit le poids de 450 mètres en deniers de 0 gr. 050 ; 3° Le titre nouveau Français, soit le poids de 500 mètres en deniers de 0 gr. 05313 : 4° Le titre décimal, soit le poids de 500 mètres en demi-décigrammes de 0 gr. 050.

Le titre ancien français est encore beaucoup en usage, on est obligé de le mettre en regard des titres nouveaux dans les bulletins.

Il est facile de passer d'un titre à l'autre au moyen de la formule :

$$T' = T \times \frac{P}{P'} \times \frac{L'}{L}$$

Dans laquelle T est l'un des titres déterminé d'après la longueur L et le denier P et T′ est l'autre obtenu avec une longueur L′ et un denier P′.

La valeur intrinsèque de ces différents titres est la suivante :

Titre français ancien . .	1
Titre français nouveau .	0,952
Titre italien	0,996

Nous donnons ci-après la conversion du titre français en italien et *vice versâ* :

Titre Français	Titre Italien	Titre Italien	Titre Français
1.......	1,0039	1......	0,606
10.......	10,039	10......	9,96
20.......	20,078	20......	19.92
30.......	30,117	30......	29,88
40.......	40,156	40......	39,84
50.......	50,195	50......	49,80
60.......	60,234	60......	59,76
70.......	70,273	70......	69,72
80.......	80,312	80......	79,68
90.......	90,351	90......	89,64
100.......	100,39	100......	99,60

Le titre décimal est le seul qui devrait avoir cours, c'est également le seul capable de renseigner facilement et sûrement le fabricant. Nous espérons que d'ici peu de temps il sera adopté par toutes les puissances, comme le système métrique devient le système des poids et mesures universel. Le titrage et le numérotage en deniers offrent les mêmes inconvénients que l'ancien système de poids et mesures, c'est-à-dire qu'il ne dérive pas d'un type fixe et uniforme et présente l'irrégularité des divisions.

Nous donnons ci-dessous le moyen de convertir les différents titres en titre décimal. En appelant :

F le titre français ancien ;
C le titre français nouveau ;
I le titre italien ;
D le titre décimal.

On a :

$$D = I \times 1,1111$$
$$D = F \times 1,1155$$
$$D = C \times 1,062$$

Une règle encore plus simple, consiste à ajouter 11 pour 100 au titre français pour avoir le titre décimal. Ce calcul est très simple et se fait journellement dans les conditions et chez les fabricants pour ajouter le taux de reprise qui est de 11 pour 100 au poids absolu conditionné, comme nous l'avons vu.

Conversion des titres français et italiens en titres décimaux

Titre décimal	Titre français ancien	Titre français nouveau	Titre italien
10	8,964	9,416	9
20	17,93	18,83	18
30	26,89	28,24	27
40	35,85	37,66	36
50	44,82	47,08	45
60	53,78	56,49	54
70	62,74	65,91	63
80	71,71	75,32	72
90	80,67	84,74	81
100	89,64	94,66	90

Conversion des titres décimaux en titres français et italiens.

Titres décimaux			Titres
Français ancien	Français nouveau	Italien	
11,155	10,62	11,111	10
22,31	21,24	22,22	20
33,46	31,86	33,33	30
44,62	42,48	44,44	40
55,77	53,10	55,55	50
66,93	63,72	66,67	60
78,08	74,34	77,78	70
89,24	84,96	88,86	80
100,19	95,58	100,00	90
111,55	106,20	111,11	100

Voici maintenant comment s'effectue le titrage :

On prélève au hasard 5 matteaux et on prélève sur chacun 4 échevettes de 500 mètres exactement. Pour cela, on place les flottes sur une tavelle de 1 mètre de diamètre et on dévide la longueur voulue sur une seconde tavelle de 1^m25 de périmètre. De sorte qu'il faut que cette dernière fasse 400 tours pour avoir 500 mètres. Un compteur de tours enregistre les révolutions de la tavelle mesureuse. Lorsque les 500 mètres sont prélevés, cette dernière s'arrête d'elle-même par un mécanisme du reste fort simple. L'arbre qui fait tourner la série de tavelles, porte une dent qui appuie sur un levier, lequel fait tourner la roue d'un compteur, cette roue porte une came qui appuie sur un levier lorsqu'il y a 500 tours, et ce levier soulève la tavelle qui s'arrête.

Les soies grèges sont dévidées sur des roquets à la banque des grèges et c'est dessus ces roquets que l'on prend l'épreuve.

Les 20 échevettes ayant été mesurées, on les plie et les enferme séparément dans une boîte numérotée. Elles sont portées au peseur qui en détermine exactement les poids par la double pesée de Borda et à la précision de 5 milligrammes. On pèse ensuite tous les essais ensemble. On additionne les 20 poids trouvés, et on doit trouver le poids total ; si la différence était supérieure à 200 milligrammes $\left(\frac{1}{150} \text{ environ} \right)$ on recommence toutes les pesées.

On prend le poids moyen des 20 échantillons, on le convertit en deniers qui est le titre français nouveau.

Voici le titre moyen des différentes catégories de soie :

	Minima	Maxima	Moyenne
Fil simple du cocon. . .	2	2,50	2,25
Grèges	9	30	20
Organsins	18	34	26
Trames.	24	68	46

	Minima	Maxima	Moyenne
Grèges doupions. . . .	30	46	35
Trames doupions. . . .	78	107	92
Soie sauvage à divers états.	98	285	180

Le *titre conditionné* d'une soie est le titre de la soie ramenée à sa proportion légale d'eau. On pèse les épreuves après les avoir desséchées à l'absolu et on ajoute au poids la reprise de 11 pour 100 d'eau. On convertit ce poids en denier et on a le titre conditionné.

Le *titre décreusé* est comme son nom l'indique, le titre de la soie cuite. On l'obtient d'après la perte au décreusage déterminée comme nous le verrons plus loin.

En appelant T le titre de la soie écrue, P la perte au décreusage et t le titre décreusé, on a :

$$t = T \frac{(100 - P)}{100}.$$

Le titre de la soie permet de résoudre un certain nombre de problèmes intéressant le fabricant. Comme exemple nous citerons les trois suivants qui sont d'ailleurs les plus importants :

1° Détermination du poids de soie nécessaire pour tisser une étoffe donnée ;

2° Constatation du piquage d'onces ;

3° Dosage de la charge de la soie.

1° *Quel poids d'organsin faut-il pour ourdir une chaîne de 55 portées simples : longueur 85 mètres ; titre 25 deniers ?*

Si la portée est de 80 fils, 55 portées donneront $80 \times 55 = 4400$ fils ; 4400 fils de 85 mètres équivalent à un fil de $4400 \times 85 = 374000$ mètres. Le titre de 25 deniers correspond à $25 \times 0,0531 = 1$ gr. 327. $\dfrac{374000}{500}$ représente le nombre d'essais, soit 748. Enfin un essai pèse 1 gr. 327, les 748 peseront $1,327 \times 748 = 992$ grammes.

Quel poids de trame faut-il pour tisser la pièce ci-dessus, la largeur étant de 0 m. 55 ; tramer 3 bouts ; réduction 40 coups au centimètre : titre 28 deniers ?

$0,55 \times 3 = 1^m 65$ de trame introduite chaque coup, comme la réduction est de 40 coups au centimètre, $40 \times 1,65$ représentera la longueur de la chaîne nécessaire pour ce centimètre $= 66$ mètres ; $66 \times 100 = 6600$ mètres de trame dans un mètre d'étoffe, d'où dans 82 mètres $82 \times 6600 = 541,200$. On compte 82 au lieu de 85 pour la perte au commencement et à la fin de la pièce. Le poids d'un essai de 500 m. est de 1 gr. 487, il y a donc $\dfrac{541200}{500}$ essais, soit 1082, 5. Le poids sera $1082, 5 \times 1, 487 = 1$ kil. 609.

2° Lorsque la soie est envoyée au décreusage ou à la teinture, son poids change par suite des opérations qu'on lui fait subir ; se basant sur ce fait, certains fraudeurs prélevaient une certaine quantité de soie qu'ils remplaçaient dans le ballot par un peu plus de charge. Il était alors impossible de reconnaître le vol ou piquage d'onces. Grâce au titre on peut y arriver facilement partant de ces deux principes parfaitement démontrés : 1° que la longueur d'un même écheveau de soie ne change pas sensiblement lorsqu'on le soumet aux différentes manipulations de la teinture ; 2° que le poids de la soie est proportionnelle à son titre.

En appelant P le poids primitif d'une balle de soie et T son titre, pour avoir son poids loyal P après une opération de teinture ou autre, il suffit d'en déterminer de nouveau le titre T. On a alors :

$$p = P \times \frac{t}{T}.$$

On comparera ensuite ce poids p avec le poids p' obtenu par pesée directe de la balle et l'on verra la quantité de soie manquante si piquage d'once il y a.

3° On peut aussi, au moyen du titrage, déterminer la charge qu'une soie a reçue à la teinture d'après la formule :

$$H = 100 \frac{t - T}{T}.$$

Dans laquelle T est le titre avant la teinture et t le titre après.

Essai de dévidage. — On essaie les grèges pour savoir de quelle façon elles se comporteront au moulinage et le déchet qu'elles laisseront à cette opération. On les place à cet effet sur les tavelles et on les dévide sur des roquets pendant deux heures. Pour avoir de bonnes indications, on met cinq flottes à l'essai. On pèse les roquets avant et après pour avoir le poids de soie devidée et on pèse soigneusement la bourre produite. On note le nombre de ruptures. Ceci est très important pour savoir combien une ouvrière pourra conduire de tavelles à la filature. On suppose généralement qu'une ouvrière peut faire 60 nœuds à l'heure en comptant tous les temps perdus pour rechercher les bouts, les temps d'arrêt, etc. Si une grège donne N ruptures à l'heure, une ouvrière pourra conduire $\frac{60}{N}$ tavelles.

Enfin on note précieusement sur le bulletin les observations sur la marche du moulinage.

Toutes ces indications sont de la plus haute importance.

Tenacité et élasticité. — Il est de toute nécessité pour le fabricant de connaître la résistance et l'élasticité du fil de soie qu'il va mettre en œuvre. Cet essai se fait au moyen du *sérimètre*.

Le sérimètre se compose, figure 55, d'une boîte en bois de 1 mètre de hauteur à la partie supérieure de laquelle se trouve un dynamomètre à cadran dont l'aiguille indique le poids de rupture. Ce dynamomètre se termine par une tige saillante portant un bouton S auquel on attache

Fig. 55. — Sérimètre.

une des extrémités du fil de soie à essayer; l'autre extrémité du fil est fixée au bouton A placé à 50 centimètres du premier et solidaire avec un chariot pesant pouvant tomber verticalement le long d'une coulisse dans l'intérieur du coffre. La descente du chariot est régularisée par une chaîne à crémaillère et un régulateur à aillettes. Un index fixé au chariot se déplace devant une règle graduée et mesure l'allongement du fil au moment de la rupture.

L'instrument est construit de telle façon que le chariot s'arrête automatiquement au moment précis de la rupture, ce qui permet de noter avec exactitude l'allongement final. Cet effet est obtenu de la manière suivante : le bouton A est fixé à l'extrémité d'une pièce mobile en relation avec un levier intérieur servant de déclic. Tant que le fil exerce une tension sur le bouton A, la pièce mobile reste dans la position verticale et laisse descendre librement le chariot, mais, au moment de la rupture, elle est abandonnée à elle-même, elle s'incline de côté, et agit sur le levier qui arrête instantanément le chariot. Le bouton T sert à mettre l'appareil au repos.

La conduite d'un essai est des plus simples. On remonte le chariot jusqu'en haut de la coulisse et on le fixe en tournant le bouton T. On ramène le dynamomètre au 0 au moyen du bouton P. On fixe les deux extrémités du fil de soie aux boutons A et S, on tourne le bouton T, le chariot se met en mouvement et lorsque, par suite de la rupture du fil, il s'arrête, on note les résultats obtenus.

Une opération au sérimètre comprend dix épreuves successives. Dans une balle de soie, on prélève 5 matteaux différents, en retire de chacun une certaine longueur de soie que l'on envide sur une *main* en cuivre portant 5 échancrures et l'on essaye en double chacun de ces échantillons.

Comme on opère sur 50 centimètres de fil, on double le chiffre obtenu pour l'élasticité pour l'avoir sur 1 mètre.

Un autre appareil pour mesurer la résistance et l'élasticité de la soie, est l'*Examinateur mathématique du fil*, de MM. Piat et Pierrel, que nous avons vu fonctionner pour la première fois à l'Exposition Universelle de 1889. Nous en donnons la disposition dans la figure 56. Il se compose d'un levier AB supporté par un axe *a*, portant à son extrémité inférieure B un poids connu, soit 1 kilogramme. A l'extrémité supérieure A passe le fil à éprouver sur une longueur de 2 mètres. La contre partie est composée d'une tige CD mobile autour de son axe D; cette tige est maintenue perpendiculairement et est sollicitée par un ressort H. En faisant tourner la manivelle G, la ficelle FKI s'enroule autour de la petite poulie I et la tige CD s'incline contrairement à l'action du ressort H.

A l'état du repos la distance de A à C est de 1 mètre; pour faire un essai il faut un bout de fil d'au moins 2 mètres, de façon que le milieu passant par le crochet A, les deux extrémités se trouvent reliées et attachées en C, qui porte à sa partie supérieure une disposition spéciale.

Il est indispensable pour que l'appareil fonctionne de faire passer le fil au-dessus du petit levier L, mobile autour de son axe, par le fait de la pression du fil en L, le levier

LCMN lève un arrêt placé en N et permet à la manivelle G
de fonctionner.

Les deux parties de l'appareil sont reliées entre elles et
supportées par une règle YZ qui maintient l'écartement de

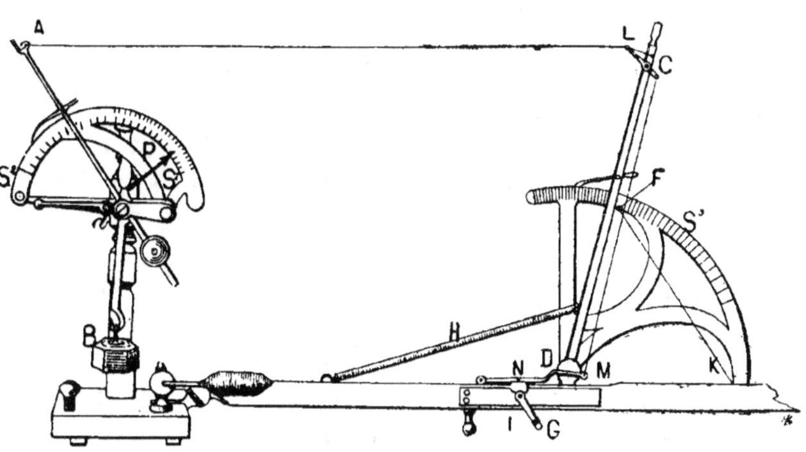

Fig. 56. — Examinateur mathématique du fil.

1 mètre et permet de poser l'appareil sur une table. Cette
règle YZ peut ou se déplier, ou se démonter pour se loger
plus facilement.

Il est facile de se rendre compte du fonctionnement de
l'appareil et l'utilité pratique des indications qu'il fournit.

Le fil à éprouver passe par A et ses deux extrémités sont
réunies et attachées en C, comme il est dit plus haut. En
tournant la manivelle G, le fil se tend de A à C, la tige
Aa s'incline et l'aiguille P actionnée par le petit pignon a
s'incline le long du cercle S^1, qui porte une graduation indiquant en grammes le poids supporté par le fil au moment
où il se casse. C'est à ce moment précis de la rupture,
et nous insistons sur ce point, qu'agit l'arrêt N et qu'il est
absolument impossible de faire avancer d'une quantité, si

14

petite qu'elle soit, la manivelle. Cette première observation donne exactement la force du fil.

La deuxième partie de l'appareil est destinée à déterminer la tension du fil. En s'inclinant le long du fil S^3 l'extrémité du rochet à la tige CD marque sur les divisions de ce cercle la course qu'elle a faite jusqu'au moment de la rupture, et enfin, pour avoir très exactement l'allongement du fil, il suffira de retrancher du parcours fait par la tige CD sur le cercle S^3 le parcours fait pendant le même temps par la tige Aa, parcours indiqué sur le quart du cercle gradué S^2 par l'extrémité du rochet adapté à cette tige.

Les graduations indiquées en grammes sont calculées avec un poids de 1 kilogramme au levier B. Suivant les circonstances et le plus ou moins de résistance des fils à éprouver, ce poids peut être ou augmenté ou diminué, et les indications seront alors proportionnelles au poids employé pour l'essai.

On n'essaie au sérimètre que les grèges, rarement les organsins et les trames.

La force de la soie est proportionnelle à son titre. Voici un tableau donné par Robinet donnant la résistance et l'élasticité des soies de bonne qualité suivant leur titre.

Titres en milligrammes	Titres en deniers	Tenacité en grammes	Elasticité en millimètres
400	8	24	100
450	9	27	130
500	10	30	140
550	11	37	145
600	12	42	145
650	13	44	148
700	14	46	150
750	15	49	155
800	16	50	160
850	17	52	170
900	18	55	180

Voici d'autre part des essais faits par nous :

	Titre	Tenacité	Elasticité
Grèges........................	10	34	12
Trame.........................	22	70	21
Organsin	32	125	18

Torsion. — La torsion se détermine au moyen d'un appareil appelé *compteur d'apprêts.* Dans la balle de soie on prélève 5 échantillons de fil ; on emploie ordinairement à cet effet les épreuves du conditionnement. On attache une extrémité au crochet *a* fixe du compteur d'apprêts (figure 57) et l'autre au crochet *b* pouvant tourner au moyen d'une manivelle *m* soit dans un sens, soit dans l'autre. Le nombre de tours de la manivelle est enregistré par le compteur de tours *ii*. L'écartement des deux crochets *a* et *b*

Fig. 57. — Compteur d'apprêts.

est exactement de 50 centimètres. Supposons que l'on ait un fil de trame, on tourne la manivelle jusqu'à ce qu'on puisse détacher les 2 fils et les voir parallèles. On note le nombre indiqué sur le compteur et comme on opère sur 50 centimètres, on le multiplie par deux pour avoir la torsion sur 1 mètre. On dit que cette soie est tordue à tant de tours par mètre.

Supposons que nous ayons à essayer une chaîne. On commence à détordre dans un sens pour noter le tors du second apprêt, on casse l'un des fils et on détord dans l'autre sens et on note à nouveau la torsion du premier apprêt ou filage.

Pour tous ces essais on prend la moyenne de cinq opérations.

Voici quelques résultats obtenus sur différentes soies :

	Premier apprêt	Second apprêt
Trame Chine....................	96	»
Trame Pays....................	81	»
Poil Canton....................	116	»
Organtin Pays..................	444	558
— Piémont	626	414
— Chine..................	440	590
— Tussah	446	504
Schappe....·..................	464	704

M. Michel Alcan a imaginé un instrument fort ingénieux, pour mesurer à volonté la torsion ou la tenacité et l'élasticité des fils variés. Cet appareil porte le nom d'*Expérimentateur phrosodynamique* (du grec *phroso*, je tors et *dunamis*, puissance). L'une des particularités intéressantes de l'appareil est, en effet, de permettre d'augmenter graduellement la torsion du fil soumis à l'essai, sans le détachement des pinces d'attache, et de mesurer successivement les degrés de résistance qui, pour chaque nature de fibres, témoignent d'un accroissement progressif jusqu'à une certaine limite, puis d'une notable diminution de résistance au-delà.

Nous représentons dans la figure 58 l'appareil de **M. Alcan**, construit par Foussard à Paris.

L'appareil se compose d'un cadran dynamométrique mesurant la résistance du fil et d'un mouvement d'horlogerie pouvant mesurer la torsion des fils. L est l'aiguille du cadran. P le contre-poids vissé au levier de résistance (*n* et *n″*) indiquent les deux systèmes d'attache du fil, ou pinces à vis, R est un bouton appartenant au système d'horlogerie permettant de faire tourner la broche (*n′*) de façon à pouvoir tordre ou détordre si cela est nécessaire pour trouver l'angle de torsion qui convient à la matière dont il se compose. La grande aiguille marque le nombre de tours jusqu'à 100 sur le cadran H, et la petite les cen-

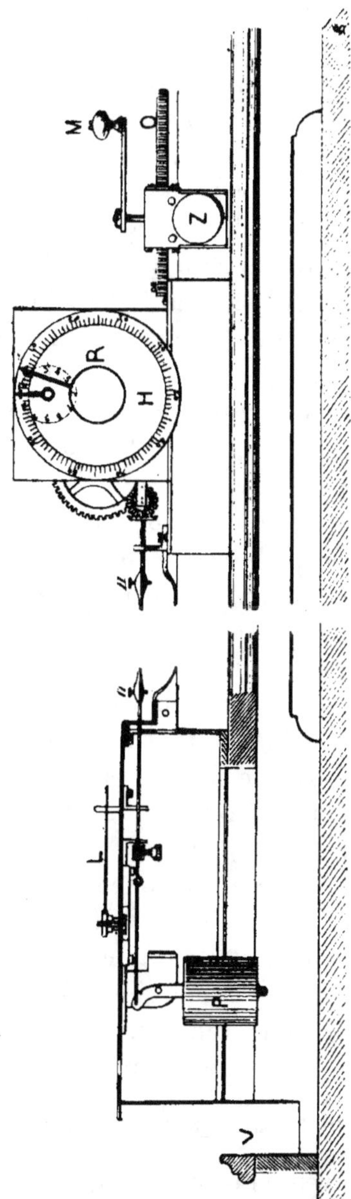

Fig. 58. — Expérimentateur phrosodynamique de M. Alcan.

taines sur le petit cadran indiqué par la petite aiguille elle-même. C'est une crémaillère qui engrène avec un pignon appartenant à la manivelle M, de sorte que, après avoir ramené le fil à une certaine torsion, on peut essayer sa résistance en tournant cette manivelle. — Une échelle graduée au millimètre permet de constater l'élasticité ou l'allongement des fils après rupture à l'aide d'index (r et r'), l'un fixé au cadran du dynamomètre ou zéro de l'échelle et l'autre au mouvement d'horlogerie. La vis Z permet d'éloigner le mouvement d'horlogerie de son zéro et d'opérer sur des longueurs de 45 à 50 et même 60 centimètres de long. V est une boîte réservée pour mettre les trois contre-poids, et on doit toujours visser ces derniers du côté où ils sont chiffrés (voir la figure P) puisqu'ils ont été étalonnés dans cette même position. Le poids P portant la traction du cadran à 3,000 grammes, on opère sur des fils de moyenne force en remplaçant ce poids par un plus petit donnant une traction de 1,500 grammes, ou de 300 grammes lorsqu'on analyse des fils de la plus extrême finesse, ce qui permet d'essayer les fils forts ou faibles avec une précision capable d'éclairer l'industrie sur les angles de torsion offrant le plus de résistance et le plus d'élasticité, par conséquent ne coupant ni ne laissant glisser les filaments par torsion trop forte ou trop faible.

Décreusage. — Le décreusage a pour but de doser le grès. L'opération se fait comme dans l'industrie. On prélève un échantillon de soie de 100 grammes, on le partage en deux lots, on les dessèche à l'absolu dans l'étuve et on en note les poids. On met les écheveaux dans un sac en toile grossière et on les plonge dans un bain de savon renfermant $\frac{1}{4}$ du poids de la soie de savon que l'on maintient à l'ébullition au moyen d'un jet de vapeur. Il y a 4 litres de liquide par 100 gr. de soie. Après un quart d'heure, les échantillons sont retirés du sac et chevillés. On les remet dans le sac et on les replonge dans un bain de savon neuf composé comme le premier, on les laisse bouillir une demi-heure on les jette dans de l'eau chauffée à 60°, on les cheville, on les rince à grande eau, on les tord et on les cheville. On les laisse exposés un jour dans une salle pour les dessécher grossièrement, puis on les porte aux étuves pour les dessécher à l'absolu. On note les nouveaux poids. La perte au décreusage est donnée par la formule :

$$X = 100 \, \frac{(P - p)}{P}$$

dans laquelle P est le poids absolu de la soie écrue et P le poids absolu de la soie décreusée.

Voici la moyenne des pertes de chaque soie :

France	blanc	19,70	Grèce, volon	blanc	19,09
»	jaune	22,94	Salonique	jaune	23,67
Espagne	blanc	19,96	Bengale	blanc	23,06
»	jaune	23,18	»	jaune	20,37
Italie	blanc	19,77	Chine	blanc	19,43
»	jaune	23,06	»	jaune	24,27
Piémont	jaune	28,43	Canton	blanc	21,50
Brousse	blanc	19,56	»	jaune	23,35
»	jaune	20,20	Japon	blanc	17,47
Syrie	blanc	20,20	Tussah		20,70
»	jaune	22,48			

CHAPITRE XI

PROPRIÉTÉS DE LA SOIE

I. Propriétés physiques.

Structure. — La soie telle qu'elle est sécrétée par la chenille constitue un fil plein et aplati formé par la soudure des deux baves que le ver file simultanément. Pour montrer le mode de réunion des deux baves, nous donnons, figure 60, la coupe transversale de la bave du *Bombyx mori* et celle de *l'Attacus Pernyi*.

Lorsque le fil a été dépouillé de son grès, il se dédouble en deux cylindres distincts, à section irrégulière affectant

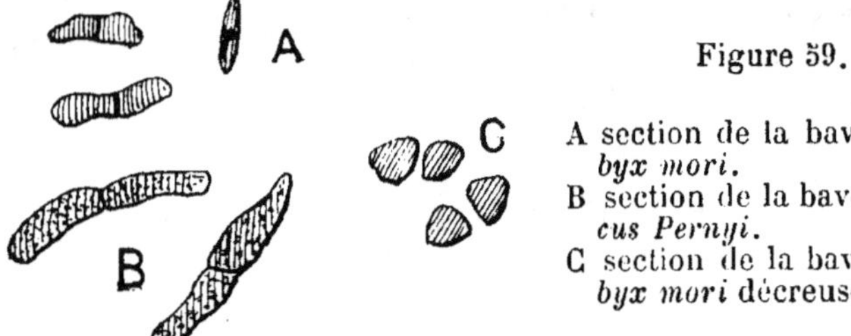

Figure 59.

A section de la bave du *Bombyx mori*.
B section de la bave de *l'Attacus Pernyi*.
C section de la bave du *Bombyx mori* décreusée.

le plus souvent la forme d'un triangle dont les côtés sont courbes comme le montre la figure ci-jointe.

Le bave du *Bombyx mori* décreusée examinée au microscope se présente sous forme d'un filament homogène,

sans stries longitudinales (figure 60), il en est de même
du *Théophila mandarina* et de beaucoup d'autres baves.
Mais celle de l'*Attacus pernyi* présente une striation longitudinale très accentuée qui a été étudiée par M. Louis
Blanc au laboratoire d'études de la soie à Lyon. Ces stries
apparaissent comme des traits très déliés, noirs, sur la
bave dont la teinte générale est jaune. M. Blanc, après de
patientes recherches, est parvenu à expliquer la cause de
cet aspect. La fibroïne renfermée dans le réservoir soyeux

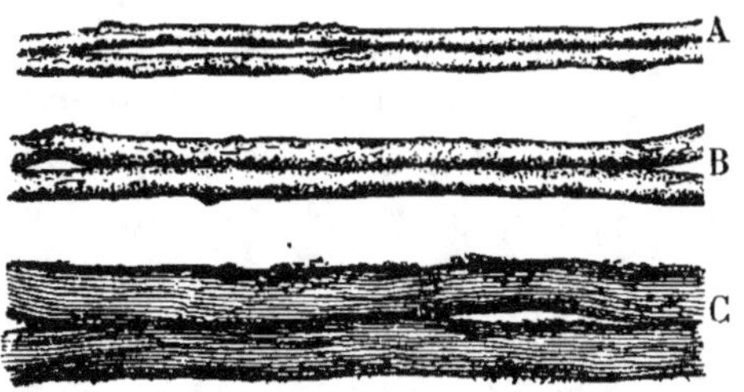

Fig. 60

A Bave du *Théo-
phila mandarina*.
B bave du *Bombyx
mori*.
C bave de l'*Attacus
pernyi*.
(grossissement : 200
fois).

du ver est remplie d'un grand nombre de cavités vides.
« On peut conclure de cet examen, dit M. Blanc, que, chez
le ver pernyen, la fibroïne renfermée dans l'appareil seri-
gène n'est pas homogène, mais est creusée d'un grand
nombre de cavités remplies d'un liquide probablement al-
bumineux.

« Que va devenir cette fibroïne en passant à travers les
tubes excréteurs et la filière ? Elle va s'étirer considérablement, et les cavités dont elle est creusée s'allongeront
en même temps. Elles s'allongeront tellement qu'elles
prendront la forme de canalicules extrèmement fins.

« Au moment où la bave est formée, les canalicules dont
elle est creusée sont remplis par le liquide que renfermaient
les vacuoles de la fibroïne. Quand la soie est sèche, ce liquide a disparu et est remplacé par de l'air. Or, on sait
que, sous le microscope, les bulles d'air apparaissent comme

des points noirs. La striation noire longitudinale des baves s'explique donc aisément par la présence à l'intérieur du brin de ses canaux très fins remplis d'air. »

La cassure de la bave du Bombyx mori est nette, régulière et indique une structure homogène de la soie. La cassure de la bave du ver pernyen est irrégulière, en escalier, comme celle d'un morceau de bois.

Couleur. — La soie pure, la fibroïne, est blanche, translucide et brillante, mais telle que l'exude le ver, elle est recouverte d'une couche de vernis spécial, le *grès* qui est plus ou moins coloré. La coloration des soies grèges varie du jaune très pâle au jaune orangé intense. La couleur des soies dépend, du reste, de la race des vers qui les ont produites : il y en a de blanches, de verdâtres et de jaunes.

Quelle est l'origine de la substance colorante du grès ? Cette question est restée pendant longtemps sans réponse. Ce n'est que depuis les remarquables travaux de M. Louis Blanc, au laboratoire d'études de la soie de Lyon, en 1886. que l'on connaît la provenance de la matière colorante de la soie du *Bombyx mori* et très probablement celle des autres soies provenant d'autres espèces de vers. Vu l'importance de l'étude de M. Louis Blanc, nous reproduirons ici en entier la note qu'il a publiée à ce sujet :

« Les dissections les plus minutieuses ne montrent aucune différence anatomique entre les vers donnant un cocon coloré et ceux dont la soie est incolore. En outre, l'examen histologique des organes producteurs de la soie ne fait voir aucun caractère différentiel. Ce n'est donc pas de ce côté qu'il faut chercher l'origine de la matière colorante.

» C'est dans le sang du ver que se trouve cette substance. Quand on ouvre les vers à cocon jaune, on en voit s'écouler un liquide très fortement citrin, qui remplit la cavité générale de l'animal. Ce liquide est un suc nourricier, le sang du ver. Ce sang, additionné d'alcool, laisse précipiter des grumeaux d'albumine coagulée, et on obtient de cette façon une liqueur jaune qui se prête très bien aux observations.

» Il y a donc dans le sang une matière colorante jaune. Reste à savoir si c'est la même que celle de la soie.

» Quand on isole sur un ver frais tout l'appareil sérigène et qu'on le plonge ensuite dans de l'alcool absolu, on voit après quelques heures, l'alcool coloré en jaune. Enfin, quand on prend un cocon coloré pour le traiter par l'alcool, on obtient encore une liqueur jaune.

» Donc, le sang. la fibroïne renfermée dans l'appareil sérigène et le soie du cocon renferment tous les trois une matière colorante jaune soluble dans l'alcool. Cette substance est-elle la même dans les trois cas ? On peut l'affirmer sans hésitation, car elle se conduit de la même façon, quelle que soit la provenance.

» Pour faire ces constatations avec toute la précision désirable, il faut attendre que le ver ait commencé à coconner. Quand le cocon commence à devenir opaque, on l'ouvre et on en retire le ver. On recueille le sang du ver que l'on traite par l'alcool. On enlève également l'appareil sérigène que l'on enlève de même. Enfin le cocon est aussi placé dans un tuble plein d'alcool. On obtient ainsi trois liqueurs jaunes que l'on peut comparer avec certitude. On obtient ainsi les résultats suivants :

» La teinte des liqueurs est exactement la même, et en concentrant ou en diluant les solutions obtenues, on arrive aisément à avoir des liquides entre lesquels l'œil le plus exercé ne peut faire aucune différence.

» Examinés au spectroscope, ces liquides se conduisent exactement de la même façon : tous trois absorbent le violet et l'indigo du spectre.

» Enfin, quand on évapore les solutions, on obtient dans les trois cas une substance brune, un peu visqueuse, qui se redissout exactement dans l'alcool.

» Faute de matériaux, il a été impossible de tenter des essais chimiques, mais ces quelques réactions et la commune origine mettent hors de doute que la matière colorante est la même dans les trois cas.

» La substance qui colore la soie en jaune provient donc du sang. Mais le sang lui-même d'où le tire-t-il ? On peut émettre deux hypothèses. D'abord le sang du ver peut le fabriquer de toutes pièces, comme l'hémoglobine est fabriquée par les globules rouges du sang des vertébrés. Une deuxième hypothèse, aussi plausible que la première, est que le sang du ver tire cette matière colorante toute faite des feuilles digérées par l'animal. A l'appui de cette deuxième théorie, on pourrait avancer que certaines personnes disent avoir obtenu des cocons diversement colorés en saupoudrant les feuilles destinées à la nourriture des vers avec diverses matières colorantes, et particulièrement la garance. Il faudrait, pour élucider cette question, faire des expériences malheureusement impossibles à cette époque avancée de l'année (1).

» Quoi qu'il en soit de la façon dont le sang se charge de cette substance, il est certain qu'il la porte dans tous les

---

(1) Après la lecture du travail de M. Blanc nous avons fait quelques expériences avec un sériciculteur, expériences qui viennent à l'appui de cette seconde hypothèse. Nous avons saupoudré les feuilles du mûrier avec de la garance, nous avons obtenu des cocons jaunes : avec de l'indigo une coloration bleue verdâtre, avec un mélange de garance et d'indigo, des cocons franchement verts ; enfin avec la cochenille des cocons orangés. Nous expérimentions sur une race à cocons blancs.

Nous avons aussi essayé les couleurs d'aniline, mais les vers ont tous péri soumis à ce régime par trop *nuancé*.

points du corps de l'animal, et particulièrement dans l'appareil sérigène où elle colore la fibroïne.

» Ce passage de la matière colorante du sang dans la fibroïne s'effectue au niveau du réservoir en S de l'appareil.

» On peut le démontrer de la manière suivante. On dissèque soigneusement les organes sérigènes d'un ver frais, et, ensuite, on met dans trois tubes distincts pleins d'alcool la portion secrétante, le réservoir et les canaux excréteurs accompagnés de la tète. On voit alors que le réservoir seul donne à l'alcool une coloration jaune. L'alcool des deux autres tubes reste incolore. Par conséquent, dans la partie secrétante de l'appareil, la fibroïne n'est pas encore colorée. Ce n'est que dans le réservoir que la coloration apparaît. Evidement la soie des deux tubes excréteurs est colorée, mais la quantité en est si faible que le peu de matière colorante qu'elle cède à l'alcool ne peut changer la teinte de celui-ci.

» Le passage de la substance colorante du sang semble être un simple phénomène de filtration. L'examen microscopique ne montre dans les parois du réservoir aucune particularité à laquelle on puisse rattacher la fonction de sécréter cette matière. Partout on voit cette paroi constituée par des cellules dont les protoplasmas sont fusionnés et qu'on ne reconnaît qu'à la présence de leur noyau.

» Par conséquent, la matière colorante jaune passe du sang dans la fibroïne par toute l'étendue de la paroi du réservoir, et probablement par simple filtration. » L'examen microscopique des coupes un peu épaisses faites transversalement dans le réservoir et vues à un faible grossissement montre que la matière colorante ne forme pas une couche autour de la fibroïne, mais qu'elle l'imbibe. On constate seulement que les zones périphériques de la fibroïne sont bien plus vivement colorées que les parties centrales. »

Toucher.—La soie a un toucher unique, qui a été pris pour type : c'est le *toucher soyeux*. Ce toucher, que tout le monde connaît, est caractérisé par un bruissement particulier, le cri de la soie ou *craquant*.

La soie écrue, recouverte de son grès, ne possède pas cette propriété qui ne se manifeste que lorsqu'elle est *cuite* ou *assouplie*, c'est-à-dire débarrassée de son grès ou travaillée mécaniquement.

L'intensité du croquant varie : 1º avec l'état du décreusage ; 2º par les traitements mécaniques ; 3º avec la grosseur des fils ; 4º avec leur torsion ; 5º avec les procédés de teinture et 6º avec la charge.

On développe cette belle propriété de la soie au moyen de bains acides. Nous verrons dans les chapitres suivants comment les teinturiers donnent le toucher craquant au moyen des bains *d'avivage*.

Au toucher craquant la soie joint une autre propriété, non moins remarquable, unique parmi toutes les fibres, le *brillant*. Cet éclat fait ressortir les couleurs dont la soie est teinte de la façon la plus avantageuse. On augmente le brillant par les opérations mécaniques, qui prennent en teinture les noms de *secouage*, *chevillage* et *lustrage*.

Finesse. — La finesse de la soie varie avec les races et les espèces de vers. Nous donnons dans le tableau suivant le diamètre de la bave des différentes races et des différentes espèces de vers. Nous entendons par diamètre la plus grande largeur du brin.

Finesse des soies

I. — *Vers à soie domestiques.*

(D'après le laboratoire d'études de la soie de Lyon).

Races	Finesse	Titre	
FRANCE *à cocons jaunes*	millièmes de millimètres	grammes	deniers
Gard (Cévennes)...............	23,7	0,131	2,46
Var (Gros Var).................	31,9	0,168	3,17
Var (Moyen Var).............	30,6	0,185	3,49
Var (Petit Var)................	29,2	0,138	2,59
Drôme (Bione-Var.)............	31,9	0,130	2,45
Alpes-Maritimes (Alpes)........	29,9	0,140	2,63
à cocons blancs.			
Gard (*Sina*)...................	31,7	0,116	2,18
Gard (Vallerangue)............	32,2	0,135	2,54
Var (Var pâle)................	30,6	0,142	2,68
Var.........................	27,5	0,124	2,33
ITALIE *à cocons jaunes.*			
Bergame (Ascoli)..............	26,8	0,195	3,67
Milanais (Petit Milanais)........	31,9	0,160	3,01
Toscane (Carpinese)...........	31,4	0,159	3,00
Toscane (*Pestellina)*...........	31,6	0,147	2,77
Toscane (Sardaine-Italie).......	30,3	0,159	3,00
Toscane (Corse-Italie)..........	32,6	0,159	3,00
Messine (Italie)...............	30,2	0,128	2,41

Races	Finesse	Titre	
	millièmes de millimètres	grammes	deniers
à cocons verts			
Ligurie (Japon)................	27,9	0,148	2,78
à cocons blancs			
Bione (pur)	27,4	0,113	2,13
Piémont (Novi)..................	31,6	0,134	2,52
Milanais (Milanais).............	30,2	0,138	2,59
Milanais (Chine)...............	31,7	0,171	3,22
ESPAGNE			
à cocons jaunes.			
Murcie (Ronda)................	31,8	0,146	2,74
Valence (Corse)................	31,8	0,141	2,65
à cocons blancs.			
Valence (Grenade).............	31,7	0,151	2,84
SUISSE			
à cocons jaunes.			
Grisons (Race d'Italie)	31,7	0,165	3,10
à cocons verts			
Grisons (Race du Japon)........	29,9	0,158	2,97
à cocons blancs			
Grisons (Race du Japon)	28,9	0,124	2,33
BULGARIE			
à cocons blancs			
Indigènes.....................	30,0	0,121	2,22

Races	Finesse	Titre	
	millièmes de millimètres	grammes	deniers
GRÈCE *à cocons jaunes*			
Andros (Vitalis)	31,4	0,126	2,37
Andros	26,1	0,106	2,00
à cocons blancs			
Kalamata..................	29,8	0,127	2,39
TURQUIE *à cocons jaunes*			
Syrie (montagne) (Saraine).....	30,9	0,142	2,67
à cocons verts			
Syrie (plaines) (Japon).........	27,1	0,152	2,86
à cocons blancs			
Brousse (Race de Bagdad)......	31,6	0,148	2,78
RUSSIE (Caucase) *à cocons jaunes*			
Bakou (Talich)	27,9	0,134	2,52
PERSE (Ghilan)			
à cocons jaunes..............	27,1	0,098	1,84
à cocons blancs	28,3	0,114	2,14
INDES *à cocons jaunes ou blancs*			
Birmanie (*Bombyx arracanensis*)	22,9	0,135	2,54
à cocons jaunes			
Birbhoum (*Bombyx Cræsi*).....	»	1,50	2,82
Sorampore (id)....	»	1,36	2,36

Races	Finesse	Titre	
	millièmes de millimètres	grammes	deniers
à cocons verts			
Panjab (Race du Japon)........	»	1,50	2,82
à cocons d'un blanc verdâtre			
Coimbatore et Cuddapah (*Bombyx méridionalis*)	19,5	»	»
à cocons blancs			
Serampore (*Bombyx Cræsi*)....	»	1,20	2,26
CHINE			
à cocons jaunes			
Tché-Kiang (*Kia-tsan*).........	28,7	0,131	2,47
Tché-Kiang (*Hoang-Kiao tsan*)..	25,4	0,110	2,07
Chan-toung	24,8	0,090	1,69
à cocons blancs			
Tché-Kiang (*Pèh-pi tsan*).......	24,8	0,099	1,86
Kouang-toung (Loun-youi)	20,7	0,147	2,76
Chan-toung	26,5	0,136	2,56
JAPON			
à cocons verts			
Chinano (*Kiu-sei*)..............	28,7	0,172	3,23
Chinano (*Kinai san*)...........	27,9	0,156	2,93
à cocons blancs			
Iwachiro (*Aka-jiku*)	28,4	0,206	3,87
Iwachiro (*Ao-jiku*)............	29,7	0,187	3,50
Chinano (*Ko-ichi-maru*)	25,6	0,165	3,10
Chinano (*Mata-mukachi*).......	25,6	0,106	2,00
Iwachiro (*Oni-thimi-zumi*)......	26,4	0,180	3,39
Chinano (*Fime san*)...........	26,5	0,155	2,01

Races	Finesse	Titre	
	millièmes de millimètres	grammes	deniers
Kodzouké (*Ni-Koua san*).......	25,9	0,123	2,31
Kodzouké (*Chi-Koua san*)......	26,4	0,174	3,27
COCHINCHINE			
à cocons jaunes	22,2	0,111	2,09
CAMBODGE			
à cocons jaunes	21,1	0,095	1,78
à cocons jaunes	18,4	0,086	1,62
TONKIN			
à cocons jaunes	28,0	0,114	2,14
MAROC			
Indigène ?....................	26,8	0,152	2,86

II. — *Vers à soie sauvages*

(d'après Perez de Nueros)

	Finesse		Finesse
Bombyx mori..........	20	*Antheræa mylitta*......	54
— *tertor*	15	*Actias selene*..........	66
— *sinensis*........	12	*Philosamia cyntia*......	32
— *cræsi*.........	11	— *arrindia*....	37
— *fortunatus*.....	12	*Attacus atlas*	16
Théophila Huttoni	25	— *aurata*.........	40
Antheræ Pernyi........	49	— *hesperus*.......	30
— *Yamo-maï*	42	— *orbignyanus*...	43
— *Perrottetii*	43	*Semia cecropia*.........	32
— *assama*.......	55	*Telea polyphemus*......	29

(d'après Targioni-Tozzetti).

	Finesse		Finesse
Antheræa paphia.......	57,0	*Porthesia chrysarrhœa*..	7,0
Philosamia ricini......	75,0	*Hypogymna dispar*.....	14,0
Saturnia corpini.......	70,0	*Stilpuctia salicis*.......	10,6
— *pyri*.........	45,0	*Tortrix viridana*.......	26,0
Lasiocampa quercifolia.	31,0	*Coléophora*...........	8,4
Pachypasa otus........	24,0		

(d'après Thomas Wardle)

	Finesse
Caligula japonica	15,4
Pachypasa otus	17,1
Rondotia menciana	18,1
Bombyx textor.	20,3
Theophila mandarina	25,0
Philosamia ricini	34,7
— *cynthia*.	44,3
Attacus atlas.	44,6
Antheræa yama maï.	45,8
Actias selene.	48,5
Circula trifenestreta	61,2
Antheræa essama.	64,5
— *pernyi*	68,0
— *Mylitta*	68,7
— *Frithii*	70,0
Philosamia Walkeri.	36,2

Densité. — La fibroïne, la soie pure a une densité de 1,40 ; celle de la soie grège est de 1,60. Le grès qui enveloppe la fibroïne a un poids spécifique de 1,75. La densité de la soie varie avec les races et les espèces. Nous donnons ci-dessous un tableau de ces densités qui ont été prises avec tous les soins que demandent une détermination aussi délicate :

	Grège	Décreusée
Bombyx mori	1,60	1,40
Attacus Yama-maï	1,66	1,43
Attacus Pernyi	1,58	1,405
Attacus Mylitta	1,65	1,46
Théophila mandarina	1,50	1,33
Rondatia menciana	1,52	1,35
Attacus Cynthia	1,57	1,39
Attacus Ricini	1,55	1,37
Araignées	1,39	1,18

Cette densité de la soie varie avec la teinture et les opérations mécaniques qu'on lui fait subir.

Tenacité. — La soie est, de toutes les fibres textiles, la plus tenace, comme on peut s'en convaincre par le tableau suivant donnant le coefficient de résistance des principales fibres :

Soie	27,500
Chanvre	25,949
Fil d'araignée	18,809
Lin	17,500
Laine	13,951
Cheveu	11,595
Crin de cheval	9,644
Coton	8,250
Tendons	6,250
Nerfs	1,350
Muscles	0,040

La tenacité de la soie varie suivant les races et les espèces ; le tableau suivant résume nos connaissances à ce sujet.

Tenacité des soies

I. — *Vers à soie domestiques*

(D'après le laboratoire d'études de la soie de Lyon)

Races	tenacité en grammes	Races	Tenacité en grammes
FRANCE			
à cocons jaunes		*à cocons verts*	
Gard (Cévenne)	9,1	Ligurie (Japon)	9,6
Var (Gros Var).	11,4	*à cocons blancs*	
Var (Moyen Var). . . .	9,7		
Var (Petit Var).	8.4	Bione (pur).	8,5
Drôme (Bione-Var) . .	10,5	Piémont (Novi).	8,3
Alpes-marit. (Alpes) .	9,4	Milanais (Milanais). . .	8,9
à cocons blancs		Milanais (Chine). . . .	9,7
Gard (Sina).	9,5	**ESPAGNE**	
Gard (Val'erangue). .	7,0	*à cocons jaunes*	
Var (Var pâle).	9,7		
Var.	9,6	Murcie (Ronda)	11,9
ITALIE		Valence (Corse)	8,3
à cocons jaunes		*à cocons blancs*	
Bergane (Ascoli). . . .	9,13	Valence (Grenade). . .	10,4
Milanais (pet. milanais)	8,4	**SUISSE**	
Toscane (Carpinese). .	10,5	*à cocons blancs*	
Toscane (Pestellina). .	10,3		
Toscane (Sardaigne-Italie).	7,4	Grisons (race d'italie).	10,3
Toscane (Corse-Italie).	11,1	*à cocons verts*	
Messine (Italie).	10,7	Grisons (race du Japon)	9,0

Races	Ténacité en grammes	Races	Ténacité en grammes
à cocons blancs		**INDE**	
Grisons (race du Japon)	8,7	*à cocons jaunes ou blancs*	
BULGARIE		Birmanie (*Bombyx ar-racanensis*)	6,5
à cocons blancs		*à cocons jaunes*	
Indigène	7,3	Birbhoum (*Bombyx Crœsi*)	9,1
GRÈCE		Sérampore (*Bombyx Crœsi*)	6,5
à cocons jaunes		*à cocons verts*	
Andros (Vitalis)	8,9	Penjal (race du Japon)	7,8
Andros	8,1	*à cocons d'un blanc ver-dâtre*	
à cocons blancs		Coimbatore et Cudda-pah (*B. meridionalis*)	4,5
Kalamata	8,0	*à cocons blancs*	
TURQUIE		Sérampore (*B. Crœsi*) .	6,3
à cocons jaunes		**CHINE**	
Syrie, montagne (Sa-raine)	8,2	*à cocons jaunes*	
à cocons verts		Tche-Kiang (*Kia tsan*) .	8,6
Syrie, plaine (Japon) .	9,0	Tche-Kiang (*Hoang-Kiao tsan*)	6,7
à cocons blancs		Chan-toung	6,5
Brousse (race de Bag-dad)	11,3	*à cocons blancs*	
RUSSIE (Caucase)		Tche-Kiang (*Péh-pi tsan*)	7,8
à cocons jaunes		Kouang-toung (*Loun-youi*)	4,8
Backou (Talich)	7,4	Chan-toung	7,8
PERSE (Ghilan)			
à cocons jaunes	6,6		
à cocons blancs	7,0		

Races	Tenacité en grammes	Races	Tenacité en grammes
JAPON		Kodzouké (*Ni - Koua san*)	5,6
à cocons verts		Kodzouké (*Chi - Koua san*)	7,9
Chinano (*Kiu-sei*) . . .	10,5	**COCHINCHINE**	
Chinano (*Kinai-san*). .	9,3	*à cocons jaunes*	6,7
à cocons blancs		**CAMBODGE**	
Iwachiro (*Aka-jiku*) . .	12,5	*à cocons jaunes*	5,0
Iwachiro (*Ao-jiku*) . . .	10,0	*à cocons blancs*	4,8
Chinano (*Ko-ichi-maru*)	10,3	**TONKIN**	
Chinano (*Mata-muka-chi*)	6,5	*à cocons jaunes*	5,8
Iwachiro (*Oni tchimi-zumi*)	11,0	**MAROC**	
Chinano (*Fime-san*) . .	9,3	Indigène ?	10,0

II. — *Vers à soie sauvages*

(D'après Perez de Nueros)

	Tenacité
Bombyx mori.	4,3
— *Textor*.	5,3
— *sinensis*	4,3
— *Crœsi*.	4,2
— *fortunatus*.	4,1
Théophila Huttoni.	12,2
Antherœa Pernyi	17,9
— *Yama-maï*.	17,4

	Tenacité
Antheræa Perrottetii	18,7
— *assama*	16,3
— *mylitta*	20,8
Actias selene	28,0
Philosamia Cynthia	8,3
— *arrindia*	6,8
Attacus atlas	4,6
— *aurata*	12,5
— *hesperus*	2,1
— *orbignyanus*	13,0
Semia cecropia	11,3
Telea polyphemus	10,2
Antheræa Frithii	25,24
Philosamia ricini	7,91
Théophila mandarina	8,10
Rondotia menciana	3,5
Philosamia Walkeri	8,52

(D'après Thomas Wardle)

	Tenacité
Attacus selene	7,53
Théophila mandarina	7,53
Philosamia ricini	7,91
Attacus atlas	8,19
Bombyx textor	8,41
Philosamia cynthia	8,41
Antheræa assama	12,84
— *Pernyi*	15,36
— *mylitta*	23,25
— *yama-maï*	24,84
— *Frithii*	25,24

Pour déterminer la rupture d'un fil de soie unique de
1 millimètre carré, il faut un poids de 43 kilogrammes.
La tenacité des soies n'est pas proportionnelle à leur volume. La tenacité des soies composées du même nombre
de fils augmente avec leur volume, mais par des différen-

ces décroissantes ; en d'autres termes, tout étant égal d'ailleurs, la soie la plus fine est proportionnellement la plus forte ou la plus tenace.

La tenacité des soies composées de nombres croissants de fils augmente dans une proportion plus rapide que le volume des soies ; en d'autres termes, la tenacité augmente par des différences croissantes dans les soies composées de nombres croissants de fils.

A volume, ou à titre égal, la soie la plus forte est celle dans la composition de laquelle il entre le plus grand nombre de fils. En d'autres termes, si deux soies ont le même titre, mais que l'une soit composée de quatre fils et l'autre de cinq, c'est la dernière qui est la plus tenace ou la plus forte.

La tenacité, dans les soies composées, croît en proportion des contacts qui s'établissent entre les fils. La soie composée de sept fils est proportionnellement plus tenace. (Robinet)

Le montage augmente la tenacité de la soie. Par la cuite, la soie grège perd 25 à 20 pour 100 de sa force.

L'humidité fait varier la force de la soie. Voici, d'après M. Persoz, les différences que l'on remarque à ce sujet :

Fil trempé dans l'eau pendant 24 heures. . .	115
Fil à son état normal.	132
Fil desséché à 120°	127
Fil décreusé.	102

Elasticité. — La soie est très élastique, on peut lui faire subir un allongement de 1/7 à 1/5 sans la rompre. Cette propriété a été mise à profit pour certains traitements industriels, notamment les *étirages*. L'élasticité de la soie, comme du reste ses autres propriétés, varie avec l'espèce et la race des vers qui la fournissent. Nous donnons dans le tableau suivant les données qui sont en notre connaissance :

Élasticité des soies

I. — *Vers à soie domestiques*

(D'après le Laboratoire d'études de la soie de Lyon)

Races	Élasticité pour 100	Races	Élasticité pour 100
FRANCE		*à cocons verts*	
à cocons jaunes		Ligurie (Japon)	11,8
Gard (Cévennes). . . .	8,3	*à cocons blancs*	
Var (Gros Var). . . .	12,6	Bione (pur).	13,7
Var (Moyen Var). . . .	12,0	Piémont (Novi).	14,1
Var (Petit Var).	10,9	Milanais (Milanais). . .	11,7
Drôme (Bione Var). . .	14,7	Milanais (Chine)	11,7
Alpes-Maritimes(Alpes)	9,7		
à cocons blancs		**ESPAGNE**	
Gard *(Sina)*.	9,1	*à cocons jaunes*	
Gard (Vallerangue) . .	10,8	Murcie (Ronda)	15,4
Var (Var pâle)	9,8	Valence (Corse)	11,8
Var	12,3	*à cocons blancs*	
ITALIE		Valence (Grenade). . .	17,0
à cocons jaunes		**SUISSE**	
Bergame (Ascoli) . . .	11,8	*à cocons jaunes*	
Milanais (Petit Milanais)	11,3	Grisons (race d'Italie).	13,2
Toscane (Carpinese). .	13,2	*à cocons verts*	
Toscane (Pestellina) . .	15,6	Grisons (race du Japon)	12,5
Toscane (Sardaigne-Italie).	16,0	*à cocons blancs*	
Toscane (Corse-Italie).	13,2	Grisons (race du Japon)	13,2
Messine (Italie).	14,8		

Races	Elasticité pour 100	Races	Elasticité pour 100
BULGARIE		**INDE**	
à cocons blancs		*à cocons jaunes ou blancs*	
Indigène	14,2	Birmanie (*Bombyx arrocanensis*)	17,0
GRÈCE		*à cocons jaunes*	
à cocons jaunes		Birbhoum (*Bombyx Crœsi*)	15,8
Andros (Vitalis)	11,0	Serampore (*Bombyx Crœsi*)	14,5
Andros	12,3	*à cocons verts*	
à cocons blancs		Penjab (Race du Japon)	14,1
Kalamata	8,6	*à cocons d'un blanc verdâtre*	
TURQUIE		Coimbatore et Cuddapah (*B. méridionalis*).	6,0
à cocons jaunes		*à cocons blancs*	
Syrie, montagne (Saraigne)	12,2	Serampore (*Crœsi*). . .	11,3
à cocons verts		**CHINE**	
Syrie, plaine (Japon) .	12 6	*à cocons jaunes*	
à cocons blancs		Tché-Kiang (kia-tsan).	8,9
Brousse (race de Bagdad)	10,6	Tché-Kiang (Hoang-kiao tsan)	10,4
RUSSIE (Caucase)		Chan-toung	9,4
à cocons jaunes		*à cocons blancs*	
Bakou (Talich)	10,5	Tché-Kiang (Pèh-pi tsan)	10,8
PERSE (Ghilan)			
à cocons jaunes	11,1		
à cocons blancs	12,6		

Races	Elasticité pour 100	Races	Elasticité pour 100
Kouang-toung (Loun-youï)	10,0	Chinano (*Fime-san*) . .	13,7
		Kodzouké (*Ni-koua san*)	7,6
Chan-tong	10,0	Kodzouké (*Chi-koua san*)	11,1
JAPON		**COCHINCHINE**	
à cocons verts		*à cocons jaunes*	8,5
Chinano (Kiu-sei) . . .	13,7	**CAMBODGE**	
Chinano (Kinai-san) . .	11,8	*à cocons jaunes*	8,6
à cocons blancs		*à cocons jaunes*	7,6
Iwachiro (*Aka-jiku*) . .	14,6	**TONKIN**	
Iwachiro (*Ao-jiku*) . . .	10,3	*à cocons jaunes*	7,8
Chinano (*Ko-ichi-maru*)	13,4	**MAROC**	
Chinano (*Mata-mukachi*)	9,0	Indigène ?	14,1
Iwachiro (*Oni-tchimi-zumi*)	13,0		

II. — *Vers à soie sauvages*

(d'après Perez de Nueros)

<table>
<tr><td></td><td>Elasticité pour 100</td></tr>
<tr><td>Bombyx mori . . . .</td><td>11,8</td></tr>
<tr><td>— textor . . . .</td><td>9,9</td></tr>
<tr><td>— sinensis . . . .</td><td>7,3</td></tr>
<tr><td>— Cræsi . . . .</td><td>7,1</td></tr>
<tr><td>— fortunatus . . . .</td><td>7,2</td></tr>
<tr><td>Théophila Huttoni . . . .</td><td>13,3</td></tr>
</table>

Elasticité pour 100

Antherœa Pernyi	16,3
— *Yama-maï*	22,8
— *Perrottetii*	20,2
— *assama*	23,9
— *mylitta*	18,1
Actias selene	1,37
Philosamia cynthia	14,4
— *arrindia*	18,5
Attacus atlas	8,8
— *aurata*	14,9
— *hesperus*	4,2
— *arbignyanus*	13,1
Semia cecropia	12,2
Telea polyphemus	11,9

Antherœa Frithii	8.1
Philosamia ricini	4,4
Théophila mandarina	10,1
Rondatia menciana	16,6
Philosamia Walkeri	12,1

(d'après Thomas Wardle)

Elasticité pour 100

Attacus atlas	2,8
Actias selene	2,8
Theophila mandarina	3,1
Bombyx textor	3,4
Philosamia ricini	4,4
Antherœa mylitta	4,7
— *Pernyi*	5,6
Philosamia Cynthia	6,0
Antherœa assama	6,4
— *yama maï*	7,2
— *Frithii*	8,1
Rondotia menciana	19,0

Voici d'après M. Persoz les allongements qui correspondent à des fractions successives sur un fil de 50 centimètres :

Traction	Allongement	Allongement persistant aussitôt après suppression de la traction.
grammes	millimètres	millimètres
10	3	»
20	5	»
30	8	»
40	10	1
50	13	1
60	17	1
70	21	1
80	26	3
90	37	9
95	39	10
100	45	14
105	54	21
110	57	23
115	61	26
120	72	33
125	75	36
127 rupture	77	

Dans les soies composées du même nombre de fils, la ductilité relative n'est pas proportionnelle au volume. Dans les mêmes soies la ductilité absolue croît dans une très petite proportion avec le volume. Dans les soies composées de nombre croissants de fils, l'allongement n'est pas proportionnel au volume. Dans les mêmes soies, la ductilité absolue augmente dans une certaine proportion avec le nombre de fils. Ces augmentations de ductilité sont successives et offrent une certaine régularité.

À volume égal, la soie la plus ductile est celle dans la composition de laquelle on fait entrer le plus grand nombre de fils. En d'autres termes, deux soies du même titre étant données, s'il y a 5 fils dans l'une et 6 fils dans l'autre, c'est la dernière qui sera la plus ductile. (Robinet)

Le décreusage augmente l'élasticité, il en est de même de l'humidité. Le tableau suivant le prouve suffisamment :

Fil trempé dans l'eau pendant 24 heures. .	22,3
Fil à son état normal.	19
Fil desséché à 120°	8,2
Fil décreusé.	14,2

La soie mouillée étirée se rapproche aussitôt de ses dimensions premières au lieu d'exiger, pour y revenir spontanément, des heures et même des jours entiers lorsqu'elle est sèche. Voici des expériences qui mettent en évidence cette propriété :

	sèche.	mouillée.
Longueur du fil.	50 cent.	50 cent.
Traction	40 gr.	40 gr.
Allongement	5 cent.	5 cent.
Allongement persistant après suppression de la traction. . .	2.5 cent.	0,3

Nous avons répété cette expérience sur un fil de 2 mètres de longueur, voici les résultats que nous avons obtenus :

	sèche.	mouillée.
Longueur du fil	2 mètres.	2 mètres.
Traction	50 gr.	50 gr.
Allongement	30 cent.	30 cent.
— après suppression de traction.	21 —	1,5 —
— après 1/2 heure	15 —	1,0 —
— après 1 heure.	10 —	0,5 —
— après 2 heures	8 —	0,3 —

Allongement après 5 heures. . .   4 cent.   0,1 cent.
— après 10 heures . . . . . . 1,5 —   0
— après 24 heures . . . . . . 0,5 —   0
— après 48 heures 0   0

Un fil de soie desséché à 115 degrés, plongé dans l'eau se contracte de 0,7 pour 100 suivant M. Persoz. De notre côté, nous avons expérimenté sur un fil de 10 mètres de long, et nous avons trouvé exactement 1 pour 100.

Chaleur. — La soie et très mauvaise conductrice de la chaleur. La soie soumise à la chaleur, perd de l'eau et devient anhydre. Il faut une demi-heure à 110 degrés pour obtenir la deshydradation complète. Jusqu'à 170°, la soie n'éprouve aucune altération, mais, au-dessus, elle commence à roussir, devenir cassante et finalement se décompose en produits goudronneux et empyreumatiques.

Électricité. — La soie est une substance très mauvaise conductrice de l'électricité. En outre elle se charge par le frottement d'électricité positive ou négative ainsi qu'on l'enseigne dans tous les traités de physique. Cette facile électrisation de la soie est un sérieux embarras pour les fabricants de déchets de soie, lesquels sont soumis aux frottements des peignes, des cordes, etc. La soie ainsi électrisée, s'attache aux cylindres, aux bâti et aux objets bons conducteurs composant les machines, ce qui rend le travail très difficile. l'électrisation est encore manifeste après 24 heures de repos. Dans les ateliers on combat ces inconvénients en dégageant de la vapeur dans les salles où l'on travaille la bourre de soie.

Pouvoir absorbant. — La soie est poreuse, quoique au microscope elle apparaisse sous forme de filaments pleins. Cette porosité lui donne la propriété d'absorber les gaz comme le charbon de bois. Elle absorbe faiblement les gaz

16

inertes et insolubles et, **au** contraire, avec beaucoup d'é-
nergie, les gaz solubles alcalins ou acides.

1 kilogramme de soie absorbe :

> 30 litres d'ammoniaque.
> 25 litres d'acide chlorhydrique.
> 25 litres d'acide sulfureux.
> 15 litres d'acide sulfhydrique.
> 10 litres d'acide carbonique
> 2 litres d'oxyde de carbone.
> 1 litre d'azote.
> 0,5 litre d'hydrogène.

A la lumière les soies colorées se décolorent. Enfin la soie
résiste très bien aux agents atmosphériques et se conserve
indéfiniment.

Propriétés chimiques.

Alcalis. — Sous l'influence de la chaleur la soie brûle en
répandant l'odeur des matières animales. Après combustion complète, elle laisse 0,74 pour 100 de cendres.

L'eau bouillante décreuse la soie et après une ébullition
de 40 heures peut même lui faire perdre 30 pour 100 de
son poids. La longue action de l'eau bouillante fait subir
une certaine transformation à la fibroïne, car la tenacité
de la soie ainsi traitée se trouve plus affaiblie que par l'é-
bullition avec l'eau de savon. L'eau sous pression, à 175°,
dissout complètement la soie et la transforme en une masse
liquide visqueuse de composition inconnue, mais qui a
perdu toutes les propriétés de la soie.

Les alcalis caustiques et carbonates attaquent le grès,
puis la fibroïne de la soie. Les alcalis concentrés la dissolvent entièrement et elle n'est pas précipitée par les acides;

étendus, les alcalis agissent avec moins d'énergie : ils dissolvent complètement le grès, énervent et enlèvent le brillant de la fibroïne. C'est pourquoi la cuite aux alcalis est délaissée. Les alcalis saturés comme le silicate de soude, le sulfure de sodium, le zincate de soude, etc.. agissent avec beaucoup moins d'énergie; cependant leur emploi pour la cuite de la soie ne s'est pas propagé. On s'en tient aujourd'hui au savon comme nous le verrons ci-après. L'ammoniaque pure n'a aucune action sur la soie, mais employée pour la cuite elle ne donne qu'une fibre à ton mat désagréable. Il en est de même du carbonate d'ammoniaque.

L'eau céleste dissout la soie de même que la dissolution d'oxyde de nickel dans l'ammoniaque.

La chaux rend la soie cassante et la brûle; la baryte agit d'une façon identique.

Acides. — Les acides minéraux énergiques concentrés désorganisent et détruisent rapidement la soie, étendus, ils ne l'altèrent pas. Très dilués ils attaquent le grès à chaud et peuvent servir pour décreuser la soie.

L'acide sulfurique concentré attaque profondément la soie, il la dissout et le liquide étendu précipite par le tannin; l'acide sulfurique étendu et chaud en altère la force.

L'acide chlorhydrique gazeux détériore la soie sans la liquifier; à chaud et concentré il la dissout ; étendu il est sans action.

L'acide nitrique détruit rapidement le fibroïne. Concentré il la dissout et, finalement à l'ébullition, il se produit de l'acide oxalique et de l'acide picrique. Moyennement étendu il colore la soie en beau jaune orangé se développant par les alcalis, dit *mandarin*. Cette couleur est de l'acide xanthoprotéïque.

L'acide sulfureux décolore les soies, on en tire un grand parti dans l'industrie.

Les acides arséniques et phosphoriques dissolvent le

grès sans attaquer la fibroïne. L'acide permanganique oxyde la fibre et la brunit par suite du dépôt de manganèse qui s'y forme ; l'acide sulfureux enlève cette coloration et laisse la fibre très blanche. L'acide chromique se fixe énergiquement sur la soie.

L'acide acétique cristallisable et à froid enlève à la soie sa matière colorante ; chauffé sous pression il dissout la fibroïne. Le tannin se combine avec la soie qui peut en absorber 40 pour 100 de son poids.

Sels. — La soie absorbe facilement la plupart des sels métalliques. On a mis à profit cette action absorbante de la soie pour les sels de fer, d'étain et de plomb pour charger les soies teintes comme nous le verrons plus loin. Par l'emploi de différents moyens on est arrivé à charger la soie à *1000 pour 100 de son poids* ! Cet usage déplorable est tellement général qu'aucune soie ne sort de chez le teinturier sans avoir une charge supérieure à 30 pour 100 pour les soies claires et 100 pour 100 pour les soies noires.

Les sels d'argent et d'or et de platine sont réduits à l'état métallique, par le brunissage on relève leur éclat et la soie est argentée ou dorée. Les sels de mercure colorent la soie en amarante. Le chlorure de zinc concentré dissout en peu de temps, sous l'influence de la chaleur, de grandes quantités de soie. La solution doit marquer 60° Baumé.

Couleurs. — Enfin la soie possède à un haut degré la propriété de fixer les matières colorantes. Les autres fibres, la laine même, ne sauraient lui disputer cette affinité pour les couleurs. Elle s'est surtout révélée pour les matières colorantes artificielles qu'elle absorbe avec énergie et elle en fait ressortir la beauté par des chatoiements et des jeux de lumière merveilleux.

Composition.

On ne connaît pas la constitution chimique *réelle* de la
soie. Sa composition *exacte* a été déterminée par M. Paul
Francezon, filateur à Alais, qui l'a publié dans ses *Notes
pour servir à l'étude de la soie*, parues en 1880. Cet habile
chimiste-industriel-filateur relève les hérésies de Muller
sur la composition de la soie et qui sont pronées dans tous
les traités de chimie, qui se sont, du reste, bornés à se
copier les uns les autres, sans contrôler les résultats avan-
cés. Voici la composition des soies blanches et jaunes des
Cévennes, d'après M. Francezon :

	SOIE JAUNE		SOIE BLANCHE	
	coques	soie	coques	soie
Fibroïne (y compris 0,17 à 0,22 de sels).	72,38	75,18	74,45	76,49
Substance gélatigène	22,89	22,42	21,61	21,46
Corps extraits par l'alcool	3,27	1.44	2,60	1,50
Sels	1,46	0,56	1,28	0,55
	100	100	100	100

Soit en résumé :

Fibroïne.	72.38	75,18	74,45	76,49
Gomme de soie (grès).	27,62	24,82	25,55	23,51

La fibroïne est une matière albuminoïde non soufrée,
ayant pour composition élémentaire :

Carbone	48.6
Hydrogène	6,3
Azote	18.7
Oxygène	26,25

correspondant à la formule :

$$C^{71}\ H^{107}\ A^{24}\ O^{25}$$

La soie grège, sur laquelle ont, jusqu'ici, porté exclusivement les études des chimistes, ne présente pas la soie telle que le ver l'a secrétée, dit M. Paul Francezon, par les raisons suivantes :

« 1° La *coque du cocon* est formée d'une multitude de couches soyeuses d'une richesse très différente en gomme de soie et fibroïne : la proportion de cette dernière va en *augmentant sans cesse*, depuis le premier mètre de fil secrété par le ver, jusqu'au dernier, tandis que la gomme de soie suit une marche inverse (1).

Le fil de *soie grège*, qui est formé par la réunion et la soudure du brin de *plusieurs cocons se dévidant ensemble* (5 ou 6 généralement) est cependant d'une richesse assez régulière en fibroïne, parce que le filateur a grand soin de maintenir sans cesse parmi ceux-ci, des cocons *neufs, décidés à moitié et presque finis.*

2° Il n'y a que 70 0/0 environ de la coque qui donne la soie grège ; les 30 0/0 forment un déchet à part : frisons et estras.

3° Lorsqu'on file à l'eau claire, la coque perd la moitié environ des sels qu'elle contient, une grande partie des corps gras et une petite portion de la substance gélatigène.

4° Lorsqu'on file à l'eau très chargée des sels et des matières grasses des chrysalides écrasées, la coque perd encore la moitié des sels qu'elle contient, mais elle absorbe une partie des matières grasses dans lesquelles s'effectue son dévidage.

---

(1) Ce fait, que j'ai découvert et signalé en 1875, est facile à vérifier, en coupant des cocons dans le sens de la longueur, puis divisant les moitiés des coques en deux *parties égales* mais *parallèlement* aux couches soyeuses : on analyse à part toutes les moitiés extérieures et intérieures, ainsi que la blaise et les coques entières.

5° Enfin, avec des cocons identiques, filés par un même procédé de filature, on obtiendra des soies grèges légèrement différentes, suivant le battage et la température à laquelle s'effectuera le dévidage des cocons.

Il est donc certain que si l'étude de la soie grège offre un très grand intérêt au point de vue industriel, il n'en est pas de même au point de vue scientifique : Pour étudier la soie telle que le ver l'a secrétée, on ne peut employer que la *coque même du cocon* et avant qu'elle ait subi une opération quelconque, sauf celle de l'étouffage, qui est sans influence lorsqu'elle est pratiquée à la vapeur ou à l'air sec à 110°.

Je dois faire observer enfin en finissant que la soie étant un produit de secrétion animale, est loin d'avoir toujours et partout une composition absolument identique, comme le serait, par exemple, celle d'un sel cristallisé et pur ; la proportion relative de gomme de soie et de fibroïne varie légèrement pour une même race de vers et pour un même pays, d'une année à l'autre, et assez fortement d'une race à l'autre ; le sol où a poussé le mûrier dont la feuille sert de nourriture aux vers, *a une grande influence sur cette feuille* et partant sur les cocons qui seront produits ; et je ne serai démenti par aucun filateur, quand je dirai que des vers identiques, élevés dans la *plaine argileuse* ou dans des *montagnes granitiques* donneront des cocons très différents au point de vue du rendement, de la beauté et de la bonté du fil produit.»

Pour doser la fibroïne dans la soie, voici le procédé que recommande M. Paul Francezon :

« 1° On traite la matière soyeuse par deux bains de savon pur : la durée de chaque bain est d'une demi-heure et il renferme en savon sec deux fois le poids des coques quand il s'agit d'analyser ces dernières, et une fois seulement le poids de soie.

Cette différence tient à la structure compacte des coques qui les rend plus difficilement attaquables.

2° La matière soyeuse lavée à fond avec de l'eau distillée bouillante, passe dans deux cornues tubulées et bouchées à l'émeri et contenant chacune 500 cc. d'acide acétique pur et bouillant : la durée de chaque traitement est de 5 minutes, temps que les traitements fractionnés ont fait reconnaître suffisant pour que la fibroïne soit dépouillée du *corps gras* (1) *et des dernières traces de substance gélatigène* qu'elle retient énergiquement, sans cependant qu'elle soit attaquée elle-même d'une manière appréciable.

On lave enfin la fibroïne au sortir de la deuxième cornue et on la pèse à l'absolu. Son poids, comparé à celui de la soie, fait connaître la perte totale faite, en sels minéraux, corps gras et substance gélatigène, qui formaient ensemble le vernis ou *gomme de soie* : elle ne cède rien à l'alcool bouillant, et se comporte avec tous les dissolvants acides ou alcalins, concentrés ou très étendus, *comme une substance parfaitement homogène* qu'il est impossible de scinder en deux parties distinctes ; il est facile de mettre ces faits en lumière, en opérant par traitements fractionnés, exécutés avec soin. »

Voici la quantité de cendres que laissent les cocons, la soie filée à l'eau claire, et la soie filée à l'eau de chrysalide.

Cocons	1,64
Soie filée à l'eau claire	0,78
Soie filée à l'eau chrysalidée .	0,75

Les cocons perdent, pendant la filature, plus de la moitié des sels qu'ils contiennent. Cette perte ne diminue pas,

_____

(1) Dûs au savon acide, qu'il est impossible d'enlever à la fibroïne par l'eau distillée bouillante.

même quand on file avec une eau déjà chargée de sels terreux et de matières grasses des chrysalides.

Les cendres de cocons contiennent :

Silicate (forte trace)
Carbonate (beaucoup)
Phosphate   —
Sulfate (trace)
Chlorure —

D'alumine, de fer, de chaux, de magnésie, de potasse et de soude.

Les cendres de soie sont composées de :

Silicate
Carbonate
Phosphate
Sulfate

D'alumine, de fer, de chaux et de magnésie.

M. Paul Francezon a trouvé en outre que les soies filées dans des bassines de cuivre renferment 2 à 6 grammes de cuivre par 100 kilogrammes de soie. Si la soie est filée avec de l'eau de chrysalide, la soie en renferme moitié moins. Elles renferment en outre 0 gr. 560 à 0 gr. 980 de plomb par 100 kilogrammes de soie.

Les cocons n'en renferment pas, ainsi que la soie filée dans des bassines étamées. Ces petites quantités de cuivre et de plomb n'ont aucune influence pernicieuse sur la soie.

CHAPITRE XII

CUITE DE LA SOIE

La *cuite* ou *décreusage de la soie* est une opération qui a pour but de priver la soie de la plus grande partie de son grès.

La cuite pour blanc ou pour couleurs claires s'effectue en deux opérations, le *dégommage* et la *cuite*.

La cuite pour couleurs foncées demande moins de soins et ne s'effectue qu'en une seule opération : un dégommage plus prolongé que pour la cuite en blanc.

La cuite de la soie se fait presque exclusivement au savon. Le savon employé est du savon d'acide oléique, qui rince le mieux ; la marque *Daumas* est la plus estimée.

Dégommage. — Dans l'opération du dégommage, on fait tomber la plus grande masse du grès de la soie. Les matleaux de soie sont mis sur des bâtons de bois dits *bâtons de lise* de 1 mètre de longueur, à raison de deux par bâton. Ces deux bâtons reposent par leurs deux extrémités sur les bords longitudinaux des barques renfermant le bain de savon. Les barques ont 0ᵐ 80 de largeur, 0ᵐ 80 de profondeur et 5 mètres de longueur ; elles sont en bois doublé de cuivre et chauffées par un serpentin en cuivre dans lequel circule de la vapeur.

La dissolution de savon renferme 33 0/0 du poids de la

soie de savon et est chauffée à 90°, sans bouillir. Les soies sont *lisées* dans ce bain pendant une heure et demie. Le lisage s'effectue en faisant tourner les matteaux sur les bâtons et en promenant ces derniers dans le bain, rapidement d'abord et lentement ensuite. Le lisage mécanique a pendant longtemps été reconnu comme impossible, par la croyance, bien fondée, du reste, que la mécanique ne peut suffire aux petits détails de la manipulation à la main. MM. Duchamp et Cie ont imaginé un lisage mécanique imitant la main de l'homme et très ingénieusement compris.

La machine est représentée, figure 61. Le lisage s'effectue dans une barque ordinaire, au moyen de bâtons, comme dans l'opération à la main ; seulement les matteaux sont suspendus par deux bâtons semblables dont chacun remplit, à tour de rôle, l'office de la main de l'ouvrier pour faire évoluer la soie, tandis que l'autre sert d'organe de support et de transport. Pour conserver les distances régulières de chaque couple de bâtons, ceux-ci reposent dans des encoches de deux crémaillères fixées sur les grands côtés de la barque. Au-dessus de la barque est disposé un chariot roulant sur deux rails fixés au plafond ou portés par des colonnes ; de ce chariot descendent deux bras armés de griffes disposées pour saisir les bâtons par leurs extrémités et de les transporter en suivant un parcours déterminé par le tracé des cames portées par le chariot, et qui agissent, les unes pour élever ou abaisser les griffes, les autres pour leur donner un mouvement de translation horizontale en avant ou en arrière. On comprend que le tracé des cames peut être fait, par le calcul ou par tâtonnement, de manière à faire décrire à chacun des crochets toutes les évolutions possibles et à leur faire saisir, dans l'ordre voulu, chacun des bâtons composant un couple, de matière à faire élever les matteaux hors du bain, les re-

tourner, les reporter en avant et les redescendre dans le
bain en transposant les bâtons de manière à ce que les
matteaux sont alors suspendus par la partie précédemment immergée, et cela en imitant complètement les mouvements de l'ouvrier dans le lisage à la main. Lorsque les

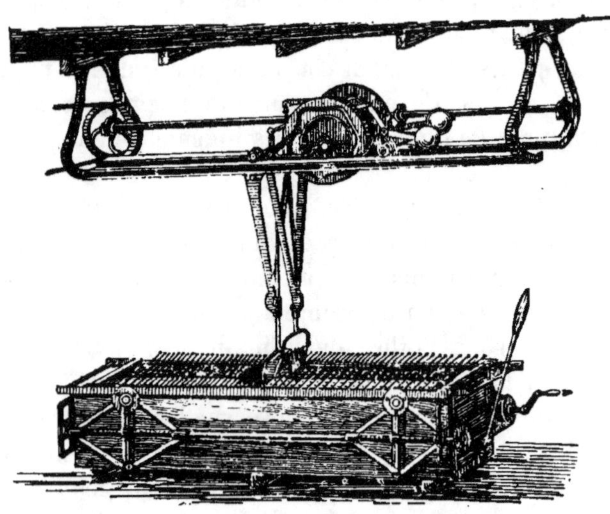

Fig. 61. — Liseuse mécanique.

crochets ont opéré sur une couple de bâtons, le chariot
s'avance et recommence sur la couple suivante, et ainsi
jusqu'au bout de la barque, où la machine s'arrête automatiquement. Alors, en tournant une manivelle placée à
l'une des extrémités de la barque, on élève deux crémaillères mobiles qui soulèvent à la fois tous les bâtons que
l'on transporte à leur place primitive d'un seul coup, en
repoussant horizontalement ces crémaillères, que l'on re-
descend ensuite pour laisser reposer définitivement les bâtons sur les crémaillères fixes. Ramenant le charriot au
commencement de la barque, on n'a qu'à mettre en marche pour faire une nouvelle *lise*.

Les appareils de M. César Corron fonctionnent à peu près de même.

Dans le bain de savon les soies gonflent, puis le grès tombe avec la couleur ; elles deviennent fines et soyeuses. Après le dégommage les soies sont *mi-cuites*. Elles ont perdu 18 à 20 pour 100.

Cuite. — Pour cuire les soies, il faut les faire bouillir avec le bain de savon. Les soies destinées à être teintes en foncé sont cuites dans le même bain que le dégommage, soit que l'opération se fasse dans les poches ou dans les mêmes barques du dégommage. Dans ce cas, on reponchonne le bain de 5 pour 100 de savon et on cuit deux heures. Si on continue en barques, on maintient à 100 degrés, sans faire bouillir, pour ne pas mêler les fils.

Pour les soies blanches ou destinées à recevoir la teinture claire, la cuite se fait dans un bain de savon neuf renfermant 20 pour 100 de savon du poids de la soie. Les soies sont relevées du bain de dégommage avec les bâtons, les matteaux sont tordus à la main pour les égoutter, sont *voltés*, c'est-à-dire roulés sur eux-mêmes, et une série de matteaux sont reliés par une corde ou *encordés*. On les met dans un sac en toile claire ou en crin, dit *poche*, on coud l'ouverture et on jette cette poche dans le bain de savon bouillant contenu dans une chaudière. Cette chaudière a 2 mètres de profondeur, elle est conique et mesure 1 mètre 80 à 2 mètres de diamètre à la partie supérieure et 1 mètre de diamètre à la partie inférieure. Le bain de savon est maintenu à l'ébullition pendant deux heures au moyen d'un foyer chauffant directement la chaudière. On examine les soies, si elles présentent des plaques non cuites, dites *biscuits*, on leur donne une seconde cuite dans un bain de savon à 15 pour 100 pendant une heure environ.

Le *blanchiment* est une seconde cuite à 10 % de savon,

à la température de 60°, que l'on fait subir aux soies destinées à rester blanches.

Les bains de savon provenant des cuites sont additionnés ou *reponchonnés* de 10 pour 100 de savon neuf et sont employés pour le dégommage.

La soie cuite à fond perd 25 à 27 pour 100 de son poids.

On emploie encore un autre mode de cuite, dite *cuite au piano*. Le *piano* se compose d'une caisse rectangulaire en tôle solidement construite. dans laquelle se trouve un châssis portant des rouleaux en bois parallèles sur lesquels sont placés horizontalement les matteaux de soie. A chaque extrémité des rouleaux se trouve une roue dentée. engrenant avec les voisines. Le mouvement est donné au premier rouleau qui le communique à tous les autres. Le châssis est mobile. on le sort du piano au moyen d'une poulie. pour le charger et le décharger. Les matteaux étant disposés sur les rouleaux, on ferme hermétiquement le piano, on met les rouleaux en mouvement et on fait arriver de la vapeur sous pression qui porte rapidement à l'ébullition le liquide savonneux. Les soies sont vite cuites. Ce système a été délaissé à la suite de quelques explosions qui se sont produites. Néanmoins nous l'avons vu fonctionner dans plusieurs usines pour la cuite des soies fortement montées.

Lavages. — Après la cuite, on lave la soie pour la débarrasser du savon et du grès qu'elle renferme encore en émulsion. Les lavages doivent se conduire avec beaucoup de précautions. On commence par un rinçage dans une eau alcalinisée par des cristaux. pour éviter la formation de grumeaux de savons gras acides. Ce rinçage s'effectue dans des barques où on lise la soie ; on peut aussi employer la machine à liser, figure 61. On peut après laver les matteaux à la rivière ou à l'aide de machines. Comme les machines à laver sont très usitées, nous allons en donner une rapide description.

Le plus ancien système est celui de Berthaut, dont le principe consiste à faire tourner la soie dressée et tendue sur deux cylindres en fonte émaillée ou en porcelaine, à section polygonale, placés horizontalement au-dessous l'un de l'autre et tournant dans le même sens. Ces cylindres tournent autour d'un axe creux percé de petits trous par lesquels sort de l'eau sous pression dont les jets sont dirigés contre la soie. En 5 ou 10 minutes le lavage est terminé. Une machine est composée de 12 cylindres ; 6 marchent et 6 sont arrêtés, alternativement. Pendant qu'on charge les cylindres immobiles, la soie se lave sur les 6 autres, et *vice versâ*.

Ce système a été simplifié dans les *laveuses prussiennes*. Ces laveuses consistent en guindres cannelés, en porcelaine, placés horizontalement et percés de petits trous par où jaillit l'eau qui arrive sous pression dans leur intérieur. Les matteaux de soie y sont pendus verticalement, par leur propre poids. Les guindres faisant 5 à 6 tours par minute, changent constamment la soie de place et en présentent toutes les parties à l'action des jets d'eau s'échappant des génératrices. Ce système donne d'excellents résultats.

M. Henrich Berchtold, de Thalweil, a modifié cette machine en composant les guindres d'un cylindre extérieur formé par des baguettes, animé d'un mouvement de rotation entraînant les écheveaux développés pour présenter le plus de surface possible, et d'un cylindre intérieur fixe, ou manchon. Ce manchon est percé de deux rangs de trous un peu plus bas que les génératrices du diamètre horizontal, par lequel l'eau s'échappe avec force, toujours dans le même sens et sans être entraînée dans le mouvement comme dans les machines dites prussiennes. Cette disposition offre de grands avantages au point de la vue de la force de projection dans l'eau et de l'impossibilité de *brousiller* les écheveaux, ce qui a lieu dans le cas des prussiennes, lorsque le jet vient à s'accélérer à la partie supérieure du cylindre. On met 10 à 12 guindres dans une grande cuve quadrangulaire en tôle ou en bois. La figure 62 montre une laveuse à 10 cylindres.

Un autre genre de laveuses très employées est celui des machines à battre et à laver simultanément. Nous ne

Fig. 62. — Machine à laver.

décrirons que la machine de MM. Boulieu et Charlieu, de Lyon, dont nous donnons une coupe figure 63. L'appareil se compose d'un arbre horizontal O, portant deux tourteaux A distancés l'un de l'autre de 1 mètre environ. Ces tourteaux portent quatre couples de guindres cannelés en cuivre I et J, qui peuvent tourner autour de leurs tourillons. Les guindres I, les plus éloignés du centre O, portent seuls les écheveaux ; ils peuvent oscil-

ler d'un côté pour opérer le chargement et le décharge-
ment.

Une roue à palette B portant quatre plateaux D en bois,
et tournant avec la même vitesse angulaire que les tourteaux A. L'arbre O′ de cette roue peut s'approcher ou s'é-
loigner de O. Le tout est entouré d'une enveloppe en tôle I

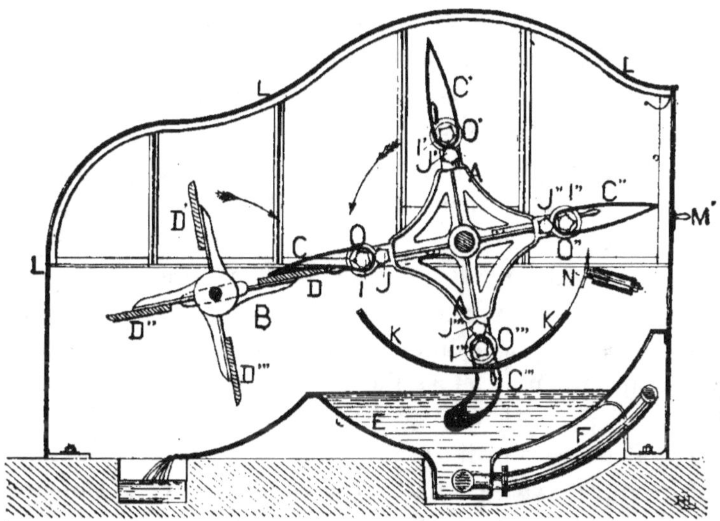

Fig. 63. — Machine à battre.

munie d'une porte de service M. Le chargement étant fait,
on met la machine en mouvement, avec une vitesse de 80
à 100 tours à la minute. Les matteaux, en vertu de la
force centrifuge, prennent la direction du centre O et viennent frapper sur les plateaux, de telle façon que C frappe
sur C, C′ sur D′, C″ sur D″ et C‴ sur D‴, puis ils viennent
se gasser dans l'eau de la couche E, alimentée par le tuyau
F, et ainsi de suite jusqu'à complet lavage. On voit que le
principe du battage est positivement le même que dans le
lavage à la main. L'on a de plus ici l'avantage de varier à
volonté la force ou la puissance du battage.

17

En effet, si nous considérons l'écheveau C et le plateau D à leur point moyen de contact, nous verrons que si ce point est à distance égale de O et de O', la vitesse circonférentielle étant la même, il n'y a aucun choc, et par suite aucun battage. Si, au contraire, la distance de ce point O' est plus petite que la distance à O, la vitesse circonférentielle étant différente, il y aura choc et, par conséquent, battage ; celui-ci sera d'autant plus énergique que la différence des longueurs sera plus grande. Or, nous avons vu que l'on pouvait varier à volonté la distance de O' à O. Le battage sera maximum si, par un moyen quelconque, on rend B fixe et que l'on ne frappe que sur un seul plateau. L'on obtient ainsi le principe de la machine employée pour laver les *grosses* ou cordonnets pour franges, filets, etc... Dans ce cas l'on met des tourteaux à six bras et couples de guindres, et un battoir fixe à deux ailettes, qui suppriment les guides K destinés à maintenir constamment les flottes au milieu de leur guindre. Le lavage étant terminé, un timbre avertit l'ouvrier, la machine s'arrête seule et la vanne d'arrivée d'eau se ferme.

Une autre laveuse à battre est composée d'un tambour prismatique, de 2 mètres de diamètre sur 1 mètre d'épaisseur, tournant avec rapidité sur son axe horizontal. Les écheveaux sont placés sur des barres disposées suivant les arêtes du prisme et percées de trous par lesquels l'eau est dirigée contre la soie. A une certaine hauteur se trouve un plateau sur lequel viennent battre successivement les écheveaux. Le tout est renfermé dans une chambre pour éviter les projections d'eau. La soie cuite a un toucher doux et craquant qu'on a pris pour type sous le nom de *toucher soyeux*.

Autres méthodes de décreusage. — Le décreusage de la soie peut se faire au moyen des alcalis caustiques faibles. Mais comme l'action prolongée de la potasse ou de la soude sur la soie la détériore, on ne l'emploie jamais pour les soies fines quoique la cuite soit plus rapide que celle au savon.

On l'emploie pour les soies de fantaisies et dans ce cas la cuite aux alcalis présente un avantage, celui de brûler le duvet. On lisse ces soies dans un bain à 3 ou 4 pour 100 de potasse ou de soude caustique, maintenu à 60°. L'opération dure 30 minutes. On lave ensuite à la machine à battre pour bien dégorger. La perte des soies de fantaisie est de 10 à 12 pour 100.

La cuite aux carbonates alcalins, proposée par Rigaut en 1762, se fait de même dans un bain à 10 pour 100 de carbonate de soude du poids de la soie, à la température de 80°, pendant une heure et demie. L'opération est terminée lorsque la soie fait entendre sous le frottement de l'ongle un petit cri. Les matteaux sont levés, rincés à l'eau tiède, essorés, puis lavés à la machine. Le procédé convient pour les soies fines et grosses, mais il est délaissé pour les soies fines.

On a proposé de remplacer le carbonate de soude par le sulfure de sodium, le silicate de soude, le zincate de soude. l'aluminate de soude, etc., mais sans grand succès. De tous ces sels, le silicate donne les meilleurs résultats.

La cuite aux acides étudiée en 1865 par MM. Lambert et Moyret n'a pas donné des résultats pratiques satisfaisants: les soies sont moins blanches et ne prennent pas autant la charge que les autres. La soie est dégommée en 3 heures dans un bain à 5 pour 100 d'acide phosphorique ou arsénique maintenu à l'ébullition.

Soies souples.

Les soies souples sont des soies écrues auxquelles on donne les qualités de soies cuites sans leur enlever leur grès. L'avantage de ce genre est le rendement beaucoup plus considérable que prend la soie à la charge. On est d'ailleurs arrivé à imiter les soies cuites avec les soies souples obtenues avec les procédés perfectionnés. La différence se fait principalement sentir après la teinture, les souples tendent toujours à se défiler et sont moins résistantes.

L'obtention des soies souples comprend deux opérations: l'assouplissage et le chevillage.

Assouplissage. — La soie est d'abord lisée dans une eau alcaline (0,5 à 1 pour 100) et tiède pour lui enlever les matières grasses qui l'imprègnent. On la soumet ensuite pendant 2 ou 3 heures à l'action de l'eau portée à la température de 90° et renfermant 0,75 pour 100 de crème de tartre. A la place de crème de tartre, on emploie aussi dans les ateliers de *l'eau de soufre*, dissolution d'acide sulfureux obtenue en exposant des vases pleins d'eau dans la chambre à soufrer les soies. L'assouplissage demande une grande expérience de la part des ouvriers qui en sont chargés.

A l'assouplissage les soies perdent 5 pour 100. Elles ont un toucher doux et craquant approchant de celui des soies cuites, mais sans l'égaler.

Chevillage. — Le chevillage est une opération qui a pour but de lustrer la soie en la tordant. Depuis la fabrication des souples, on a reconnu qu'il complétait l'assouplissage.

Le chevillage se fait à la main ou à la machine, mais depuis l'importance qu'ont pris les souples il se fait uniquement à la machine.

Le principe des machines est le suivant: La soie est maintenue très étendue, verticalement entre trois chevillons cylindriques, dont le supérieur fixé tourne sur lui-même autour de son axe et l'inférieur tourne également mais sur un pivot perpendiculaire à l'axe, de manière à imiter l'action du chevillage à la cheville.

Le cylindre inférieur, qui se relève facilement pour qu'on puisse garnir l'appareil, est soumis dès qu'il est garni, à l'action du contre-poids, qui rend le matteau fortement tendu. Il exécute une rotation complète sur son pivot, imitant l'action du chevillon, puis revient à son état normal : à ce moment le chevillon supérieur exécute une demi révolution sur son axe, qui change le matteau de place, et ainsi de suite jusqu'à ce que l'ouvrier trouve les matteaux assez chevillés.

Nous donnons dans la figure 64 le dessin de la machine de M. Heinrich Berchtold, une des plus employées. A droite du dessin se trouve l'arbre moteur A, sur lequel est calée la poulie de commande B. Cet arbre porte un pignon denté qui engrène avec une grande roue d'engrenage montée sur un arbre de peu de longueur. Ce pignon et cette roue dentée sont couverts par un tambour en tôle C pour éviter les accidents et les taches de graisse. Un bouton fixé à un bras d'engrenage actionne une bielle D reliée au bouton d'une crémaillère à son autre extrémité. La crémaillère horizontale E,E engrène avec huit pignons fixés chacun sur un petit arbre vertical. L'extrémité supérieure de chacun de ces arbres, G,G, sert d'axe au chevillon cylindrique inférieur II,II, rivé en forme de manchon. L'extrémité inférieure supporte un contre-poids K.K. Chaque contre-poids porte une fente intérieure qui donne passage à un levier à poignée L dont la partie inférieure porte le contre-poids de sorte qu'il suffit d'abaisser ce levier pour que le contre-poids se trouve librement suspendu par l'arbre vertical portant le chevillon inférieur, et inversement relever le levier pour relever le contre-poids et par suite le même chevillon.

Avant de mettre en marche on garnit la machine, c'est-à-dire qu'on met un matteau de soie sur le chevillon supérieur, on soulève le levier pour pouvoir passer la partie

inférieure du matteau autour du chevillon inférieur, puis
en abaissant le levier. le contre-poids n'étant plus supporté,
tend le matteau. On garnit de même les autres chevilles.
Cela fait, on met en marche ; la crémaillère dans son mou-

Fig. 64. — Machine à cheviller.

vement de va-et-vient fait tourner les chevillons inférieurs
et par suite tord les matteaux successivement à droite et à
gauche. Quand la bielle qui conduit la crémaillère est horizontale, c'est-à-dire aux points morts, le chevillon inférieur est parallèle au chevillon supérieur et le matteau est
tendu et non tordu ; c'est en ce moment que le chevillon
supérieur. qui reste immobile pendant tout le mouvement
de torsion, fait 1/5 de tour par chaque mouvement de va-
et-vient de la crémaillère. Ces mouvements intermittents
qui font changer le matteau de place après chaque mouve-

ment de torsion, amènent successivement toutes ses parties à subir la torsion et le frottement.

Le mouvement intermittent de rotation des arbres qui portent les chevillons supérieurs, est donné par un levier placé sur un des arbres et relié à la tige M d'un excentrique calé sur l'arbre moteur : des roues d'engrenage fixées sur chacun des arbres de ces chevillons et engrénant les uns aux autres font que le mouvement périodique transmis à l'une l'est également à toutes les autres.

Le modèle à 8 chevillons représenté par notre dessin a 1 m. 90 de longueur et 0 m. 30 de largeur.

Le chevillage des souples s'exécute toujours sur les soies sèches et la teinture finie.

Les soies souples ne peuvent supporter les bains alcalins et les bains de savon, au-delà de 50°, sans éprouver un commencement de cuite ; alors elles sont inemployables. Au contraire, elles peuvent supporter les bains acides chauds.

CHAPITRE XIII

BLANCHIMENT DES SOIES.

Les soies colorées ou blanches subissent toute la teinture en blanc, lorsquelles doivent rester blanches ou être teintes en couleurs claires. Nous distinguerons :

1º Le blanchiment de la soie écrue ;

2º Le blanchiment de la soie cuite ;

3º Le blanchiment de la soie souple ;

4º Le blanchiment des soies sauvages.

Blanchiment de la soie écrue. — Le blanchiment de la soie écrue doit conserver à la soie son grès, son poids et sa force. L'opération comprend cinq manipulations différentes, à savoir : le dégraissage, le blanchiment, l'azurage, l'avivage et la charge.

1º *Dégraissage.* — Cette opération s'exécute en lisant les soies dressées et embatonnées dans un bain de alcalin, renfermant 6 à 8 pour 100 du poids de la soie de cristaux de soude, maintenu à la température de 30 à 35 degrés en évitant de dépasser 40º.

Dans ce bain les soies se mouillent et se dépouillent des matières grassses non inhérentes à leur constitution dont elles peuvent être imprégnées. Lorsque ce résultat est atteint, on évacue le liquide alcalin de la barque et on le remplace par de l'eau claire dans laquelle on rince bien la soie, puis on la tord et on l'essore à la machine.

2º *Blanchiment*. — Beaumé est le premier qui s'occupa en 1793, de la décoloration des soies écrues jaunes et créa l'opération appelée *nankinage*. Le procédé Beaumé consistait : 1º à ramollir la soie à 25º et de la dessécher ensuite ; 2º à faire digérer 6 livres de soie dans 40 litres d'alcool à 3º additionnés de 12 onces d'acide chlorhydrique pur, à 15º B, exempt d'acide nitreux. Après 24 heures de digestion, on remplace le liquide par un autre fraîchement préparé, après 24 heures, on égoute, rince et sèche.

Actuellement le blanchiment de la soie écrue se fait par les procédés suivants :

1º Blanchiment à l'eau régale ;

2º Blanchiment à l'acide nitrosulfurique ;

3º Blanchiment au soufre ;

4º Blanchiment à l'hydrosulfite de soude ;

5º Blanchiment à l'eau oxygénée ;

6º Blanchiment électrolytique.

Blanchiment à l'eau régale. — Dans une cuve en grès ou en tôle émaillée, on prépare un bain d'eau régale en étendant d'eau un mélange à parties égales d'acide chlorhydrique à 22º Baumé et d'acide nitrique à 36º B, de façon à ramener le tout à marquer 3 ou 4º B. On y plonge les soies venant de l'essorage et on les lise jusqu'à ce que leur couleur de vert foncé qu'elle était passe au gris verdâtre pâle. On tord les matteaux avec des baguettes de verre et on les lave à grande eau à la machine. Après l'essorage on donne un soufrage comme nous le verrons plus loin pour achever l'action de l'eau régale.

Le même bain d'eau régale sert constamment, et on a soin de le maintenir à 3 ou 4º B, par des additions fréquentes d'eau régale.

Blanchiment à l'acide nitro-sulfurique. — Ce mode de blanchiment remonte à 1850 et est dû à M. Marnas, de Lyon. L'acide nitrosulfurique obtenu en saturant d'acide nitreux l'acide sulfurique à 66° B, et marquant 70° B, ou en recueillant des cristaux des chambres de plomb, porte dans les ateliers le nom de *blanchiment*.

Le bain de blanchiment doit se trouver dans une pièce séparée et surmontée d'une hotte aspiratrice des vapeurs incommodes et dangereuses pour les ouvriers. On verse 1 0/0 d'acide nitrosulfurique dans l'eau. On brasse bien le mélange et on y lise les soies qui perdent rapidement leur couleur. On les lave immédiatement, on les essore et on les passe au bain de soufre.

Il faut avoir soin de ne pas mettre un excès d'acide nitro-sulfurique, dont l'acide nitreux colorerait la soie en jaune persistant. Ce procédé ne s'est pas généralisé et tend de plus en plus à disparaître ; l'eau régale est plus employée.

Soufrage. — Le soufrage consiste à exposer les soies à l'action de l'acide sulfureux gazeux produit par la combustion du soufre dans une chambre spéciale appelée *soufroir*. Le soufroir est construit en maçonnerie, de 3ᵐ 50 de hauteur, 4 mètres de longueur et 2 mètres de largeur, avec une porte pouvant se fermer hermétiquement. Le plafond de la chambre porte à son centre une soupape qui s'ouvre dans l'intérieur d'une cheminée en bois en communication avec la cheminée d'appel de l'usine. Aux quatre angles sont placés quatre mortiers ou chaudières à brûler le soufre, en fonte, et placés à 30 centimètres du sol du soufroir ; vers chacune de ces chaudières, il y a une porte servant à introduire ces chaudières lorsque le soufre est bien enflammé et que l'on ferme ensuite pendant la marche de l'opération. A 2 mètres du sol de la chambre sont disposées horizontalement des perches, auxquelles on pend les matteaux dressés. On remplace quelquefois les perches par des barres de verre. Enfin une soupape placée à la partie inférieure de la chambre permet l'introduction de l'air à un moment donné. Voici comment se conduit une opération :

Les soies sont portées au soufroir au sortir de l'essoreuse, on allume le soufre, on ferme toutes les issues et on laisse toute la nuit la réaction se prolonger. On ouvre la soupape supérieure et la soupape inférieure : il s'établit un courant d'air qui chasse dans la cheminée l'acide sulfureux contenu dans la chambre et qui en rendrait l'entrée impossible aux ouvriers. Une heure après, on pénètre dans le soufroir et l'on en retire les soies que l'on *dessoufre aussitôt*. Pour cela, on les rince dans l'eau tiède légèrement alcalinisée par du carbonate de soude contenu dans une barque. On les lave ensuite à grande eau pour bien les priver d'acide sulfureux qu'elles retiennent avec énergie. Après le rinçage, il est bon d'exposer les soies dans une chambre chaude, à 40 ou 50° pendant 4 à 5 heures et les laver ensuite.

Lorsqu'un soufrage ne suffit pas pour obtenir le blanc désiré, on en donne deux et même trois.

On nomme soies *marinées* celles qui restent jaunes parce que le grès y est fortement combiné.

Blanchiment à l'hydrosulfite de soude. — L'hydrosulfite de soude est préparé immédiatement avant l'usage en faisant digérer 7 parties poudre de zinc ou 25 parties de zinc en grenaille ou en lames dans une solution concentrée de bisulfite de soude, renfermant 100 parties de sel supposé sec. On opère en vase clos que l'on retourne de temps en temps durant l'espace d'une heure. On siphonne la liqueur claire et on l'étend d'eau de façon à marquer 3° B et au moment de passer la soie, on ajoute 1 p. 100 d'acide acétique et on lise rapidement. On obtient des soies très blanches.

On peut, comme l'a proposé Hallab, passer d'abord la soie dans un léger bain d'indigo et, ensuite, d'hydrosulfite. Dans ce cas, l'hydrosulfite agit, d'une part, comme décolorant réducteur énergique et, d'autre part, en solubilisant l'indigo déposé mécaniquement à la surface des fibres et le faisant pénétrer bien également dans la fibre. Par l'oxydation ultérieure à l'air, l'indigo se reforme avec sa nuance bleue, complémentaire de la teinte jaune que possède toujours un peu la soie, qui se trouve ainsi complètement éteinte.

Blanchiment à l'eau oxygénée. — L'eau oxygénée est peu employée pour le blanchiment de la soie écrue, on la réserve ordinairement pour la soie Tussah. Comme nous avons vu ce mode de décoloration dans plusieurs manufactures, nous allons le donner ici. On fait digérer 12 heures la soie à 25 ou 30°, dans un bain composé de 3 parties de carbonate pour 100 d'eau, on rince et on lave ensuite. La soie est ensuite manœuvrée dans de l'eau oxygénée à 3 p. 100, neutralisée par de l'ammoniaque liquide et on la laisse jusqu'à complète décoloration. Une autre méthode consiste à liser quelques minutes la soie dans l'eau oxygénée, à la tordre pour enlever l'excédent de liquide et à la suspendre dans une chambre à température de 20° à l'action d'un courant d'air. Le blanchiment progresse énergiquement pendant l'évaporation de l'eau et la concentration de la solution sur la fibre. On recommence plusieurs fois la même opération jusqu'à blanchiment complet.

On ajoute quelquefois à l'eau oxygénée des matières activant sa décomposition. Nous en parlerons pour le blanchiment de la soie Tussah.

Blanchiment électrolytique. — Le procédé breveté par Hermite, en 1885, est basé sur les opérations suivantes :

Quand une solution de chlorure de magnésium contenant 5 p. 100 de chlorure de magnésium du commerce et

95 p. 100 d'eau est électrolysée dans un appareil convenable, ce sel est décomposé en même temps que l'eau. Le chlore provenant de chlorure de magnésium et l'oxygène provenant de l'eau, qui prennent naissance à la faveur de l'électrolyse, se réunissent au pôle positif et produisent un composé oxygéné du chlore, instable, qui est doué d'un très grand pouvoir décolorant. L'hydrogène et le magnésium vont au pôle négatif ; ce dernier décompose l'eau et forme de l'oxyde de magnésium tandis que l'hydrogène est mis en liberté.

Si on introduit dans ce liquide des fibres colorées, l'oxygène se combine avec la matière colorante qu'il oxyde pour donner naissance à de l'acide carbonique ; le chlore se combine avec l'hydrogène pour former de l'acide chlorhydrique, lequel, se trouvant en présence de la magnésie, dans le liquide, se combine avec elle pour reformer le chlorure de magnésium primitif. C'est un cycle complet de réactions qui se reproduit aussi longtemps que le courant électrique agit en présence de la matière colorante.

Il est nécessaire d'avoir toujours un excès de magnésie libre dans la dissolution de chlorure de magnésium pendant le blanchiment, afin de maintenir cette dissolution neutre. On obtient cette magnésie en précipitant une dissolution de chlorure de magnésium par la chaux.

Pour l'application de ce procédé, des appareils convenables et tout à fait pratiques ont été inventés par M. Hermite et MM. Peterson et Cooper.

L'électrolyseur (fig. 65) se compose d'une cuve en fonte galvanisée ayant à la partie supérieure un tube perforé d'une quantité de trous et muni d'un robinet en zinc. C'est par ce tube que la dissolution de chlorure de magnésium entre dans l'électrolyseur. Le haut de la boîte, en fonte galvanisée, est muni d'un rebord formant canal ; le liquide déborde dans ce canal et s'en va par un tuyau que l'on ne voit pas dans le dessin. On obtient ainsi une circulation continuelle. Les électrodes négatives sont for-

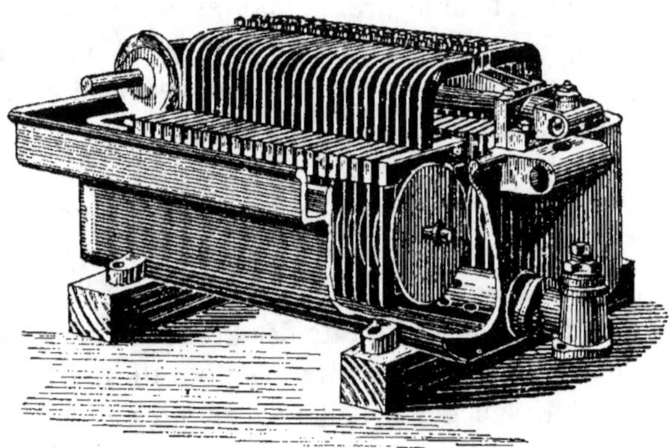

Fig. 65. — Électrolyseur Hermite.

mées par un certain nombre de disques en zinc montés sur deux arbres qui tournent lentement.

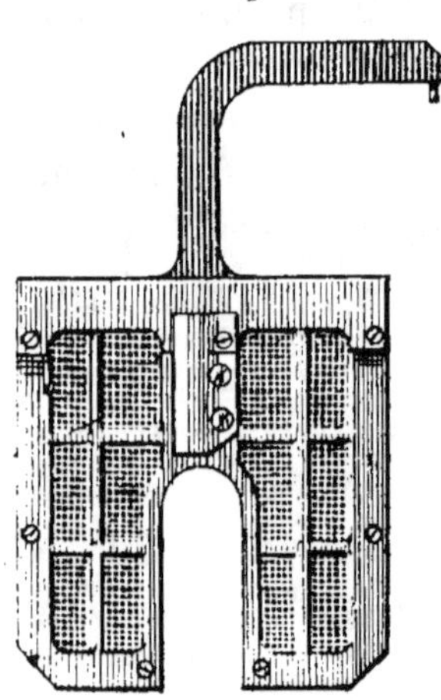

Fig. 66. — Électrode.

Entre chaque paire de disques en zinc, sont placées les électrodes positives (fig. 66), dont la surface active est constitué par de la toile de platine maintenue par un cadre en ébonite qui donne la raideur nécessaire. La partie supérieure des toiles de platine est soudée à une pièce de plomb et parfaitement isolée.

Chaque cadre ou électrode positive communique par la pièce de plomb à une barre de cuivre qui traverse l'électrolyseur ; le contact est fait au moyen d'un écrou et chaque électrode peut être enlevée en marche sans gêner le bon fonctionnement de l'appareil. Cette barre de cuivre, à laquelle sont fixées les électrodes positives, est en communication avec le pôle positif de la dynamo. La courant est distribué dans toutes les électrodes de platine d'où il passe, en traversant le liquide, aux disques de zinc, formant électrodes négatives et communiquant par la boîte en fonte, avec le pôle négatif de la dynamo. Afin de tenir les électrodes négatives parfaitement propres, des couteaux flexibles en ébonite sont placés sur les plaques positives, ces couteaux pressent contre les disques en zinc, et comme ces disques tournent lentement, tout dépôt se trouve détaché. A la partie inférieure de la boîte en fonte se trouve une porte que l'on peut ouvrir pour le nettoyage; un robinet permet de vider l'appareil quand c'est nécessaire.

Quand on emploie plusieurs électrolyseurs, on les monte en tension, c'est-à-dire que l'on fait communiquer le pôle positif du premier avec le pôle négatif du second, et ainsi de suite. On fait généralement passer dans les électrolyseurs un courant électrique de 1000 à 1200 ampères. Chaque électrolyseur produit en 24 heures de travail un pouvoir blanchissant égal à environ 125 kilos de chlorure de chaux anglais à 33 p. 100 de chlore et absorbe environ 8 1/2 chevaux-vapeur.

La solution électrolysée passe dans une barque où se trouvent les soies, de là elle tombe dans une cuve où elle est pompée et envoyée de nouveau dans l'électrolyseur. Ce procédé, quoique spécialement employé pour blanchir la pâte à papier, a donné de bons résultats dans deux usines. On étudie dans ce moment le blanchiment des Tussah.

2º *Azurage*. — Tous les blanchiments donnent une soie blanche ayant un reflet jaunâtre qu'il faut abattre. On profite pour cela d'un principe d'optique basé sur l'action des couleurs complémentaires. Pour éteindre le jaune, il faut lui superposer du violet d'intensité égale. C'est le but de l'azurage.

On donne un léger bain de carmin d'indigo mélangé avec un peu de cochenille ammoniacale ou bien, de préférence, un bain de violet cristallisé à très faible dose, à froid et une solution alcaline ou savonneuse pour éviter que la soie ne tire trop et prenne alors une teinte violette. On rince et on essore.

Il y a différentes sortes de blancs : les blancs blancs, appelés *blancs de neige, blancs de lait* ; 2° les blancs à reflets bleutés, dits *blancs azurs* ; 3° les blancs à reflets violets, rouges ou orangés, dénommés *blancs de Chine*.

3° *Avivage.* — Cette opération a pour but d'*aviver* le toucher de la soie, c'est-à-dire de lui donner un toucher craquant. A cet effet, on la passe dans un bain faiblement acidulé par de l'acide tartrique, citrique ou acétique. On termine par un fort essorage et un séchage à la chambre chaude.

Blanchiment des soies cuites. — Ce blanchiment comprend le soufrage, l'azurage et l'avivage.

Le soufrage se donne comme pour les soies écrues. On donne généralement deux ou trois soufrages de 12 heures. Les soies sont aérées et désoufrés comme nous l'avons dit. On donne deux eaux de cristaux de soude et trois eaux de rinçage.

L'azurage se fait comme nous l'avons expliqué pour les soies écrues, avec beaucoup plus de précautions car la soie cuite tire mieux les couleurs que la soie crue. On donne l'avivage de même.

Le blanchiment des soies cuites demande des soins extrêmement délicats d'ou dépendent la blancheur et la beauté de la soie qui doit se trouver alors dans tout son éclat.

Blanchiment des soies souples.— Le blanchiment des soies souples se fait par plusieurs soufrages ou à l'hydrosulfite de soude ou encore à l'eau oxygénée, comme pour les soies écrues.

On donne l'azurage au violet hexaméthylique et on les avive à l'acide tartrique.

Les souples reçoivent une opération de plus, le *collage*, qui a pour but de coller les fibres qui ont toujours tendance à duveter et à se défiler. Pour cela on les passe dans un bain de gélatine blanche, façon colle de poisson, à 5 p. 100 du poids de la soie. On essore fortement et on sèche. On réunit souvent les deux opérations du collage et de l'avivage en une seule pour éviter les manipulations, en donnant un bain tartro-gélatineux.

Blanchiment des soies sauvages. — Le blanchiment des soies Tussah s'est considérablement perfectionné ces dernières années par l'emploi de l'eau oxygénée que l'on est arrivé à produire à bon compte. Chaque teinturier a son procédé à ce sujet. Au moyen de quelques réactifs ajoutés à l'eau oxygénée, on augmente plus ou moins son pouvoir blanchissant.

Voici quelques formules employées dans les ateliers que nous avons pu visiter :

1° Pour blanchir 100 kilos de soie Tussah, on les place dans un bain composé de :

Eau oxygénée à 2 vol. 1/2.	500 litres
Ammoniaque à 22o.	20 —
Soude caustique	3 kilos

On laisse en contact vingt-quatre heures, on lave, puis on rince.

2° Pour blanchir 100 kilos de soie, le bain est composé de :

Eau oxygénée à 3 volumes.	500 litres
Carbonate d'ammoniaque .	6 kilos
Carbonate de potasse. . . .	3 —

Après 24 à 36 heures, on égoutte les soies et on les laisse sécher dans un courant d'air.

3° Pour 100 kilos de soie, un autre bain se compose de :

Eau oxygénée à 3 volumes.	500 litres
Chlorate de potasse.	5 kilos
Carbonate d'ammoniaque .	5 —
Azotite de soude	3 —

Après un séjour de 12 heures, on laisse sécher dans un un courant d'air, puis on replace les soies 12 heures dans le bain et on fait sécher.

4° Quelques chimistes facilitent la décomposition de l'eau oxygénée au moyen d'un peu de *tutie* (zinc en poudre impalpable) ou de l'étain en poudre, ou encore par un léger courant électrique.

CHAPITRE XIV

TEINTURE DE LA SOIE.

Sous ce titre nous n'entendons pas traiter d'une manière complète de la teinture de la soie qui exigerait un volume à elle seule, mais bien de montrer la série des opérations que doit subir la soie pour être prête au tissage. Nous divisons ce chapitre en 3 parties qui comprendront :

1º La teinture en couleurs ;

2º La teinture en noir ;

3º La teinture métallique ou dorure et argenture de la soie.

Teinture en couleurs.

La teinture en couleurs n'offre que peu de manipulations surtout depuis l'emploi presque exclusif des matières *colorantes artificielles*. Toute la science du teinturier doit se trouver dans la connaissance parfaite de ces couleurs ce qui n'est pas la moindre difficulté. Comme nous ne pouvons traiter cette question ici, à cause du développement qu'elle exigerait, nous renvoyons le lecteur au grand ouvrage que nous avons publié à ce sujet : *Traité complet des matières colorantes artificielles*, et où il trouvera tous les détails pratiques sur chaque couleur.

On commence par charger les soies au tannin, c'est ce qu'on appelle la *charge végétale*. On introduit les soies dans un bain bouillant de sumac décoloré, puis on laisse refroidir le bain de lui-même jusqu'au lendemain. On retire les soies qui ont pris 35 à 40 pour 100 de poids.

On procède ensuite à la teinture, on compose des bains peu chargés de colorants que l'on acidule avec de l'acide acétique et que l'on coupe avec du savon. On y manœuvre les soies jusqu'à obtention de la teinte voulue. On emploie beaucoup les liseuses mécaniques (figure 62) ou genre César Corron. On avive ensuite. Pour la teinture en noir nous donnerons les détails relatifs à ces différentes manipulations.

Nous donnons ci-après le tableau de M. B. Martinon, pour l'analyse des matières colorantes fixées sur la soie.

Les réactifs employés sont les suivants : soude caustique : solution au dixième. — Acide chlorhydrique : acide du commerce à 21° étendu de son volume d'eau. — Chlorure de chaux : 40 gr. de chlorure à 85° chlorométriques dissous dans un litre d'eau. — Acide nitreux : on mélange au moment de l'employer 20 gr. nitrite de soude dans un litre d'eau. Le mélange se fait à volumes égaux. — Cyanure de potassium : 50 gr. dissous dans un litre d'eau. — Acide nitrique à 36° étendu de son volume d'eau.— Carbonate de soude. — Solution au dixième.

MATIÈRES COLORANTES JAUNES

I. *A l'acide chlorhydrique ne donnent rien.*

a) Na OH

Rien. Az O³ H
- Vire au jaune verdâtre, puis au vert sale ; par le lavage revient lentement au jaune pâle...... Safran.
- Brunit légèrement. Lavage, revient à la teinte primitive.... Jaune Quinoline.

Change peu de nuance, mais dégorge et pâlit beaucoup.	Le liquide alcalin est brun jaune avec légère fluorescence verte.	Az O³ H	Rien, ou si brunit légèrement, la teinte revient par lavage	Bois jaune et ox. d'ét.
			Brun jaune : résistant au lavage....	Bois jaune et alumine.
	Le liquide alcalin est jaune.	Az O³ H	Bois pâle, résistant au lavage........	Chryséïne et ox. d'ét.
Devient brun jaune Ca Cl² O	Brun résistant au lavage.	Az O³ H	Bois pâle résistant au lavage	Sumac et alumine.
	Rien	....	....	Epine vinette.
	Brunit.	Az O³ H	Marron résistant au lavage	Ebenet.
Rougit légè¹ Ca Cl² O. Rien.				Jaune soleil.
Rougit et noircit fortement.	Par lavage. revient à la teinte primitive.	Az O³ H Jaunit légèrement ..		Nitroalizarine.
Passe au jaune verdâtre pâle.	Ca Cl² O. Décolre		La soie reste jaune pâle, résistant au lavage............	Phosphine.
Devient jaune franc.	Ca Cl²O. La teinte pâlit très lentem.		....	Chrysoïdine.

b) H² O

La teinte pâlit par lav⁰	Ca Cl² O. Rien.	....	Chryséïne et alumine.
La teinte pâlit par le lavage et reste bois.	Ca Cl² O. Brun jau⁰ solide à l'eau	....	Gaude et alumine.

II. *A l'acide chlorhydrique.*

Décolore ou pâlit beaucoup H² O	La teinte ne revient pas.	Na OH	Décolore	Jaune de chrome.
	La teinte revient	Na OH	Rougit............	Aurantia.
			Vire très légèrem¹ vers le jau⁰ orang⁰ / à la longue brun rouge	Acide picrique.
			K Cy Rien.	Binitronaph. sulfoné.
Rouge intense égèrement violacé.	L'acide chlorhydrique se colore en rouge violet.		H² O : ramène au rouge-brun, puis jaune	Orangé IV.
Brun plus ou moins rouge Na OH	Rouge brun. La soude se colore en orangé	Az O² H	Rien. Cependant à la longue brunit assez légèrement	Curcuma.
			Marron — ne contient pas alum⁰.	Fustel seul.
			Marron — contient alumine	Fustel et Alum⁰.

Bois foncé. H_2O : reste jaune brun NaOH : marron $CaCl_2O$:
  devient orangé.. Alun et Ebenet.
Rougeâtre. NaOH : marron. $CaCl_2O$: rien. AzO_2H : rien.... Citronine.
Orangé rouge. NaOH : brunit légèrement. $CaCl_2O$: rougit
  légèrement.. Amidoazobenzol
Orangé. NaOH : ponceau. $CaCl_2O$: devient bois. AzO_2H :
  brun rougeâtre... Chrysoïne.

MATIÈRES COLORANTES ORANGÉES

III. A l'acide chlorhydrique étendu de son volume d'eau.

Rien / NaOH
- Rien... Rocou.
- Rougit et brunit fortement ; par lavage revient. AzO_2H : rien.............................. Nitroalizarine.

Ponceau plus ou moins brunâtre / NaOH
- Ponceau et dégorge beaucoup à base d'α naphtol — Orangé I.
- — — — à base de β naphtol — Orangé II.
- Devient jaune franc......................... Orangé III.

MATIÈRES COLORANTES ROUGES

IV. A l'acide chlorhydrique.

Rien / NaOH
- Brunit légèrement........................... Rocelline.
- Violet très rouge AzO_2H. Rien AzO_3H.
  - Rouge brun — Rouge de Magdala.
  - Violet rouge — Subst. d'orseille.
- Violet vif. Jaunit et pâlit .... Orseille.

Violet bleu / NaOH
- Ponceau. $CaCl_2O$: Rien .... Rouge Congo.
- Rouge légèrem. violacé. $CaCl_2O$: décoloration — Safranine.

Violet rouge. — NaOH : Décoloration.................... Fuchsine acide.

Jaune bois pâle / NaOH
- Décoloration lente. — La soie reste rose pâle et redevient rouge par lavage................. Fuchsine.
- Rien... Benzopurpurine.
- Lilas.. Cochen. ammon.

Jaune vif / NaOH — Rouge violet — $CaCl_2O$
- Rouge / Rien. Na_2CO_3
  - Rien, traité par l'alcool bouillant. celui-ci devient fluorescent........... Eosine.
  - Violette légèrement. — Erythrosine.
- Violet, puis décoloration lente... Ponceau à la cocheuille avec mordant d'alun et sel d'ét.
- Rien. Na_2CO_3 violette légèrement ; traité par l'alcool, celui-ci ne devient pas fluorescent........ Alizarie sur alun.
- La soie est décolorée et la soude est colorée en rouge brunâtre....................... Safrosine.

Vire plus ou moins vers le jaune brun / NaOH
- Rien. AzO_2H
  - Rien .... Ponc. pour soie.
  - Ponceau .... Péonine.
- Brun noir .... Ecarlate tétrazoïque.
- Ponceau .... Bois du Brésil sur alun.

Décoloration { Violet rouge AzO³H { Décoloration .... Eosine bleue.
NaOH   {   { Crème............... Rose bengale.
              { Gris .... Murexide.

MATIÈRES COLORANTES BLEUES

V. *A l'acide chlorhydrique.*

Vert sale. La solution alcaline se colore en jaune. Carmin d'indigo.
Vert sale, puis décoloration rapide. La liqueur alcaline acidulée et additionnée d'un sel ferrique
  donne un précipité bleu....................... Bleu de Prusse.
Rouge plus ou   { Gris bleu........... Bleu à l'alcool.
moins violacé.   { Décoloration   { Lilas pâle.......... Bleu alcalin.
  La nuance   { on traite   { Bleu noir puis mar-
revient par la- { par   {   ron .... Bleutrisulfo-con-
vage. On traite { AzO³H   {   jugué.
par Ca Cl² O   { Rien .... Azobleu.
La nuance rougit mais la teinte ne devient pas
  bleu par lavage......................... ...... Induline.
                 { Devient lentement gris. H² O : rien.
    Rien,   { AzO³H : gris rougeâtre fluorescent. Bleu de Bâle.
    on traite   { Rien. AzO³H : vert et acide se colore
    par   {   en vert sale.................... Bleu mithylène.
    Ca Cl² O   { Décoloration lente. AzO³H : devient
                 {   vert, puis crème pâle............ . Indigo.

Marron pâle. H²O : redevient vert puis bleu verdâtre....... Indophénol.
Brun rouge. H²O : redevient bleu.......................... Bleu d'alizarine
                                                              sur alun.
Rouge ponceau vif : H²O : redevient violet, puis bleu...... Bleu fluorescent
Vert. H² O : redevient immédiatement bleu................. Bleu Victoria.

MATIÈRES COLORANTES VIOLETTES

VI. *A l'acide chlorhydrique.*

Vire au bleu, puis au gris bleuâtre et l'orangé. H²O : rede-
vient bleu par violet. NaOH : rougit.................... Violet hexamé-
                                                            thylique.
Bleu H²O : redevient à sa teinte primitive. NaOH vire au bleu Mauvéïne.
Brun rougeâtre... Galleine.

MATIÈRES COLORANTES VERTES

VII. *A l'acide chlorhydrique.*

Rien. La fibre contient de l'oxyde de fer................. Nitrosorésorcine
Devient gris, l'acide se colore en brun rougeâtre. H²O : reste
  gris... Céruléïne.
             { Décoloration ne change pas au fer chaud 100°
Jaune NaOH   {   cent .... Vert malachite.
             { Décoloration. Devient violet par le fer chaud
             {   100° .... Vert à l'iode.
Jaune vert. NaOH : gris brun résistant au lavage......... Vert à l'aldéhyde

Teinture en noir.

La teinture en noir des soies doit remplir deux conditions : 1º donner un noir plus ou moins bleuté aux fibres et 2º charger celles-ci d'un poids déterminé. On y arrive à l'aide de manipulations plus ou moins compliquées ayant pour but de former du tannate de fer dont on varie les nuances par le bleutage au cyanure et le campêchage.

Comme il existe une grande variété de noirs, nous les diviserons d'abord en quatre grandes classes :

Les noirs sur soie écrue ;

Les noirs sur soie cuite ;

Les noirs sur soie fortement montée ;

Les noirs sur soie souple.

1º *Noirs sur soie écrue.*

Nous diviserons les noirs sur soie écrue en :

1º Noir ordinaire ;

2º Noir bleuté ;

3º Noir léger ou noir anglais.

Noir ordinaire. — Ce noir se forme simplement par engallages et pieds de fer successifs.

L'engallage se fait en lisant les soies dans un bain de gallique, ou extrait de châtaigner titrant 3º B, maintenu à 50º, à raison de 100 parties de gallique pour 100 de soie. Après une heure les soies sont levées, égouttées, lavées, rincées et diablées.

Le pied de fer se donne avec un bain de pyrolignite de fer à 9 ou 10º B à la température de 50º. Après 15 minutes on lève les soies et on les aère 30 minutes sur les vergues pour développer le noir par oxydation lente du sel de fer et sa combinaison avec le tannin.

On recommence l'engallage après lavage à grande eau, battage et diablage ; on redonne un pied de fer et ainsi de suite suivant la charge que l'on veut obtenir.

Un engallage et un pied de fer donne une charge de 30 pour 100.

Deux engallages et deux pieds de fer donnent une charge de 70 pour 100.

Trois engallages et trois pieds de fer donnent une charge de 125 pour 100.

Quatre engallages et quatre pieds de fer donnent une charge de 180 pour 100.

Cinq engallages et cinq pieds de fer donnent une charge de 210 pour 100.

Après un fort rinçage et un énergique diablage, les soies sont lisées dans un bain de savon à froid, pendant 30 minutes pour les *adoucir* ; on les rince à grande eau, on les bat et on les passse au bain d'avivage.

L'avivage a pour but de compléter le noir et donner du brillant et de la souplesse à la soie. Il y a deux genres d'avivage : l'avivage pour toucher mou et l'avivage pour toucher craquant. L'avivage *pour toucher mou*, dit *avivage aux deux huiles*, se prépare en faisant réagir poids égaux d'acide sulfurique à 66° B et d'huile d'olive, il se forme des acides sulfoléiques, sulfomargarique et sulfoglycérique, dont on prépare un bain à 1 ou 2 pour 100 avec de l'eau tiède. On y abat les soies que l'on lise pendant 5 ou 10 minutes, on les lève et on les diable. On emploie aujourd'hui l'huile de ricin soluble, sulforicinolate d'ammoniaque dont on prépare un bain à 2 ou 3 pour 100.

L'avivage *pour toucher craquant* se donne à l'acide chlorhydrique. Le bain se prépare avec 3 à 4 pour 100 d'acide chlorhydrique à 22° dans lequel on verse 3 à 4 pour 100 d'huile d'avivage préparée en émulsionnant 100 parties d'huile d'olive avec 100 parties d'une solution de carbonate de potasse ou de soude caustique. On y abat les soies qu'on lise 10 minutes et on diable et on sèche ensuite.

Noir bleuté. — Ce noir comprend les opérations suivantes : rouillage, bleutage, engallage, adoucissage et avivage.

Le *rouillage* des soies écrues sont lisées dans un bain de *rouil* (sous-sulfate ferrique) à 10° B pendant une heure, elles sont ensuite relevées, égouttées, tordues, rincées à grande eau, battues, dressées et mises en bâton ; on les abat dans un bain tiède de carbonate de soude, maintenu à 50°, on les lise pendant 30 minutes. Ce bain alcalin se nomme *soudage* ; les soies en sortent couleur jaune rougeâtre ou *rouillées*. On les lave et les diable fortement.

L'ensemble de ces opérations se nomme donner *un rouil*. La soie augmente de 8 pour 100 de son poids à chaque rouil. On donne généralement trois rouils soit donc une augmentation de 24 pour 100.

Le *bleutage* des soies s'exécute en lisant 30 minutes dans un bain maintenu à 30 ou 35° de température et renfermant du cyanure jaune acidulé par de l'acide chlorhydrique ; on relève les soies, on acidule le bain d'une nouvelle quantité d'acide chlorhydrique, on porte la température à 45° et on lise les soies pendant 30 minutes, qui deviennent d'un bleu presque noir.

On donne *une eau*, c'est-à-dire qu'on lise les soies pendant 5 minutes dans de l'eau contenue dans une barque, on égoutte, tord et diable fort.

On donne ensuite un engallage et un pied de fer et on recommence trois fois cette opération comme le noir ordinaire. On obtient ainsi un beau noir avec un rendement de 250 pour 100.

On assouplit et on avive comme nous l'avons expliqué pour le noir ordinaire.

Noir léger. — Le noir léger se donne aux soies peu montées, il comprend quatre opérations principales, la bruniture, la teinture, l'adoucissage et l'avivage.

La bruniture se donne avec un bain composé de 50 pour 100 de bois de campêche, 25 pour 100 de bois jaune, 5 pour 100 de couperose, 2 pour 100 de verdet, et 3.000 d'eau pour 100 de soie mise en travail. Le liquide étant à la température de 50°, on y manœuvre les soies une demi-heure, on les relève, on chauffe le bain à 60-70°, et on y abat de nouveau les soies qu'on lise une demi-heure. On les relève, on les lise sur les vergues pour les aérer pendant une heure; on les rince, les bat, les rince de nouveau et les diable fort.

La teinture n'est autre qu'un lisage des soies dans un bain de campêche composé de 60 parties de bois de campêche dans 2500 d'eau pour 100 de soie, maintenu à la température de 50°, pendant une heure environ. On égoutte, rince, bat, adoucit et avive comme à l'ordinaire.

On obtient ainsi un noir fin, mais sans charge.

2° Noirs sur soie cuite.

Nous examinerons successivement :
1° Les noirs légers ou fins ;
2° Les noirs mi-lourds ;
3° Les noirs lourds ;
4° Les noirs très lourds ou à plusieurs teintures.

Noirs légers. — Les opérations nécessaires pour l'obtention de ces noirs sont: le rouillage, le bleutage, le cachoutage, l'alunnage, la bruniture, la teinture, l'avivage et le lustrage. Nous allons examiner ces opérations.

Rouillage. Les soies bien rincées sur la cuite sont essorées, mises en bâtons et lisées dans un bain de rouil à 30° Baumé pendant trois quarts d'heure environ; on les lève, les tord, les rince et les essore. On fixe le rouil en abattant les soies dans un bain de savon bouillant renfermant un peu de carbonate de soude et on lise pendant une heure environ. On emploie généralement le savon de cuite que l'on additionne de 12 pour 100 d'oléine et 2 pour 100 de carbonate de soude du poids de la soie. Les soies sont égouttées, rincées en barque avec eau tiède de carbonate de soude, rincées à grande eau, tordues et diablées. L'ensemble de ces opérations constitue *un rouil* sur soie cuite.

On donne trois rouillages.

Bleutage. — Les soies sont lisées pendant 30 minutes sur un bain de cyanure jaune additionné d'acide chlorhydrique et d'un peu d'alun, maintenu à la température de 45 degrés. On relève les soies, on ajoute de l'acide chlorhydrique, on chauffe le bain à 60°, et on y manœuvre les soies une demi-heure. On égoutte, rince, bat et diable fort.

Les soies sur bleu de Prusse et trois rouils prennent 25 pour 100. On rattrappe juste le poids perdu à la cuite.

Sur le bleutage on donne un rouillage que l'on termine par un simple rinçage qui fait prendre à la soie 3 ou 4 pour 100 encore, soit 28 pour 100.

Cachoutage. — Les soies rincées sur rouil du bleutage sont cachoutées dans un vieux bain de cachou à 3 ou 4° Baumé, maintenu à la température de 50°, pendant une heure : on les rince et les diable ensuite. Dans ce bain les soies prennent une surcharge de 15 pour 100.

Alunage. — Les soies sont mises en bâtons et lisées 10 minutes dans un bain saturé à froid d'alun, on les volte et on les laisse dans la barque d'alunage pendant toute une nuit. Le lendemain on leur donne un léger rinçage, on les bat et on les passe à la bruniture.

Bruniture. — Le bain de bruniture se compose de 50 parties de bois d'Inde, 50 parties de bois jaune, 5 à 6 parties de couperose et 2 parties de verdet dans 3000 parties d'eau pour 100 de soie. On manœuvre une demi-heure les soies dans le bain à la température de 50°, on les relève, on chauffe le bain à 70° et on y lise les soies une demi-heure. On les laisse exposées à l'air une heure pour faire monter la bruniture, puis on les rince, les essore et les passe à la teinture.

Teinture. — On passe les soies brunies dans un bain renfermant 50 parties de savon, 50 parties de bois de campêche dans 3000 parties d'eau pour 100 de soie et maintenu à la température de 60° ; après une demi-heure, on relève les soies, on chauffe le bain à 75° et on les replonge et les laisse 2 heures. On les lave à grande eau et on les passe à l'avivage.

Avivage. — L'avivage se fait à l'acide citrique et à l'émulsion d'huile d'olive comme nous l'avons expliqué. Le lustrage termine enfin la préparation du noir. Les soies prennent 40 pour 100 ; si l'on en déduit 25 pour 100 de décreusage, les soies rendent donc en réalité 15 pour 100.

Les noirs légers sont très beaux et offrent, au toucher, un craquant et brillant qui ne sont surpassés par aucun. Cela se comprend, ces soies n'étant que peu chargées toutes les belles propriétés de la fibroïne sont respectées.

Noirs demi-lourds. — Ces noirs qui datent de 1846 s'exécutent comme les noirs fins. Ils comprennent les opérations suivantes : trois rouils, un bleutage, un rouillage sur le bleu, un cachoutage à chaud, la teinture, l'avivage et le lustrage. Toutes ces opérations se donnent comme pour les noirs fins, excepté le cachoutage qui se fait à chaud. A la température de 75° le cachou se combine fortement au bleu de Prusse, gonfle la soie, et la charge.

Les soies rendent 30 pour 100 au lieu de 15 pour 100 que rendent les noirs fins ; mais comme beauté, ils sont inférieurs aux précédents.

Une autre variété de noirs demi-lourds, ne diffère des précédents que par une bruniture au pyrolignite de fer donnée entre deux cachous comme nous l'expliquerons ci-après pour les noirs lourds. Ces noirs rendent 40 pour 100.

Noirs lourds. — Ces noirs datent de 1850 et rendent 80 à 85 pour 100.

La suite des opérations nécessaires pour former ces noirs est la suivante : rouillages, bleutage, cachoutage avec sel d'étain, savonnage, second cachoutage, bruniture au pyrolignite de fer, troisième cachoutage sur bruniture, teinture, avivage et lustrage.

On donne *sept* rouils et on bleute par dessus comme il a été dit. On gagne 25 pour 100 avec les rouils, c'est-à-dire qu'on rattrappe la perte à la cuite. et par le bleutage on gagne 30 pour 100. Les soies sont passées à la cheville et ensuite dans un bain de cachou renfermant : 2.000 litres d'eau et 100 kilos de cachou pour 100 kilos de soie; ce bain est maintenu à 50° et les soies y sont lisées une demi-heure, puis relevées au bout de ce temps. On porte le bain à la température de 80°, on y ajoute 10 kilos de sel d'étain par 100 kilos de soie, le bain se trouble et vire au jaune clair, on y abat les soies, on les lise une heure, en évitant l'action de l'air, c'est-à dire en les maintenant rapprochées les unes des autres. On les débatonne et on les plonge au fond de la cuve où on les laisse passer la nuit. Le bain est jeté et les soies sont lavées avec soin ; leur nuance est alors jaune verdâtre.

On savonne ensuite les soies dans un bain composé de 2500 litres d'eau et 50 kilos de savon pour 100 kilos de soie, pendant une demi-heure et à la température de 50°. On donne un second cachou en lisant les soies. rincées sur savonnage, dans un bain de cachou à 75° renfermant 100 kilos de cachou dans 2000 litres d'eau pour 100 kilos de soie, pendant une heure. On rince, diable et dresse à la cheville.

Les soies prennent dans ces conditions 85 pour 100 de leur poids, perte au décreusage déduite.

La bruniture au pyrolignite se donne en manœuvrant les soies une heure avant sur un bain de pyrolignite de fer à 5° B. On les rince et les diable fortement.

On donne après le troisième cachou, en lisant les soies une heure sur un bain de vieux cachou à 3 ou 4 degrés Baumé. Sur ce bain les soies prennent 5 pour 100, ce qui porte leur charge à 90 pour 100.

La teinture se donne comme nous l'avons déjà vu dans un bain composé de 2000 litres d'eau, 50 kilos de bois de campêche et 60 kilos de savon pour 100 de soie, à la température de 60 degrés. On relève les soies, on porte le bain à 75-80 degrés et on rabat jusqu'à ce qu'elles aient pris le ton voulu.

Enfin, les soies, après avoir été rincées et diablées, sont passées au bain d'avivage comme nous l'avons expliqué, puis lustrée.

Noirs très lourds. — Ces noirs sont des noirs dits à plusieurs teintures et datent de 1868. Ils ont l'avantage d'être beaux et donner du poids. La charge peut s'élever à 100 pour 100. On distingue les noirs à deux teintures et les noirs à trois teintures.

Nous donnons ci-dessous, d'après M. Marius Moyret, la suite des opérations exigées pour un noir à trois teintures:

1. Reconnaissage et pantinage.
2. Mise en bâtons, dégommage.
3. Étirage.
4. Cuite.
5. Rinçage et diablage.
6. Rouillage, rinçage, diablage, mise en bâtons.
7. Savonnage, rinçage, diablage, mise en bâtons.
8. Deuxième rouillage, rinçage, diablage, mise en bâtons.
9. Deuxième savonnage,   »   »   »
10. Troisième rouillage,   »   »   »
11. Troisième savonnage,   »   »   »

12. Quatrième rouill., rinçage, diablage, mise en bâtons.

13. Quatrième savonnage, »   »   »

14. Cinquième rouillage,   »   »   »

15. Cinquième savonnage, »   »   »

16. Sixième rouillage,   »   »   »

17. Sixième savonnage,   »   »   »

18. Septième rouillage,   »   »   »

19. Septième savonnage, »   »   »

20. Dressage des soies à la cheville, bleutage, rinçage, diablage, mise en bâtons.

21. Cachoutage avec sel d'étain, bleutage, rinçage, diablage, mise en bâtons.

22. Deuxième cachoutage, bleutage, rinçage, diablage, mise en batons.

23. Bruniture au pyrolignite, bleutage, rinçage, diablage, mise en bâtons.

24. Troisième cachoutage, rinçage, diablage, dressage à la cheville, mise en bâtons.

25. Première teinture au bois d'Inde, rinçage, diablage, mise en bâtons.

26. Quatrième cachoutage, rinçage, diablage, mise en bâtons.

27. Deuxième bruniture, rinçage, diablage, mise en bâtons.

28. Cinquième cachoutage, rinçage, diablage, mise en en bâtons.

29. Deuxième teinture, rinçage, diablage, mise en bâtons.

30. Sixième cachoutage, rinçage, diablage, mise en bâtons.

31. Troisième bruniture, rinçage, diablage, mise en bâtons.

32. Septième cachoutage, rinçage, diablage, mise en bâtons.

33. Troisième teinture, rinçage, diablage, mise en bâtons.

34. Avivage, diablage.

35. Séchage.

36. Lustrage.

37. Reconnaissage et mise main pour être rendue en fabrication.

En somme 37 opérations et 130 manipulations.

3° *Noirs sur soies fortement montées.*

Noirs sur fantaisies. — Nous prendrons comme exemple un noir sur cordonnets qui se chargent à 250 pour 100. Les opérations successives à exécuter sont les suivantes :

1° Premier engallage obtenu en lisant les soies pendant 5 à 6 heures dans un bain de gallique à 8° B et maintenu à la température de 50° centigrades. On rince à grande eau et on diable fort.

2° Premier pied au pyrolignite de fer à 8° B, à la température de 80°. Rinçage.

3° Deuxième engallage donné comme le premier.

4° Deuxième pied donné comme le premier.

5° Troisième engallage   »

6° Troisième pied   »

7° Quatrième engallage   »

8° Quatrième pied   »

9° Cinquième engallage   »

10° Cinquième pied   »

11° Avivage. On avive pour toucher craquant dans un bain contenant de l'acide chlorhydrique. 10 pour 100 d'huile émulsionnée et 5 pour 100 de gélatine.

12° Séchage.

13° Lorsque les soies doivent avoir un toucher doux, on

leur fait subir l'opération du *terrage* pour un avivage à l'huile émulsionnée et sans gélatine.

Le *terrage* se fait en passant les soies dans une bouillie de *terre anglaise* (argile très fine) pendant 5 minutes. Cette opération leur donne de la douceur.

Voici un exemple d'un noir sur cordonnet de fantaisie chargé à 500 pour 100.

1º Premier rouillage.

2º Second rouillage.

3º Bleutage.

4º Premier engallage au sel d'étain.

5º Premier pied.

6º Second engallage.

7º Second pied.

8º Troisième engallage;

9º Troisième pied.

10º Quatrième engallage.

11º Quatrième pied.

12º Bleutage.

13º Cinquième engallage.

14º Cinquième pied.

15º Avivage.

16º Terrage.

17º Plombage au saccharate ou à l'acétate de plomb.

18º Gazage. (Voir chapitre VIII).

Les noirs fins sur soies fortement montées se donnent comme sur soie cuite ordinaire. Les noirs fortement chargés se donnent comme sur soies de fantaisies.

4º *Noirs sur soies souples.*

Pour ne pas nous répéter nous indiquerons simplement les opérations :

1º Premier rouil donné comme pour la soie écrue.

2º Second rouillage   id

3º Troisième rouillage   id

4º Quatrième rouillage   id

5º Bleutage.

6º Assouplissage donné à la machine en alternant avec des lisages dans des bains de cachou à 5º B additionnés de sel d'étain et maintenus à la température de 70 degrés.

7º Savonnage et rinçage.

8º Cinquième rouillage.

9º Engallage à la galle ou au dividivi.

10º Bruniture en pyrolignite de fer.

11º Bain de *physique violette* (mélange de composition d'étain ou d'extrait de campêche).

12º Savonnage et rinçage.

13º Avivage comme pour les cuits.

Les noirs ainsi formés, rendent 80 p. 100 du poids de la soie.

Lustreuse.

Le lustrage est l'opération complémentaire de la teinture en noirs fins. Elle a pour but de donner du brillant et du lustre aux soies. Cette opération s'exécute avec les machines dites *lustreuses*, qui travaillent à froid ou à chaud. Nous représentons (fig. 67), la lustreuse Schaal, construite par M. Oscar Lumpp, de Lyon. Elle se compose de deux cylindres A et B en fer poli, parallèles et tournant horizontalement dans le même sens. Le cylindre A est fixe et l'autre est mobile et peut s'écarter du premier, en se maintenant sur le même plan, au moyen de la roue C. se manœuvrant à bras d'homme. Le mouvement de rotation est donné aux cylindres au moyen du cylindre à vapeur D, dont la tige actionne directement l'arbre C. Les cylindres lustreurs sont contenus dans une caisse de tôle, dont la moitié supérieure L se relève pour permettre l'introduction des soies. On étale sur ces cylindres un ou deux matteaux de soie, puis à l'aide de la roue C, on écarte le cylindre B autant que possible de façon à rendre les soies très tirantes, puis on fait tourner le cylindre A. On abat le couvercle L de la

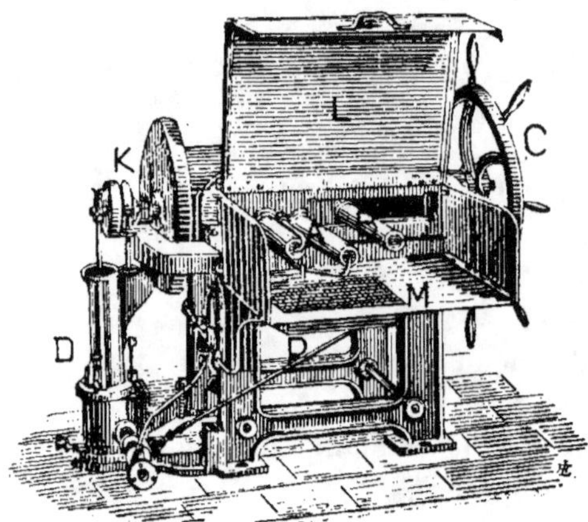

Fig. 61. — Lustreuse.

lustreuse, on ouvre le robinet du tuyau de vapeur P, qui dirige la vapeur dans la caisse, à travers la toile métallique M pour la tamiser sur les matteaux. Le lustrage dure de 2 à 3 minutes. Dans ces conditions les soies prennent un très grand brillant.

Analyse des soies chargées.

Nous reproduisons ici la méthode indiquée par M. Moyret dans le *Textile de Lyon*, d'octobre 1880 :

L'analyse des soies chargées, teintes ou non, est une opération des plus délicates. Depuis longtemps, on a employé avec quelque succès le *démontage* de la charge. Car, de même que la soie est prompte à se saturer de toutes sortes de matières, de même elle peut facilement les perdre.

Sans l'emploi des oxydes d'étain et des composés barytiques, on peut dire que la soie chargée perd tout ce qu'on lui a donné par des lavages méthodiques alternés dans le carbonate de soude et l'acide chlorhydrique étendus.

Un procédé d'analyse ne devant point comporter d'exception, nous nous sommes arrêté, après de nombreux essais, au dosage de l'azote de la soie comme moyen de contrôle.

Après de nombreuses analyses, nous avons reconnu que la soie écrue, cuite ou souple, à 10 p. 100 d'humidité, contenait sensiblement 17,60 p. 100 d'azote.

Si donc une soie chargée ne contenait point de charges azotées, il suffirait de doser l'azote pour avoir le poids de la soie. Mais comme il y a des charges azotées, le problème est plus compliqué et il faut d'abord démonter ces charges.

Les charges azotées peuvent consister en matières colorantes azotées, gélatine, et principalement bleu de Prusse, qui joue un si grand rôle dans les noirs et couleurs foncées.

Le démontage se fera de deux manières, selon qu'il s'agira de soies cuites, ou crues et souples.

Nous avons remarqué en effet que pour le bleu de Prusse principalement, il y avait dans les soies cuites plus de difficultés que pour les soies crues et souples.

Nous allons donc commencer par les soies cuites.

Démontage des soies cuites. — Toutes les matières azotées, couleurs, colles, bleu de Prusse, sont enlevées par un lavage dans le carbonate de soude à 80° de chaleur, suivi d'un lavage dans l'acide chlorhydrique très étendu. On réitère deux ou trois fois ces deux lavages. Les noirs sortent avec une nuance marron. Tant qu'ils retiennent du bleu de Prusse, ils ont une teinte verdâtre. Dans ces conditions, la soie n'est nullement altérée. Quant aux soies teintes en couleurs d'aniline, elles gardent une faible teinte, mais la dose apportée par la couleur d'aniline est alors des plus minimes et ne peut influencer le résultat final.

Démontage des soies écrues et souples. — Ici on ne pourrait employer le carbonate de soude à 80° de chaleur, car l'on cuirait la soie ; mais cela est inutile, le bleu de Prusse est bien moins solide sur les soies souples et crues. On opère comme ci-dessus, mais en remplaçant le carbonate de soude par de l'ammoniaque caustique, dont l'action est nulle sur le grès, assoupli ou non.

Les démontages étant faits, il reste à doser l'azote.

Dosage de l'azote. — On a pris un poids connu, environ 2 gr., de soie cuite, crue ou souple, quand elle est démontée, on la sèche exactement, on en prend le poids à nouveau, comme contrôle. En effet, au dosage de l'azote on ne peut que trouver moins du poids démonté.

La soie découpée finement est mélangée intimement dans de la chaux sodée, et l'on opère par la méthode Wille et Warrentrap, ou plus simplement comme pour le dosage de l'azote des engrais, dans la méthode Bobierre. En chauffant avec modération ce mélange dans un tube de verre ou de fer, tout l'azote de la soie se dégage à l'état d'ammoniaque, et cette ammoniaque dosée à l'aide d'une liqueur acide titrée, donnera le poids de l'azote.

Nous ne nous étendons pas sur les détails de l'analyse de l'azote, car cette opération ne peut être faite que par des chimistes, qui tous connaissent le procédé Wilde et Warrentrap et le procédé Bobierre.

Supposons que pour deux grammes de soie teinte on ait trouvé 0,25 d'azote, on fera la proportion suivante :

2 gr. pure : 0,176 $\times$ 2 : : x 0,25

2 : 0,332 : : x : 0,25, d'où $\dfrac{2 \times 0,25}{0,352} = 0$ g. 1420 soie pure

d'où on aura donc 0 gr. 1420 soie pure dans 2 gr. soie chargée, d'où $\dfrac{0.1420}{2} = 0,710$ pour un gramme.

Nous ferons observer que notre méthode d'analyse indique à l'opérateur les quantités de soie cuite, crue ou souple, contenues dans ce qu'il analyse, sans se préoccuper de ce que l'on appelle les rendements en teinture.

Analyse d'un tissu. — Il est indispensable dans les grands articles unis. satin, taffetas, faille, sergés, qui sont les seuls où l'analyse offre de l'intérêt, de les défiler pour analyser séparément la trame et la chaîne, qui d'ailleurs sont souvent chargés inégalement et de natures différentes.

Dans les cas des tissus soie et coton, si l'on veut simplement avoir la quantité de soie contenue dans le tissu, il n'y a pas besoin de défiler, le coton ne gêne pas l'analyse, vu qu'il n'est pas azoté.

Pour la laine, il faut absolument défiler, celle-ci étant, comme la soie, très riche en azote.

Nous défilons toujours les tissus qui nous sont confiés, car c'est le vrai moyen d'avoir une analyse sérieuse donnant :

1o Les rapports de chaîne et de trame.

2o La nature exacte de ces éléments du tissu.

3o La charge de chacun d'eux.

Dorure et argenture de la soie.

De tout temps, on eut le goût des étoffes de soie mêlées d'or ou d'argent, L'usage en remonte assez haut dans l'antiquité. Nous croyons être utile à nos lecteurs en reproduisant une remarquable étude archéologique de

M. P. Brossard, alors conservateur au Musée d'art et d'industrie au Palais de la Bourse, à Lyon.

« *De l'emploi des dorures papyrifères dans les soieries du Moyen-Age.* — La soie, le coton, la laine, le lin, le poil de chèvre, le duvet de chameau, ne sont pas les seules matières que l'on voit paraître dans les étoffes du Moyen-Age. L'or, l'argent, les perles et les gemmes y figurent. ainsi que les plumes d'oiseaux. Le crin apparaît aussi, mais plus rarement. De vieilles chroniques françaises placent même la barbe et les cheveux parmi les textiles que mettaient en œuvre, au XII⁰ siècle, de gracieuses mains. Bien des hypothèses ont été formulées sur la nature du fil d'or des *sericæ restes*. Grâce aux encouragements de la Chambre de commerce de Lyon, nous avons pu visiter plusieurs grandes collections tant en France qu'à l'étranger et faire *de visu* une étude sérieuse des tissus anciens. Nous résumons ici, sous une forme succincte, nos observations personnelles sur la question des fils d'or ; elles serviront de réponse aux points d'interrogation posés par nos savants devanciers et qui subsistent encore.

L'or s'employait de différentes manières :

1⁰ Sous la forme de plaques très minces appliquées sur l'étoffe même et fixées soit par la broderie, soit par le moyen d'un fer chaud ou d'un battage (or de *batture*), procédé byzantin et mérovingien dont l'usage persista jusqu'à la fin de l'ère ogivale.

2⁰ En lames étroites, mélées à la trame du tissu. Les restes de dorure des vêtements de soie collectés sur les ossements de Charlemagne, à Aix-la-Chapelle, sont d'or pur lamé (Voir au *Musée industriel*).

3⁰ En lames enveloppant un fil de soie, comme notre filet.

Ce montage, qui prit le nom d'or retors au XVI⁰ siècle, est fort ancien.

Dans sa description de la maison de campagne de Pontius Leontius, situé au confluent de la Dordogne et de la Garonne, Sidoine Apollinaire montre la femme de Leontius, dans son gynécée, « filant de nombreuses quenouilles à la syrienne, enroulant des fils de soie sur des cannes légères et *entrelaçant l'or rendu ductible sur une trame fauve.* »

Quelques exemples dans les collections du Musée d'art et d'industrie (Série Bock).

4° En fil trait ou passé à la filière. Tel était l'or de Chypre, *aurum cyprium,* si fréquemment nommé au moyen-âge et célèbre au XIVe siècle (1).

Les observations qui précèdent s'appliquent à l'emploi de l'argent pur ou doré, battu ou filé, aussi bien qu'à l'emploi de l'or. Toutefois, jusqu'au XIVe siècle, les exemples sont rares où l'un et l'autre métal sont utilisés, ensemble ou séparément, surtout l'argent, qui avait l'inconvénient de noircir.

Le plus ordinairement, le fil d'or des étoffes du moyen-âge se compose d'une lame très étroite de papier doré, retordu sur un fil de lin ou de chanvre, à la manière chinoise. Nous disons *à la manière chinoise,* parce que le papier doré chinois est toujours monté sur fil de soie et non sur fil de lin ou de chanvre.

Cette dorure, d'un genre particulier, a échappé, jusqu'à ce jour, aux recherches des archéologues et des savants

(1) L'industrie de l'or et de l'argent filés fut également pratiquée à Lucques (XIVe siècle), à Gênes (XVe siècle), puis à Milan et Florence (XVIe siècle). De Milan, elle passa à Lyon, en 1552, avec Benoit Montaudoyn. Vers le même temps, le Milanais Turato installa en l'hôtel de la Magne, à Paris, une tréfilerie à la *façon de Milan.*

L'or de Milan eut, au XVIe siècle, un succès égal à l'or de Chypre : c'était un filtrait d'argent doré (or fin). Les ateliers lombards avaient trouvé le secret de dorer une partie du fil seulement.

Pendant la seconde moitié du XVIe siècle, l'or de Lyon filé sur soie et battu à la *façon de Milan,* jouissait d'une certaine notoriété.

qui ont écrit sur les arts textiles. Les rédacteurs des anciens inventaires ne l'ont pas connue ; du moins, ils gardent sur sa nature et son origine un silence absolu.

Venue de l'Extrême-Orient, la dorure papyrifère existe dans quelques étoffes de soie de fabrication persane ou arabe, antérieure au Xe siècle ; nous parlons de celles, bien entendu, dans la texture desquelles apparaît l'or. Dans les siècles postérieurs, du onzième à la fin du treizième, son emploi est tellement généralisé qu'on en constate la présence dans presque toutes les soieries byzantines, arabes, siculo-arabes, lucquoises et espagnoles. Les vêtements de sacre des anciens empereurs allemands conservés à Vienne et fabriqués à Palerme, l'an 558 de l'hégire (1133), dans les ateliers célèbres *in felici Panormi*, ne comportent pas d'autre dorure.

A partir du quatorzième siècle, époque où l'or et l'argent filés sont en vogue, le fil d'or papyrifère semble s'être refugié en Allemagne. La corporation des *Fabrices capparum et clipeorum colonienses* affecte pour lui une sorte de prédilection et en fait une consommation considérable. Sans être taxé d'exagération, on peut avancer que les brodeurs et tisseurs rhénans n'ont pas employé d'autre dorure que le filet de papier. Tous les ouvrages sortis de leurs mains que nous avons pu examiner, et ils sont nombreux, sont autant de témoignages qui confirment cette opinion.

L'usage du fil d'or papyrifère, que l'on constate aussi dans quelques tapisseries, cessa en Europe au commencement du seizième siècle.

Ce système de dorure, appliqué de bonne heure par les Persans et les Arabes d'Orient, fut emprunté par eux à la Chine. A quelle époque précise ? Voilà ce qu'il serait important de connaître. La rareté insigne des tissus de soie tramés or, antérieurs au dixième siècle, et ayant date certaine, ne permet pas, pour le moment, de résoudre la question autrement que par des conjectures.

Dorure et argenture galvaniques. — Les tissus dont il est parlé ci-dessus ne sont formés que de soie mélangée avec des dorures, mais on a cherché à dorer la fibre chimiquement et galvaniquement, de façon que l'or fasse corps avec elle comme la teinture fait partie intégrante de la fibre.

Il y a soixante ans un expérimentateur, M. Gonin, est parvenu à dorer la soie au trempé. Pour cela il imprégnait bien la fibre de chlorure d'or en dissolution peu étendue, il exprimait l'excès du liquide qu'elle renfermait, la dressait et l'exposait à l'action d'un gaz réducteur, l'hydrogène par exemple : sous cette influence l'or était réduit et adhérait fortement à la fibre. La soie rincée et séchée était noire, il la soumettait à un brunissage qui ramenait l'éclat et le poli de l'or. Ce procédé donnait de beaux résultats mais était infiniment trop cher pour recevoir quelque application sérieuse.

Une paire de bas de soie ainsi dorée a été offerte à la duchesse de Berry, lors de son passage à Lyon.

La seule ressource à laquelle on peut avoir recours pour déposer l'or en couche extrèmement mince sur la surface de fibres aussi tenues que celles de la soie, est la galvanoplastie avec laquelle on a reproduit tant de merveilles et qui se prête à toutes les conditions.

Pour cela la soie doit recevoir une préparation préalable qui la rende conductrice de l'électricité et imperméable au bain.

Un premier procédé est celui de M. Raseleur. La soie est imbibée d'une dissolution de nitrate d'argent, puis essorée et dressée et enfin exposée aux vapeurs d'une dissolution de phosphore dans le sulfure de carbone en prenant toutes les précautions nécessaires dans la manipulation de ce dernier liquide qui est extrèmement inflammable. Il se forme sur les fibres une légère couche de sulfure et phosphure d'argent très conductrice de l'électricité. M. Roseleur affirme que ce genre de métallisation est si parfait qu'un cocon de ver à soie ainsi préparé peut être entièrement dévidé et le fil qui en résulte, est assez conducteur de l'électricité, pour faire dévier instantanément l'aiguille du voltamètre, quand il sert de réophore entre la pile et l'instrument.

La dorure et l'argenture galvaniques se font par les procédés ordinaires que nous ne pouvons décrire ici mais que l'on trouvera dans l'ouvrage de M. Japing : *Électrolyse, Galvanoplastie*, faisant partie de la *Bibliothèque des actualités industrielles*.

Nous dirons que des flottes de soie grège ainsi dorées conservent leur flexibilité et le toucher craquant. M. Roseleur est parvenu de même à cuivrer la soie.

Comme imperméabilisation nous pouvons citer encore les procédés suivants que l'on pourra employer avec succès,

La soie est imprégnée d'une dissolution d'acétate de plomb à 20 pour 100. elle est étendue à l'air pour la sécher, et, lorsqu'elle n'est pas sèche entièrement, on la suspend dans une caisse au fond de laquelle se trouve une dissolution de sulfure alcalin dans laquelle on fait passer un courant d'acide carbonique pour la décomposer lentement. La soie se trouve imprégnée d'une dissolution de sulfure de plomb conductrice et imperméable. On peut remplacer l'exposition aux vapeurs sulfureuses par une immersion dans une dissolution de sulfo-urée, on arrive aux mêmes résultats. On peut aussi remplacer le sel de plomb par un sel de cuivre.

Grâce à ces moyens on est arrivé à dorer, argenter, cuivrer. nickeler, platiner. des blondes, des dentelles, des mousselines, avec des dessins, des fleurs, des ramages et avec des contrastes de mat et de brillant d'un effet merveilleux.

« Qui pouvait songer, dit M. Baille dans son ouvrage

sur l'*Électricité*, d'abord à déposer l'or et l'argent sur la soie ? à broder les tissus ? à recouvrir les dentelles de couches métalliques si fines et si légères, que l'aiguille de la plus habile couturière ne puisse les imiter ? Qui donc aurait eu l'idée de dorer les robes de bal ? Lorsque le problème fut posé, il parut d'une exécution presque impossible. Ne faudrait-il pas plonger les tissus dans une liqueur corrosive, dessiner des broderies à la main, forcer l'électricité à déposer l'or aux points indiqués ? Sans doute, mais toutes ces questions ont été résolues. On admire quelquefois dans les bals des toilettes délicates surchargées de magnifiques broderies. On s'étonne qu'il se soit trouvé une main assez habile pour tisser ensemble tant d'or et tant de soie, et toutefois, on est surpris de voir combien cela est fin et léger. Les fils sont recouverts d'une si mince couche d'or que le poids n'en est pas augmenté, et que, pour fabriquer la robe de bal la plus riche, on n'a consommé que quelques centimes de ce métal. »

Lors de la reprise de la *Dame aux Camélias* à la Porte-Saint-Martin, en janvier 1884, Sarah-Bernardt apparaissait, au premier acte, dans une splendide toilette d'opéra, toute couverte des plus riches spécimens des tissus d'or dus à cette intéressante industrie.

Termes techniques.

Ourdissage. — Les fils de la chaîne se nomment *fils* et les fils de la trame *corps*.

Une chaîne se compose de *portées* de 80 fils ; la totalité des portées dont se compose une chaîne se nomme *pièce*. L'opération par laquelle on forme la pièce se nomme *ourdissoire*. L'ourdissage s'opère par l'addition successive de portées. lesquelles peuvent être composées de 10 à 40 fils. plus ou moins et qu'on désigne sous le nom de *musette*.

La musette est donc le nombre de fils ourdis en même temps ; le commencement de l'ourdissage se fait par la première musette, dans toute la longueur que doit avoir la pièce et sa fin est la dernière musette. Le commencement de la pièce est à l'envergure par fil et sa fin est du côté de l'envergure par musette. On entend par *envergure*, l'action de croiser les fils, c'est-à-dire de les disposer dans un sens contraire sur deux chevilles de l'ourdissoire, fil par fil, au commencement de la pièce, et musette par musette à la fin ; l'ourdissage de la pièce terminé, on remplace ces chevilles par un cordon, lequel est remplacé plus tard, lorsque le rouleau de derrière est sur le métier et avant une opération appelée *remettage*, par deux verges en bois d'où dérive l'expression envergure. La fin de la pièce est à l'envergure par musette ; cette envergure sert à la distribution des musettes dans les dents du rateau du pliage ; la fin de la pièce prend le nom de *talon*.

Pliage. — Le pliage consiste à enrouler la pièce sur le rouleau de derrière, après l'ourdissage. Elle comprend six opérations : 1º mettre la pièce sur le tambour du pliage : 2º mettre la pièce en rateau, c'est-à-dire mettre les musettes une à une dans les dents du rateau dont la réduction des dents doit être en rapport avec la largeur de l'étoffe et avec le nombre des musettes composant la pièce ; 3º commencement du pliage : mettre le composteur qui a été préalablement enfilé dans le talon de la pièce, dans la rainure du rouleau. l'y fixer par un deuxième composteur passé sous la pièce, puis tourner le rouleau ; 4º tenir le rateau parallèlement au rouleau afin de donner la largeur de la pièce ; 5º mettre des papiers au fur et à mesure que la pièce s'enroule ; 6º écraser les musettes à mesure que la pièce s'enroule, au moyen d'une pression. Ces deux dernières opérations ont pour but de conserver la surface unie du rouleau et le même diamètre sur toute son étendue, sans ces précautions il pourrait se former des rayures par musette.

Métier. — Sa charpente se compose de dix-sept pièces : quatre pieds, deux devant et deux derrière, déterminant la hauteur ; deux estases, déterminant la longueur ; deux clés, déterminant la largeur ; une traverse se fixant à la partie inférieure du pied de derrière et servant de support aux marches ; huit consoles maintenant les pieds dans leur aplomb. En outre le métier est maintenu dans une immobilité parfaite par des étais ou *ponteaux.* Les trois conditions d'établissement du métier sont : l'équerre, l'aplomb, le niveau.

Les *lisses* servent à diviser les fils de la chaîne en autant de parties qu'il est nécessaire pour former le tissu au moyen de la trame qu'on y introduit.

Les *remisses* sont une certaine quantité de lisses, déterminées par le tissu qu'on veut obtenir. Les lisses sont un assemblage de mailles faites en fils coton ou soie à l'aide desquelles on fait lever telle partie de la chaîne selon le genre du tissu, tous les fils de la chaîne devant se combiner avec la trame. on conçoit que tous doivent alternativement lever ou baisser pour livrer passage entre eux à cette trame au moyen de la *navette.* Les mailles sont en soie montée appelée soie de *remisse.*

Mailles. — Il y a deux genres : les mailles *simples* et les *doubles* ou mailles à coulisse. Les mailles simples sont formées de deux demi-mailles ; on passe le fil dessus la maille pour certaines étoffes et dessous pour certaines autres. Les lisses sur les mailles desquelles on passe les fils sont destinées à lever et les lisses sous les mailles desquelles on passe les fils sont destinées à baisser ou à *rabattre.*

Les mailles à coulisses ou mailles doubles sont composées de deux mailles simples, l'une plus haute que l'autre ; on passe le fil sur la maille la plus basse et sous la maille la plus haute : la maille la plus haute fait baisser le fil, la maille basse le fait lever. La distance d'une maille à l'autre doit être régulière, pour cela on arrête tous les contours du fil dont les mailles sont formées autour d'une ficelle appelée *cristelle*, et c'est par le moyen de la cristelle que l'on peut changer de place la jonction des deux demi-mailles, qui, sans cette précaution, s'useraient par un frottement et un effort répétés trop souvent à la même place. De temps en temps l'ouvrier retourne la remisse en tournant un peu sur les deux liserons, la totalité des mailles, en changeant les cristelles de place.

Remettages. — Opération par laquelle on passe les fils de la chaîne dans les mailles des lisses d'après une disposition donnée. Il y a cinq genres de remettages : suivi, à retour, en plusieurs corps, interrompu, amalgamé.

Le remettage suivi consiste à remettre tous les fils de la chaîne successivement de la première à la dernière lisse. *Le remettage à retour* consiste à remettre un certain nombre de fils suivis à un autre nombre de fils à retour, c'est-à-dire de la dernière lisse à la première. *Le remettage à plusieurs corps* consiste à diviser la remisse en plusieurs parties ou plusieurs corps et à remettre un fil sur chaque corps. *Le remettage interrompu* consiste à remettre un certain nombre de fils sur un premier corps de lisses et un autre nombre sur un deuxième corps de lisses. *Le remettage amalgamé* consiste à remettre un certain nombre de fils sur les lisses impairs et un autre sur les lisses pairs.

Armure. — C'est l'ordre de croisement des fils de la chaîne avec ceux de la trame. Le croisement est obtenu par la levée dans un ordre donné, c'est à l'intersection de la trame au moyen de la navette dans l'ouverture faite par les fils levés ; cet ordre est indiqué dans le tracé par ce si-

gne (X) placé à l'intersection des lignes, représentent les
lisses et des lignes perpendiculaires à celles-ci, à droite du
remettage, représentent les carons ou les marches que
l'ouvrier doit fouler pour faire lever ces lisses (v. fig. 68).
Lorsqu'une lisse lève, tous les fils remis sur cette lisse lèvent en même temps, ceci est indiqué dans le tracé par

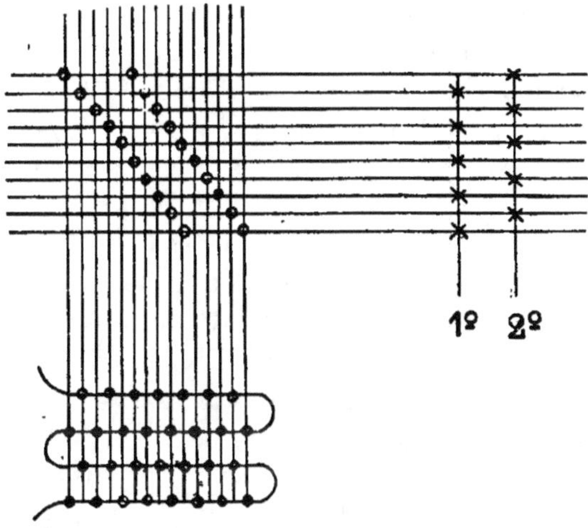

Fig. 68

des points (•) placés à l'intersection des lignes représentant les fils et des lignes perpendiculaires à celles-ci représentant la trame. la première marche ou le premier carton est à droite de l'armure, le premier coup correspondant est en bas du tissu. Toutes ces dispositions sont prises étant à la place de l'ouvrier.

Taffetas. — Le taffetas est un tissu croisant par moitié,
c'est-à-dire qu'au premier coup, la moitié de la chaîne
lève par les fils impairs et l'autre pour les fils pairs. Il faut
deux lisses, une dans les mailles de laquelle sont passés
les fils impairs et une autre pour les fils pairs.

Sergé. — Son caractère est de représenter sur l'étoffe des lignes obliques auxquelles on donne le nom de *côtes* ou sillons qui s'obtiennent par la succession des liages de un fil à un fil dans un ordre donné. Le principe constitutif est d'opposer des points de liage à des effets de flotte. Lorsqu'on dit qu'un tissu est formé du sergé de 3 lie 1, cela veut dire que sur 4 fils, un seul lie la trame. Au premier coup, c'est le premier fil qui liera cette trame ; au deuxième, c'est le deuxième ; au troisième, c'est le troisième ; au quatrième, c'est le quatrième. Ces quatre coups constituent le rapport de l'armure, d'où l'on voit que pour obtenir le sergé de 3 lie 1, il faut 4 lisses ou 4 marches ou cartons.

Dans un sergé. il faut autant de lisses que de cartons et ce nombre de cartons est égal à la somme des nombres composant l'ordre du sergé. Ainsi, pour un sergé de 5 lie 1, il faut $5 + 1 = 6$ lisses et 6 cartons ; pour un sergé de 5 lie 1 et de 1 lie 1 de 1 lie 1, il faut $6 + 1 + 1 + 1 + 1 = 10$ lisses ou 10 cartons.

Satin. — L'armure satin a pour but de dissimuler toute opération de tissage, de donner à l'étoffe un aspect ne présentant qu'une flotte de chaîne n'ayant aucune forme déterminée ; le satin le plus généralement employé est celui fait avec 8 lisses. Pour cela, au premier coup on fait lever la première lisse ; au deuxième coup, la deuxième, comme dans le sergé ; pour former la côte. on fait lever la quatrième pour rompre cette côte. L'intervalle laissé entre le liage du premier coup et celui du deuxième prend le nom d'*interruption*. dans ce cas, elle est de deux ; dans ce cas, on dira donc que c'est un satin de 8 interruptions 2 lisses. L'armure se complète en laissant toujours 2 lisses d'interruption entre un liage et son suivant.

Un satin est impossible lorsque le nombre de lisses interruption plus 1 a un diviseur commun avec le nombre de lisses du satin demandé moins 2 ; l'armure devient un de lisses du satin demandé. Lorsque le nombre de lisses d'interruption est égal au nombre de sergé et ne peut, par conséquent, être classé parmi les satins.

Gros de Tours. — C'est un taffetas de deux coups sous le même pas. Aux premier et deuxième coups, on fait lever les fils impairs et aux troisième et quatrième, les fils pairs, il y a donc quatre coups au rapport d'armure ; il faut donc deux lisses. Le gros de Tours ne s'emploie jamais seul, il s'emploie avec du satin ou une autre armure pour former des étoffes à bandes appelées *Pékins* ; on l'emploie comme fond d'étoffes façonnés et pour former les lisières ou cordons de toutes les étoffes.

Reps. — Son caractère est de présenter dans le sens de l'étoffe une ligne déflotée de un et demi à deux millimètres de largeur. lesquels flotés sont toujours superposés sur un fond de taffetas. Il comprend deux séries de fils dont chacune d'elle, tour à tour. inversement l'une à l'autre, fait floté et taffetas ; le nombre de fils composant chaque série est indéterminé ; il peut être de 8. 12 ou de 16 fils, sans que la largeur du floté soit différente si on a donné à la chaîne la réduction par laquelle le floté est maintenu dans sa même étendue. On obtient l'effet reps en levant au premier coup une série de fils en taffetas et une autre série en masse ; au second coup, la série qui a levé en masse lève en taffetas et réciproquement les deux autres coups qui suivent s'effectuent de la même manière en produisant l'envergure des taffetas.

Cannelé simpleté. — Il y a deux chaînes distinctes ; l'une destinée à faire le fond de l'étoffe, appelée *toile* ou pièce ; l'autre destinée à produire le cannelé et qu'on nomme *poil*. On fait ordinairement avec deux fils pièces et un fil poil.le fil poil étant au milieu des fils pièces. Les fils pièces forment le taffetas, les fils poils flottent en masse sur un certain nombre de coups et lèvent en masse au coup suivant ; ainsi tous les fils cannelés flotteront sur cinq coups et lèveront au sixième. Il faut trois lisses, deux pour pièce et un pour poil.

Velours. — On distingue trois comptes de chaînes différents ; pour le poil, on a toujours deux fils pièces pour un de poil ; ces trois comptes sont ; 1° *22 portées de poil* ; 25 et 30 portées de poil. Chacun donne trois qualités de velours. Le velours *22 portées un poil* est celui dont le poil a été ourdé simple ; un *22 portées 1 poil 1/2*, celui dont le poil a été ourdé par un fil simple et double ; par *22 portées 2 poils*, celui dont le poil a été ourdé double.

Laboratoire d'études de la soie à Lyon

Ce laboratoire, unique dans son genre, a été fondé par la Chambre de commerce de Lyon, en 1884. Son but a été tracé dans un rapport présenté à la Chambre, le 8 mai 1884, par la Commission des intérêts publics.

Dresser un inventaire aussi complet que possible de toutes les chenilles sérigènes, déterminer scientifiquement, mais toujours dans un but utile et pratique, l'exact signalement de chacune des races des vers à soie, accumuler, en un mot, le plus grand nombre de spécimens à étudier, telle serait la première tâche à remplir.

Cet inventaire général n'a jamais été fait, il permettrait de rechercher s'il serait possible de procéder à un classement de ces races multiples, s'il reste dans les sujets d'une même race des caractères fixes non altérés par l'hybridation et, ces caractères trouvés, d'en tirer des indications sûres, des règles et peut-être des lois pour l'étude méthodique des croisements des diverses races.

Ces investigations s'étendraient non seulement aux espèces et races domestiques, mais encore aux espèces sauvages ou demi-sauvages dont les produits si divers se font
une place, d'année en année plus importante sur nos marchés, et sont confondues sous la dénomination commune
de soies sauvages.

Le laboratoire de la Chambre de commerce de Lyon, en
réunissant ainsi des spécimens de toutes les espèces, secré-
tant de la soie, fournirait les éléments d'une collection
complète de ces vers, et de leurs produits, collection qui
n'existe nulle part. Le musée britannique possède plus de
quatre cents espèces de vers fileurs de soie, mais celles-
ci ne sont représentées que par les papillons ; la collection
lyonnaise serait formée en vue de l'utile, des informations
d'intérêt pratique qu'elle pourrait fournir ; aux éducateurs,
elle révèlerait les espèces qui peuvent produire les sujets
les meilleurs, soit pour la production, soit pour le croisement ; aux filateurs, aux mouliniers, aux fabricants d'é-
toffes, elle ferait connaître avec tous leurs caractères, toutes leurs qualités intrinsèques, les soies de tous les pays
déterminées avec précision et non dans l'état de confusion
ou le commerce les présente.

Programme des travaux. — Voici le programme des
épreuves qui doivent être faites sur chaque cocon :

Description du cocon : sa forme son grain, sa tissure.

Mesure du cocon : 1° longueur ; 2° largeur. Lorsque le
cocon sera cintré dans le milieu et présentera deux extrémités sphériques, la largeur au centre sera également
donnée.

Pesage du cocon : poids brut, poids conditionné.

Dévidage ou tirage du cocon : ce dévidage se fait à l'eau
pure et à la température suffisante pour faciliter le dévidage du cocon, mais jamais assez élevée pour attaquer le
grès. La bave dévidée est mesurée et pesée ; les frisons et
les telettes sont également pesés.

Prélèvement des flottillons d'épreuves. — La petite bassine dans laquelle le cocon est plongé est munie d'un timbre qui vibre dès que cent mètres de bave ont été dévidés ; la fileuse fait mouvoir horizontalement la tavelette sur laquelle s'enroule la soie de manière que chaque flotillon se place parallèlement et isolément sur l'asple. Lorsque le cocon est entièrement dévidé, les flotillons sont enlevés, pesés, puis fixés dans le même ordre sur un carton après le prélèvement des cinq premiers mètres de chaque flotillon. Ces cinq mètres sont réservés pour trois épreuves de ténacité, trois d'élasticité, et pour les études au microscope.

Mesure de la ténacité. — La ténacité est prise à l'aide du sérimètre qui est basé sur le système du peson Une bave longue de cinquante centimètres est fixée à une aiguille qui se meut le long d'un arc de cercle gradué de manière que chaque division corresponde à l'effet qu'une charge progressive opérerait ; l'aiguille s'arrête au moment de la rupture de la bave, et le nombre de divisions parcourues indique le nombre de grammes de la charge. La bave est tendue par un poids qui descend d'un mouvement régulier et lent commandé par des engrenages et une chaîne sans fin.

Mesure de l'élasticité. — Le poids qui tend la bave dans le sérimètre porte un indicateur ; celui-ci parcourt une règle subdivisée en millimètres et s'arrête. au moment où la bave se rompt. sur une division qui marque l'allongement de la bave. Le nombre total des millimètres dont la bave s'est allongée sert à calculer l'élasticité exprimée par un quantum pour cent. Comme la bave a une longueur de cinquante centimètres, il suffit de doubler et de multiplier par cent le nombre indiqué.

On voit que la Commission a adopté les procédés usités à la Condition des soies pour mesurer la ténacité et l'élasticité. Nous ferons toutefois remarquer que le sérimètre ne

sert pas à mesurer réellement l'élasticité, mais seulement
l'allongement du fil jusqu'à sa rupture. Il faudrait avoir
un instrument qui permît à la bave de revenir sur elle-même, car pour chaque charge il y a un allongement acquis,
permanent, mesurant la ductilité, et un retrait qui mesure
l'élasticité : lorsque la bave aurait atteint le maximum
d'allongement qu'elle peut subir, on aurait à ce point là, en
constatant le retrait, le maximum de ductilité et le maximum d'élasticité.

Il est important, au moment où l'on mesure l'élasticité,
d'observer l'hygrométrie. La soie, en effet, est très hygrométrique, et elle varie d'élasticité suivant qu'elle est plus
ou moins humide.

Mesure du diamètre. — Six observations microscopiques
constituent l'épreuve par flotillon ; le calcul est poussé aux
millièmes de millimètre. La bave est mesurée lorsqu'elle
est parfaitement plate et présente les deux brins juxtapo-
sés, séparés et bordés par un mince filet de grès. Toutes
les baves sont, en effet, très irrégulières de largeur. Le
chevauchement des brins l'un sur l'autre, en rétrécissant
l'apparence de la bave, et, d'autre part, des dépôts subits
de grès, en élargissant, cette apparence, amènent de continuelles modifications du diamètre normal, vrai, de cette
bave.

Titrage de la bave. — La bave est titrée par les procédés
qui ont été adoptés par les congrès internationaux et qui
sont en usage dans toutes les Conditions. Le poids en milligrammes d'une longueur de bave de cinq cent mètres est
le titre. Il est contrôlé par le poids total en milligrammes
de la bave enlevée du cocon.

Rendement à la filature. — Le rendement industriel du
cocon, lorsqu'on dévide plusieurs cocons ensemble pour
en faire une grége, diffère nécessairement du rendement
obtenu dans un laboratoire où l'on dévide avec les plus mi-

nutieuses précautions un cocon isolé ; on doit, lorsque le
nombre de cocons est assez grand, en faire tirer une grége ,
et se rendre compte du rendement de filature.

Production des soieries.

La sériciculture française récolte annuellement, d'après .
la moyenne officielle des dix dernières années, dix millions
de kilogrammes de cocons représentant une valeur de 55
à 60 millions de francs.

Notre filature transforme en soie grège non seulement
les cocons récoltés dans nos département du midi, mais .
encore une quantité plus ou moins considérable suivant les
circonstances, de cocons secs importés de l'étranger ; elle a
produit en moyenne, pendant les dix dernières années,
840,000 kilogr. de soie grège.

Le moulinage français représente une production de
2,300,000 kilogrammes environ de soie ouvrée à l'aide de
376,000 tavelles.

La fabrique française de soieries transforme en étoffes :
     3.760.000 kilogr. de soie;
     2.335.000 kilogr. de soie ouvrée en France ;
     1.125.000 kilogr. de soie ouvrée à l'étranger ;
       300.000 kilogr. de soie tissée et grégée pour cer-
           tains articles spéciaux.

Total :   3.760.000 kilogr.

La valeur des étoffes produites en France, variable suivant le prix des matières premières, s'élève de 550 à
600,000,000 de francs, dont les deux tiers sont destinés à
l'exportation.

Le commerce d'importation et d'exportation qui a fait
de Lyon et Marseille les deux grands marchés régulateurs

des soies et des cocons en Europe s'exerce sur une valeur de 500 à 580 millions de francs.

Les ventes à l'étranger représentent une somme de 130 à 150 millions de francs.

Si l'on fait entrer en ligne de compte les industries auxiliaires et les nombreux corps d'état qui se groupent autour de nos fabriques de soieries et vivent par elles, on voit quelle richesse considérable l'industrie de la soie ajoute annuellement, sous forme de salaires ou de bénéfices industriels, à la fortune de notre pays.

Les deux tiers de ces salaires et de ces bénéfices sont payés par l'étranger.

Tandis que l'industrie du coton semble se désintéresser du marché extérieur, celle de la soie vit par l'exportation. Tout ce qui diminue sa clientèle étrangère lui cause un grave dommage, arrête son essor, compromet son existence même.

Tout ce qui facilite les échanges, étend le marché international et augmente ses débouchés, la fortifie pour la lutte, calme ses craintes, assure sa stabilité et sa fortune.

La fabrique des soieries ou étoffes mélangées, établie dans plusieurs de nos manufactures, est plus particulièrement concentrée entre les mains des Lyonnais.

Les fabricants de cette métropole industrielle occupent, soit dans le département du Rhône, soit dans les départements limitrophes plus de 100,000 métiers.

Encore supérieure pour les belles étoffes par la science, l'invention, l'inspiration artistique et l'habileté traditionnelle de ses ouvriers, la fabrique lyonnaise doit lutter pour tous les articles communs avec des rivaux riches, résolus, bien outillés, qui se sont fixés sur les bords du Rhin, à Zurich, à Côme et en Angleterre.

L'industrie des rubans de soie, des rubans mélangés et des rubans velours, qui forme une des principales branches de la soierie, a son centre à Saint-Etienne. Cette ville produit annuellement pour 100 ou 120 millions de tissus dont quatre-vingts millions sont destinés à l'exportation. Mais Bâle, Krefeld et Coventry font à la rubannnerie stéphanoise une concurrence redoutable.

Saint-Chamond (Loire) produit annuellement 12 à 15 millions de soie et exporte encore plus des trois quarts de sa production, malgré la rivalité allemande toujours plus pressante. Saint-Chamond possède 700,000 fuseaux et 13,000 métiers.

Paris fabrique des gazes, tissus légers et des soies à coudre ; Tours tisse des étoffes d'ameublement. Les dentelles de soies sont produites dans le nord de la France et particulièrement à Saint-Pierre-lès-Calais. Nîmes, Avignon, Roubaix, les départements du Nord, de l'Oise, de la Somme et de l'Hérault consomment aussi des quantités importantes de soies dans leurs manufactures.

Contrairement à ce qui a eu lieu pour la laine, le coton et le lin, quels que soient les progrès du tissage mécanique, les métiers à bras destinés à tisser la soie appartiennent en nombre considérable aux maîtres ouvriers dans les régions du Rhône et de la Loire.

Sur les cent dix mille métiers occupés par la fabrique lyonnaise, soixante-et-dix mille environ, représentant un capital de 35 millions, sont la propriété de maîtres ouvriers qui emploient chacun un ou plusieurs aides. Ces derniers sont souvent des membres de la famille du chef d'atelier. A Saint-Etienne, sur 17,000 métiers employés pour les rubans, 13,500 représentant un capital de 22 millions de francs, appartiennent aux passementiers ou tisseurs.

Il y a 500,000 métiers en activité sur toute la terre, produisant une valeur de deux milliards de soieries par an, ainsi répartis :

France................	425.000.000 francs
Allemagne............	250.000.000
Etats-Unis...........	190.000.000
Angleterre...........	125.000.000
Suisse	95.000.000
Russie...............	85.000.000
Autriche.............	65.000.000
Italie...............	62.000.000
Espagne..............	38.000.000
Chine et Japon........	470.000.000 (?)
Divers...............	95.000.000
Total :	2.000.000.000 francs.

TABLE DES MATIÈRES

TABLE DES FIGURES

Laval. — Imprimerie et Stéréotypie E. JAMIN.